2016 年度湖南省教育厅科学研究项目

《高等农林院校学生服务新农村建设的激励机制及对策研

项目编号：16C0570

高等农林教育
服务社会主义新农村建设研究

王翊覃 ◎ 著

九州出版社
JIUZHOUPRESS

图书在版编目（CIP）数据

　　高等农林教育服务社会主义新农村建设研究 / 王翊覃著 . -- 北京：九州出版社，2018.6
　　ISBN 978-7-5108-6066-9

　　Ⅰ . ①高… Ⅱ . ①王… Ⅲ . ①农村－社会主义建设－研究－中国 Ⅳ . ① F320.3

中国版本图书馆 CIP 数据核字 (2018) 第 152650 号

高等农林教育服务社会主义新农村建设研究

作　　　者：王翊覃
出版发行：九州出版社
地　　　址：北京市西城区阜外大街甲 35 号 (100037)
发行电话：(010)68992190/3/5/6
网　　　址：www.jiuzhoupress.com
电子信箱：jiuzhou@jiuzhoupress.com
印　　　刷：北京虎彩文化传播有限公司
开　　　本：170 毫米 ×240 毫米　16 开
印　　　张：16
字　　　数：255 千字
版　　　次：2018 年 6 月第 1 版
印　　　次：2018 年 6 月第 1 次印刷
书　　　号：ISBN 978-7-5108-6066-9
定　　　价：36.00 元

/ 前　言 /

　　建设社会主义新农村是在落实科学发展观、构建和谐社会的新的历史条件下和时代背景下党和国家做出的一项战略决策和重大部署。建设社会主义新农村，是建设中国特色社会主义事业过程中的重大历史任务。建设社会主义新农村是贯彻落实科学发展观的重大举措，是确保现代化建设顺利推进的必然要求，是全面建设小康社会的重点任务，是保持国民经济平稳较快发展的持久动力，是构建社会主义和谐社会的重要基础，深刻反映了落实科学发展观与构建社会主义和谐社会的时代要求和时代特征，集中代表了亿万农民群众的强烈愿望和根本利益，具有重大的现实意义和深远的历史意义。农林高校在实践"教学、科研、社会服务"的主要职能的过程中，成为农林科技和管理人才培养、科技创新和社会服务的主力军。改革开放以来，中国农林发展取得了举世瞩目的成就。无论从中国粮食产量，还是肉类产量都有了很大幅度的提高。中国用世界 9% 的耕地养活了世界21% 的人口。但必须看到，中国农林和农村发展仍然处于艰难的爬坡阶段，一些制约农林和农村发展的深层次矛盾仍然没有消除，解决好"三农"问题仍然是工业化、城镇化进程中重大而艰巨的历史任务。据资料统计，中国农林科技贡献率仅为 48%，比发达国家平均水平低 30 个百分点左右。美国、日本等发达国家每万名农村人口中有 40 多名农林科技人员，而中国仅有 1.7 名。中国农林生产综合机械化水平为 36.5%，与发达国家相比仍然很低。据有关组织对 15 个发达国家综合评估，每个农林劳动力每年生产谷物 25 吨，生产肉类 3~4 吨，分别相当于中国平均水平的 20 倍和 14 倍。中国农林从业人员的生产率只相当于加拿大的1/108。农民的收入水平仍然很低，城乡差距仍在扩大中。新农村建设对农林科技、高素质农林科技人才有巨大的需求。要真正实现新农村建设的目标，达到粮食稳定增产、农民持续增收以及农村经济社会全面发展，进一步提高中国农林的国际竞争力，"科教兴农"仍是关键之招，必须加速科技成果转化，提高农林科技贡献率，培养和造就高素质的农村人才，为新农村建设提供强大的支持。这是历史赋予农林高校的光荣使命，也是新农村建设对农林高校提出的新要求。因此，农林高校要充分发挥在科教兴农、人才强农以及全面建设小康社会进程中的重要作用。《高等农林教育服务社会主义新农村建设研究》全书分为六个部分，从高等农林教育发展历程开始，对社会主义新农村建设的发展、高等农林教育在建设社会主义新农村中的战略作用、建设社会主义新农村对高等农林院校的要求与途径、农林高校大学生社会实践与新农村文化建设以及农林高校大学生社会实践与新农村文化建设做了阐述。

目 录
CONTENTS

第一章　高等农林教育发展研究

第一节　高等农林教育的发展历程

我国的专门性农林教育起源于清朝末年，1898 年后建立的农务学堂和实业学堂属于中等专科教育性质，1904 年后这些学堂升格为高等学堂，属于高等专科教育性质。1914 年私立金陵大学农科成立并招生，这是四年制本科农林教育的起点。高等农林院校，均为本科层次的农林院校。农林院校与农林生产之间的联系非常紧密，在社会不稳定时期其发展较其他类型高校更为艰难。尽管如此，由于农林在中国经济生活中占据重要地位，颇受政府和社会重视，从初创到新中国成立的三十多年间，我国的农林专业和农林院校还是取得了长足发展。1949 年建国时我国拥有独立设置的高等农林本科院校 9 所，专科院校 9 所，另有 35 所综合性大学中设立了农学院。1955 年仿照苏联模式进行的院系调整结束时，我国拥有 29 所单科性的农林专门学院。此后，我国还陆续根据需要新建了一批农林院校，至 1989 年时我国农林院校总数达到最高峰 71 所。20 世纪 90 年代中期实行管理体制改革后，不断有农林院校被合并进入到综合性大学中，目前我国农林本科院校总数为 38 所。纵观我国高等农林院校的发展历程，可以看出在不同历史时期有着明显的阶段性特征。总体上看，可以分成新中国建立之前、新中国建立至改革开放之前以及改革开放之后这三个阶段。在不同的阶段，高等农林院校的发展呈现出不同的特点，具有不同的模式。

一、解放前高等农林院校的发展模式

从我国中等农务学堂建立到转为高等农林学堂，高等农林院校都是以独立性院校的形式出现的。京师大学堂农科的出现可视为综合性高校中设立农学院的肇始。由于综合性院校在办学条件上有更大的优势，农科水平的提升往往比独立的农林院校更为迅速，因而很快成为我国农林院校的主要办学形式。

1.“独立—合并／独立”模式与“综合.综合”模式

解放前的高等农林学校与综合性院校的农科之间经常存在相互转换的关系，农林专门学校独立发展一段时间后往往合并进入当地的高水平综合性大学中作为农学院，实力增强后又再独立出来成为省立农学院。河北省立农学院是这一“独立—合并／独立”发展模式的代表。1902年直隶农务学堂(中专)成立，1904年改为直隶高等农林学堂(大专)，1912年改为直隶公立农林专门学校(大专)，1924年并入河北大学，从河北大学农科发展成为河北大学农学院，1931年改为河北省立农学院并延续至解放初期。20世纪初最早创建的农务学堂基本都沿袭了这一发展模式。另一种发展模式以八大农学院为典型，即国立中央大学农学院、国立北平大学农学院、国立浙江大学农学院、国立中山大学农学院、国立四川大学农学院、私立金陵大学农学院、私立南通学院农科、私立岭南大学农学院……，这几所综合性大学的农学院代表了当时农学学科教学和科研的最高水平。农学院都是综合性大学下设的学院，其学科与校内其他学科有密切联系，属于“综合—综合”模式。

2.两种模式的比较

在新中国成立前的高等农林院校中，以“综合—综合”模式发展的占绝大多数，以“独立—合并／独立”模式发展的只是少数院校，而这为数不多的院校中有很大一部分是从综合性院校中的农学院发展而来。1949年10月新中国成立时，我国的本科院校中有35所综合性大学设立了农学院，而独立的农林院校只有9所，另有独立的农林专业院校9所，可以说，“综合—综合”模式占主导地位。这种模式的最大好处就是有利于学科的交流与融合，可以促进新学科的产生和发展。农学作为一个大的学科，在很大程度上依赖于生物科学的进步，因此，在生物学领域实力较强的综合性院校中，农科发展特别迅速，而农科的发展也促使生物学及其相关研究的进一步深入，相互间形成了良好的互动关系。

此外，新中国成立前我国高校中综合性院校的办学实力明显高于专科院校，这在客观使得其下属农学院的发展有了一个不错的起点并具有较强的发展后劲。我国的第一个生物学系设在东南大学农科，第一个林学系设在金陵大学农学院，蚕桑系发源于金陵大学农学院，农林经济教学研究的起源则在北京大学农学院，农林工程方面的研究最早是在东南大学农科，植物病虫害教学研究的发端于中山大学农学院。这些学科后来都成为了所在农学院的优势学科。这是"综合—综合"模式在农林院校发展中占主导地位的最好注脚。

新中国成立之初，我国共有本科和专科高等学校224所，虽然独立的农林本科院校只有9所，独立的农林专科学校也只有9所，合计比例只有8.04。但综合性大学中设立农学院的有35所，合计后的比例还是相当高的，达到23.66，也就是说，近四分之一的高校中设有农学类专业。这也从一个侧面说明了当时社会和政府对农林的重视程度，农林院校的发展虽然因时局动荡而倍显艰难，但还是受到大力鼓励和支持，为解放后高等农林院校的发展奠定了基础。

二、解放后至改革开放前高等农林院校的发展模式

新中国成立后，我国实行的是社会主义计划经济体制，高校学制和领导体制也因此发生了很大变化。新学制仿照苏联的办法，根据行业分工，把高等学校分为大学、专门学院与专科学校，规定了学院和大学的相等地位，以及多科学校和专修科的地位与制度，强调高等学校应在全面普及文化知识教育基础上给学生以高级专门教育，为国家培养具有专门知识的高级人才。

1．"独立—独立"模式

1955年院系调整基本结束时，我国的高等农林院校全部转为单科性专门学院，原设在综合性大学中的农学院通过独立、调整、合并等方式，基本以专业或系科为单位，组建为新的农林院校，综合性大学中不再设立农学类专业和院系。29所农林高校中，农林院校23所，占79.31，成为农林院校的主体。此外还有农林院校2所，农林机械院校1所，水产院校1所，畜牧兽医院校2所。20世纪60年代陆续新建了25所高等农林院校，计有农林院校8所，农林院校5所，农林机械院校5所，水产院校3所，畜牧兽医院校2所，农垦院校2所。多种类型农林类院校的建立大大丰富了农林高校的内涵，也改变了农林院校的内部结构，使之更为多样化，能更好地满足社会生产的实际需求。这一时期，高等农林院校的发展模式只有一种，就是"独立—独立"发展，即学科是独立的，学校也是独立的。尽管院系调整不断进行，但就学科和专业发展而言，仍主要集中在传统农学领域，以种植和养殖为主，辅以机械工程、植物保护、农林经济、土壤等，因此实际上成为独立发展农学学科的独立性农林院校。

2. 特点与评价

这种发展模式具有自身的优点：对院校而言，能与行业紧密结合，按国家建设事业对口的原则设置专业；对学生个人而言，通过四年学习毕业后，参加工作能较快适应，可以迅速满足国家和社会对人才的需求。同时也存在不可忽视的缺点：对院校而言，学科过于狭窄，不利于多学科的交流与融合，面对日新月异的世界科技潮流缺乏竞争力；对学生个人而言，过窄的专业面影响了个人发展的后劲，不容易适应不断变化的社会需求。此外，农林院校与其他院校相比具有一个重要的特点，就是具有明显的地域性特征，虽然是同一学科甚至同一研究领域，对于不同的地区却有不同的研究对象和研究重点。院系调整时，大量同学科的系（组）被合并，表面上看实力有所提高，但"橘逾淮而北为枳"，忽略了农林地域性特征，影响了学科的良性发展。例如，1952 年由浙江大学农学院森林系、东北农学院森林系、黑龙江农林专科学校森林科在哈尔滨合并组建而成东北林学院，其中的浙江大学农学院森林系从江南搬迁到东北，面对的研究对象与过去相比差别很大，影响其作用的发挥，客观上造成了资源的浪费。截至 1978 年，我国独立设置的高等农林院校发展到 54 所，数量有所上升，但在全国本科院校中所占比例则逐步下降，从新中国成立之初的 23.66 降为 9.03。

三、改革开放后高等农林院校的发展模式

从 1978 年至 1989 年，国家陆续新办了 17 所农林高校，其中农林院校 7 所，农林院校 2 所，农林机械院校 1 所，水产院校 2 所，畜牧兽医院校 3 所，粮食院校 2 所，高等农林院校的结构得到优化，农林院校的比例相对下降，而其他类型的农林院校得以适当增加。

1. "独立—综合"模式与"综合—独立"模式

随着社会主义市场经济的逐步建立，我国的高等农林院校和其他院校一样步入了快速发展时期。从发展模式角度看，20 世纪 70 年代末到 90 年代初，可以

作为第一阶段，这一时期高等农林院校稳步发展，但有少部分与传统种植业和养殖业关系不大的学校改变了校名，逐步脱离了农林院校的队伍。

20世纪90年代开始算作第二阶段，农林院校开始分化，一部分开始向多科性和综合性院校发展，一部分则合并或组建进入综合性院校发展。在第一阶段，农林机械学院和粮食学院普遍更改了名称，由于这些院校的学科本来就属于工学中的农林工程类和轻工食品类或经济学，校名的变更只是意味着学科层次定位从原来的二级学科回到其所属的一级学科。其他农林院校仍基本沿用"独立一独立"的发展模式，但其学科门类和专业布局得到拓展，为第二阶段的综合化发展奠定了基础。在第二阶段，我国高等农林院校的发展可以分为"独立一综合"与"综合一独立"两种模式。所谓"独立一综合"模式，是指原来单科性的农林专门学院在保持独立建制的基础上朝向多科性和综合性道路发展；院校是独立的，但学科和专业向综合化方向发展，这是大多数农林院校的做法。所谓"综合一独立"模式，是指原来独立的单科性农林专门学院不再保持建制，或者被更高层次的综合性院校合并的，或者与自己同一层次级别的其他综合性院校和单科性专门学院共同组建综合性大学；院校是综合性的，而学科则保持了独立，成为综合性院校下设的农学院。

2. 两种模式的对比

目前采取"独立一综合"模式发展的高等农林院校共38所，占全国本科院校总数740所的5.14%，这一比例较1978年又有所降低。如果加上采取"综合一独立"模式发展的"异质合并"进入综合性大学的16所农林院校，以及在校名中脱离农林二字但保留了专业设置的塔里木大学，设有农学类专业的本科院校共计55所，占全国院校总数的7.439%，仍低于1978年。即便是农林院校总数达到最高峰时的1989年，独立建制的70所农林院校占当年全国本科院校总数1075所的比例为6.51%，也低于1978年。这说明我国农林院校在全国本科院校中的比例不断降低。

第二节　影响高等农林教育发展的环境因素

从教育论的观点分析，教育与环境相互影响相互作用，任何教育的发展都是在一定的环境条件中形成和发展的。伴随着高等教育在社会经济发展中核心地位的确立，社会对高等教育的要求也越来越高，正如联合国教科文组织《世界高等教育宣言》中指出："人类正走向知识社会……高等教育面临着巨大的挑战，必须进行历史上从未要求它进行过的最彻底的变革和革新。"环境因素对高等教育发展的影响也越来越强烈。作为农林科技教育的核心、高素质农林科技人才的培育基地、高新农林科技研究成果的孵化基地、现代农林产业模式的传播基地，高等农林教育在推动农林经济和农村社会的发展进程中发挥着越来越重要的作用，同时，高等农林教育的发展也面临着更加多样化的环境因素的影响。

一、国内社会政治经济环境因素的影响

1. 社会主义市场经济体制建立发展对高等农林教育发展的影响

1993 年 11 月，为加快改革开放和社会主义现代化建设步伐，在全面分析我国经济体制改革面临的新形势和新任务的基础上，中共中央通过"关于建立社会主义市场经济体制若干问题的决定"。经过 10 年的艰苦努力，按照建立社会主义市场经济体制的目标，我国全面推进经济体制改革，推动传统计划经济体制的根本性转变，到 2003 年，社会主义市场经济体制初步建立。在现阶段，社会主义市场经济的发展目标是全面推动我国建设小康社会的进程。在农林经济领域，要建立完善的农村市场经济体制，要求农林由自给半自给向市场经济转变，农林经营方式由粗放型向集约型转变，不断调整产业结构，建立发达的农林社会化服务体系，发展高产优质高效农林，从而提高农民收入，实现农林的现代化，在农村全面实现小康。随着社会主义市场经济和现代农林的发展，增加农民收入势必要转移到依靠科技进步和提高劳动者素质上来。社会主义市场经济和现代农林的发展迫切要求高等农林教育发挥更大的作用。在实践中，必须要不断总结和探讨高等农林教育与社会主义市场经济相结合的经验，逐步建立与社会主义市场经济相适应的高等农林教育新体制。高等农林教育的办学模式、管理体制都要进行更

深入的改革，要积极改革不适应社会主义市场经济发展要求的教育思想、教育观念、教育管理运行机制。同时也要彻底打破高等农林院校多年来封闭性、单科性，仅仅面向农林系统的办学格局。要根据人才需求的变化，积极探索从过去单纯面向农林办学，转变到面向农林及整个社会经济发展服务。进一步密切高等农林院校与区域经济社会发展的联系推动高等农林教育为当地经济社会发展服务。

2. 加入 WTO 对高等农林教育发展的影响

从产业结构角度看，加入 WTO 对中国农林发展的冲击最大，作为与农林紧密联系又休戚相关的高等农林教育，担负着培养高级农林人才和农林科技创新的重要使命，在中国加入 WTO 后也受到重要影响，开始面对全球化的冲击和挑战。加入 WTO 几年来，随着国内外向我国教育事业投入的渠道增加，投入数量持续攀升。高等农林教育的办学体制开始实现多元化，这无疑在很大程度上改变了高等农林教育投入不足的状况。加入 WTO 后，对传统的人才培养模式和教育体制产生强烈冲击，对人才的培养数量和质量提出了更新更高的要求，如何改革、拓展高等农林教育的结构，使之能主动适应外向型经济、发展可持续农林以及突破农产品国际贸易中的绿色壁垒，满足市场对人才的高素质需求，已成为近年来高等农林院校发展迫在眉睫的现实课题。在把握发展机遇的同时，高等农林院校也面临着不同程度的冲击压力。加入 WTO 后，在教育国际化的影响下，国外的高等教育机构开始逐步渗透国内高等教育领域，国内教育市场也在竞争中不断重组，这些都使单科性的高等农林院校在竞争中处于不利地位。

3. 科学发展观的确立对高等农林教育发展的影响

随着中共十六届三中全会通过了《中共中央关于完善社会主义市场经济体制若干问题的决定》，第一次将"坚持以人为本，树立全面、协调、可持续的发展观，促进经济社会和人的全面发展"作为全党的指导思想。科学发展观的核心是以人为本，高等教育的对象是人，高等教育的目的是培养人，让人得到全面的发展。知识经济时代，高等院校教学要向注重学生个性发展、培养学生创新能力的以人为本的教育方向转变。将"以人为本"作为高等院校最重要的办学理念，是高等院校贯彻落实科学发展观的本质和核心。科学发展观作为新时期高等教育发展的战略指导思想，对高等农林院校的发展模式、发展道路将产生深远的影响。对高等农林院校来说，发展具有特别重要的意义，高等教育大众化的深入，高等教育国际化的延伸，都将对我国的高等教育产生巨大的冲击，高等农林院校经过改革开放 20 多年来的建设和发展，整体水平和综合实力都有较大的提升，但与国内一些综合性大学比较，在学科结构、学术水平、科技创新能力、培养学生的综合素质等方面都有一定的差距。就是在全国 40 多所高等农林院校内部，分化和差距也正在逐渐加大。

2000 年开始，高等农林院校连续扩招，学校的规模迅速扩大，高等教育大众化推动高等农林院校普遍实现了跨越式发展。伴随跨越式发展，产生的问题也将日渐显现，尤其是在教育教学管理、师资队伍、学科专业结构、生均教学资源占有率、毕业生就业等方面存在的问题都变得突出起来。这些问题将成为今后一段时间内高等农林院校普遍面临的问题。如何处理好这些问题，推动高等农林院校从跨越式发展向可持续发展的转变成为一个重要的课题。落实科学发展观，要进一步处理好增长的数量和质量、速度和效益的关系。要把质量放在教育发展的第一位，不能以牺牲质量来追求规模效益。高等农林院校的自身实力一直比较薄弱，教学基础设施、教师资源等都与综合性大学有很大的差距。因此，在经历了特定历史时期的跨越式发展之后，要把握学校发展的速度和节奏，处理好规模、质量、结构、效益的关系，遵循高等教育规律和人才成长规律，强调协调和可持续发展，特别是在当前高等教育进入一个新的发展机遇期的关键时刻，牢固树立和认真落实规模、质量、结构、效益协调统一的高等农林院校可持续发展观尤为重要。

二、农林发展对高等农林教育的影响

1. 新的农林科技革命

1996 年 9 月，我国重要领导人在"星火计划"实施十周年的表影大会上论述我国农林发展问题时提出了"必然要进行一次新的农林科技革命"的科学论断。1998 年《中共中央关于农林和农村工作若干重大问题的决定》指出："推进农林科技革命，要在广泛运用农林机械、化肥、农膜等工业技术成果的基础上，依靠生物工程、信息技术等高新技术，使我国农林科技和生产力实现质的飞跃，逐步建立起农林科技创新体系。"农林新技术革命的内容也正是高等农林教育致力于解决的问题。新的农林科技革命带来现代农林经济新的发展，农林作为一种应用科学和生物技术最新成果的高科技产业，发展的重要动力将源于农林科技教育。可以说，新的农林科技革命呼唤农林科技教育的大发展，新世纪中国农林经济的发展也呼唤农林科技教育的大发展。与新的农林科技革命带来的农林发展要求相比，中国的农林科技水平还处于十分落后的状况，这对农林教育特别是高等农林教育也提出了更加严峻的挑战。

2. 农林的可持续发展

可持续农林是 20 世纪 80 年代国外提出的一种农林发展战略思想，90 年代开始逐渐引起国际上的广泛注意，并从学术探讨进入试验研究和组织实施阶段。《中国 21 世纪议程》对中国农林可持续发展进一步明确为：保持农林生产率稳定增长，提高食物生产和保障食物安全，发展农村经济，增加农民收入，改变农村贫困落后状况，保护和改善农林生态环境，合理、永续地利用自然资源，特别是生物资源和可再生资源，以满足逐年增长的国民经济发展和人民生活的需要。世界农林发展实践证明，科技进步是农林持续发展的根本动力。中国是人口大国，农林大国，但研究认为，总体上我国农林科技水平与世界先进水平相差至少15—20 年，农林科技对农林经济增长的贡献率相当于发达国家的一半。实现农林的可持续发展，农林教育特别是高等农林教育发挥着关键性的作用，以高等农林教育为核心的现代农林教育科技体系的发展将最终推动农林和农村经济实现经济效益、社会效益、生态效益的协调统一。

3. 农林产业化、市场化发展

农林产业化是在更大范围内和更高层次上实现农林资源的优化配置和生产要素的重新组合，这将是中国传统农林经营方式的一场深刻的变革，因此对农村劳动力的素质和知识结构都提出了新的要求，专业化、科技化的农林只有具备一定科技知识和专业素质的劳动力才能胜任。中国要真正实现农林产业化经营，需要大量的农林高级专门人才和农林企业家，需要更进一步提高农林劳动力队伍中的高素质人才的比例，造就一支适应农林发展和农村经济建设需要的由学术带头人、农林管理人才、农林技术推广人才、农林科技企业家和高素质农民共同组成的农林科技队伍，简而言之，就是为农村经济发展培养素质高、能力强、懂科技、善经营、能从事专业化生产和产业化经营的新型生产、加工、营销、管理人才，这些都依赖于高等教育的培养。推动农林产业化将是当前及今后农村经济改革与发展的重大主题。农林的发展需要农林科技作为保障，农林科学理论与科技成果，由理论变为农民所掌握的实用技术，需要一个艰苦的培训与推广的过程，因此必须开发农村的人力资源，帮助农民提高自我决策能力，通过提高农民的个人发展水平，促进农林的发展和农村经济的繁荣，并不断提高农民的收入。高等农林教育在这项工作中发挥着不可替代的作用。

4. 农村城镇化

农村小城镇建设对于实现农村区域的综合发展，发挥小城镇的教育、文化等方面的辐射作用，加速广大农村的现代化进程具有重要意义。统计数据显示：从1990—1998年，中国的市镇人口从30191万人增至37942万人，平均每年递增25.72%，而同期乡村人口从84142万人增至86868万人，平均每年增长率为3.55%，这说明有大量的农村人口已经转为城市居民。但实现农民向城镇居民的转变，还存在着一定程度的教育壁垒，即农村居民的教育文化素质较低，现有农村劳动力的文化素质难以满足城镇化对劳动力素质的要求，农村劳动力具有大专以上学历文化水平的比例非常低，要达到小城镇化建设的要求，必须提高农村劳动力的文化水平，接受高等教育的农村人口比例应有一个较大幅度的提升。

三、我国高等教育发展宏观环境因素的影响

1. 高等教育的大众化

我国高等教育顺利实现了从精英教育向大众化教育的跨越，随之而来的是高等学校规模的膨胀，这又对高等农林院校提出了更高的要求。首先高等农林院校在办学条件相对较差的情况下，必须保证并逐步提高高等农林院校的教育质量，满足不同层次人才对高等农林教育的需求。其次必须保持高等农林院校规模、结构、质量、效益的协调发展，这对高等农林院校的办学理念、思路、战略措施等提出了严峻的挑战。最后，伴随高等教育的大众化，人类必然迈进终身化学习的学习型社会，这就要求高等农林院校的教学管理模式以及教学内容、方法与手段作相应的变革。另一方面，高等农林教育又面临着极为广阔的高等教育潜在市场。潘懋元先生在论及我国高等教育大众化的途径时指出，"高等教育通向农村，就是一条大众化的必由之路"，"'科教兴国'战略不能不包括'科教兴农'；中国高等教育大众化也不能不让70%的农村青年接受高等教育"。在积极参与高等教育大众化的进程中，高等农林院校不能忽略农林、农村、农民，要通过多种形式办好高等农林教育，尽快推动在广大农村、农民中实施大众化教育。

2. 技术的现代化

教育技术现代化是教育改革的一项重要内容。随着科学技术的发展和教育改

革的不断深入，一些现代化的教育设备如多媒体计算机、闭路电视、语音室等已大量进入教育领域，并且以其科技含量高、信息量大、交互性强、传输快等特点，显示出其它教学媒体无法比拟的优势。现代教育技术为高等教育发展带来新的模式，尤其是网络教育的普及，不仅大大拓宽了学生接受知识的范围与途径，而且使参与式、启发式教学成为可能。教师将不再是以传授知识为主，而是着重培养学生的创新意识、科学态度、科学方法，以及分析问题和解决问题的能力。教育的灵活性、适应性，以及个性化特点将更加突出。教师将主要成为学生学习的指导者，学生则真正成为大学的主体。

3. 教育内部管理体制的变化

近年来，高等学校内部管理体制和机制改革不断深化。高等学校按照转换机制、优化结构、增强活力、提高效能的原则，在改革学校内部管理模式的基础上，精简调整学校管理机构和人员，深化人事制度改革，积极推行教师聘任制和全员聘用合同制，逐步建立起适合教师特点的分配制度，初步建立了有效的激励机制和约束机制。高等农林院校在积极推进内部管理体制改革过程中，注重针对高等农林院校的特殊情况，以干部人事分配制度改革为突破口，积极稳妥地开展内部管理体制改革，不断提高管理效率。逐步建立能上能下、能进能出的用人机制。通过精简党政机构，实行全员竞聘上岗和干部轮岗交流。进行院（系）调整，使院（系）设置更加适应学科发展的需要。建立有利于优秀人才脱颖而出的激励机制。

4. 高等院校办学主体和办学形式的多样化

近几年来，我国高等教育在办学主体多样化方面有较大的发展，推动了大众化的进程。改变了过去完全由国家办学、政府办学的单一模式，发展成为"一主多元"的办学模式，即以国家办学为主，积极发展民办教育、私人办教育、企业办教育、公民合作办学、公立高校转制、中外合作办学等。在全国形成有普通高校、高等农林院校、成人高校、大专自学考试多样化的格局。高等院校充分利用自筹资金、成本收费、独立核算、依靠非政府资金投入和学费收入滚动发展，扩大了高等教育资源，提高了全社会的高等教育供给能力。越来越多的高等院校发挥大学的品牌和智力优势与企业集团、基金会等非政府机构的资金优势相结合，合作举办相对独立的、具有新运行机制的大学分校或二级学院。在办学主体多元化发展的影响下，我国高等农林教育已经建立起灵活多样的高等教育办学机制，即以普通高等教育为主体，吸引更多的力量参与高等农林院校办学。通过建立国有民办二级学院、与国外高等教育机构联合办学，灵活的办学机制有效扩大高等农林教育的规模。同时，随着农村经济社会的发展和科教兴农战略的实施，一些先富裕起来的农村也开始与高等农林院校合作举办"农村村支书大专班"、"乡镇企业经理大专班"、"科技示范户大专班"、"科技带头人大专班"等，有些地方办起了农民自己的大学，培养农村急需的高级专门人才。为了进一步适应需求，在巩固已有办学形式的基础上，高等农林教育开始逐步拓展办学形式。现代远程教育已经开始在高等农林教育中出现。在国家首批批准的现代远程教育的试点院校中，就有3所高等农林院校。高等农林教育的发展越来越多地受到各种环境因素的影响，这些影响在很大程度上对高等农林教育改革和发展起着导向作用，使高等农林教育的发展目标在社会政治经济发展进程中不断调整，以适应社会发展的需求，并为社会发展提供更多的科技人才支持，这也将是我国高等农林教育发展的一个重要趋势。

高等农林本科院校的发展模式在不同历史阶段经历了不同的变化。在这些变化过程中，经济社会因素具有根本决定作用，国家的政策是其直接决定因素，而高校自主发展能力在过去十多年也发挥了关键作用。高等农林院校的发展模式选择远未结束。随着经济社会发展水平的不断提高，随着政府管理模式的发展变化以及高校自主发展能力的不断增强，高等农林院校必将会在适应经济社会发展的过程中实现发展模式的进一步优化，从而推动自身更快更好地发展。

第三节　高等农林教育的教育功能与改革措施

近年来，各高等农林院校以教学改革为核心，把树立新的教育思想和教学观念作为深化高等农林教育改革的先导，并采取了一系列措施。各校在构建实践教学体系时，从培养目标出发，结合自身实际，从不同的角度和层面进行了广泛的探索，有的已初步形成了自己的特色，形成了许多有实践性的教学模式。但是，随着社会经济改革的进一步深入，就业形势的转变，高等农林教育面临着新一轮的改革挑战。

一、高等农林教育的教育功能分析

1. 当前农林院校改革问题及其课程设置

随着国际金融危机的影响以及国家经济形势的发展和产业结构的调整，农林院校毕业生的社会就业形势日益严峻，特别是社会对农林院校毕业生的偏见和毕业生急功近利的浮躁心态导致的问题比较突出。同时，相当部分农林院校对大学毕业生的就业指导作用认识不足，定位不明确，不能根据自身实际和外界变化进行及时的教学改革。

高等农林教育教学改革仍然存在诸多问题：第一，重理论轻实践的现象仍然存在。许多学校仍存在重理论，轻实践，重知识传授，轻能力和综合素质培养的现象，教育思想和观念跟不上形势的发展，"专才培养"的思想根深蒂固，知识传授纵多横少，基础狭窄，加上教师切身利益等复杂原因，使专业调整、课程体系和教学内容改革的难度加大。此外，农林高校就农林产业结构调整对实践教学的影响缺乏有效的应对措施，校内外实习基地的建设水平难以适应现代农林的要求；第二，实践教学体系的建立缺乏系统研究。大多数高校认为实践教学体系就是实践教学环节的简单加和，对实践教学体系的系统研究重视不够。在教学改革过程中，重视课程体系的优化，忽视实践教学的优化；第三，实践教学管理体制和运行机制改革难以进行。在实践教学改革中，管理体制和运行机制改革是难点。目前，普遍存在实践教学资源的整合受到管理体制的制约、激励教师投入实践教学的机制不够健全、实践教学质量评价体系难以建立等问题。因此，农林院校毕业生在社会知识及就业方面的认识较低，给就业带来相当大的问题。

教学改革的重点和关键在于课程的设置和完善。但当前，我国农林院校的课程设置和课程教学依然在传统的道路中难以走出，课程设置依然以自然科学为主，人文科学为辅，对社会知识方面的课程很少，特别是认识当前社会形势和社会经济就业形势变化的课程还未普遍存在。创业教育的缺失和课程的不足严重影响了高等教育功能的实现和完善。

2. 教育功能与课程的关系原理

（1）传统教育功能观

教育功能就是教育活动和系统对个体发展和社会发展所产生的各种影响和作用。教育功能指的是教育在与人及周围环境相互影响中所发挥的作用，它往往指向教育活动已经产生或者将会产生的结果，尤其是教育活动所引起的及产生的作用。从作用的对象上来看，教育功能可以分为：教育的个体发展的功能；教育的社会发展的功能。教育的个体功能，是由教育活动的内部结构决定的，如师资水平、课程的设置及内容的新旧、教育物质手段的现代化水平及其运用，都构成影响个体发展方向及其水平的重要因素。教育的社会功能是教育的本体功能在社会结构中的衍生，是教育的派生功能，也称教育的工具功能。教育对社会的作用不是无限的，而要受社会结构、社会发展规划和社会性质所制约。过去，我们通常认为：教育的功能就是重要在于为社会培养人才，注重的是教育的社会功能；从而忽视了个体功能的实现，特别忽视了个体作为社会公民的目标和培养需要。所以，我们的教育一再强调要将学生培养成社会需要的人才，但却忽视学生本身的成长和社会化过程。

（2）教育功能新探

美国威斯康星州立大学是世界高等教育发展史上，实现教学、科研与服务三位一体办学思想的典型代表。1912年，查尔斯麦卡西的专著——《威斯康星思想》，第一次用"威斯康星思想"一词表述了威斯康星州立大学的办学经验。威斯康星思想明确地把服务社会作为大学的重要职能，提出大学的基本任务是：第一，培养人才。把学生培养成有知识、能工作的公民；第二，发展科学。进行科学研究，发展创造新文化、新知识；第三，服务社会。传播知识给广大民众，使之能用这些知识解决经济、生产、社会、政治及生活方面的问题。作为社会体系的重要组成部分，高等院校，尤其是农林高校(科研院所)应该积极利用自身优势为社会的发展作出自己应有的贡献，这就是"威斯康星思想"的内涵。

"威斯康星思想"强调大学与社会的联系，高校要为社会经济的发展服务，发挥高等教育服务社会的功能，在高等教育发展的同时推动社会的进步和经济的发展。传统的高校教育功能强调育人和知识传授；但服务社会却只是在教育的社会功能中提出，并没有将服务社会作为高校的一项基本功能。而社会经济发展的需要向教育功能的转变提出了新的要求——服务社会应当作为高等教育的一项基本职能。从教育和社会经济发展的关系来看，教育的发展要受到经济、社会发展水平的制约，同时又反作用于经济与社会。高等教育也是如此，高等教育要与社会发展保持和谐的关系，就必须与社会的发展和国民经济的发展相适应，主动为国家作贡献，及时根据经济社会的改革发展进行自己的改革发展，进而发挥对经济社会发展的促进作用。然而，强调大学与社会的联系和大学对社会的服务功能，并不是只是强调教育的社会功能，而是对学生的个体素质提出了更高的要求，同时也要求高校要针对社会经济的发展和趋势变化及时调整自己的教育教学方针和手段，根据实际就业制定教改计划。

（3）目的、功能和课程

教育目的是根据一定社会的政治、经济、生产、文化科学技术发展的要求和受教育者身心发展的状况确定的。它反映了一定社会对受教育者的要求，是教育工作的出发点和最终目标，也是确定教育内容、选择教育方法、检查和评价教育效果的根据。教育功能，是指教育活动的功效和职能。而高等教育功能是指高等教育系统内部各要素之间以及系统与社会之间以一定的方式相互作用时表现出来的客观能力和产生的效果，具有自致性和客观性，其拓展是人们认识水平不断深化的结果。课程设置是指一定学校选定的各类各种课程的设立和安排。教育的目的直接决定了教育的功能定位，而教育的功能定位又影响到高校课程的设置。

中华人民共和国宪法中规定了我国的教育目的，是"国家培养青年、少年、儿童在品德、智力、体质等方面全面发展"，成为有社会主义觉悟的有文化的劳动者。从建国以来，教育目的从培养"四有新人"到全面发展的社会人才，是比较符合社会经济发展的需要的。但我国对教育功能的定位和教育目的是不匹配的，正如上所说，我国传统教育功能没能按照教育目的的需要和要求来定位，使得高等教育无法发挥应有的职能。教育功能的定位不准也就直接影响到高校的课程设置，而课程设置是教育功能实现最直接有效的手段，课程设置的不合理也就直接影响高等教育的功能甚至教育目的的实现。

3. 新的设想——社会知识的介入

知识的分类多种多样，但有一类分类法是当代知识界比较广泛认同并体现在大学系科设置、图书馆资料分类等知识制度中的。这种分类法就是将人类知识划分为"自然知识"、"社会知识"和"人文知识"。由于每一种之时的对象和认知方法不同，三类知识在许多方面都呈现出明显的差别，从而影响到相应的课程实践。当前我国高等宁琳院校的知识传授和课程设计主要体现在"自然知识"和"人文知识"，涉及"社会知识"的课程太少。因此，我们在此将主要讨论"社会知识"对完善课程设置和实现全面的教育功能的之间的关系。

二、高等农林教育的改革措施

1. 高等农林院校教学改革中存在的问题及改革的指导思想

（1）近些年来，高等农林院校在教育体制改革的推动下，克服种种困难，在专业调整、学科建设以及教学内容体系、课程结构、教学管理制度改革等方面做了大量工作；在探讨教学新模式、加强实践教学、建立校内外基地、推进教学科研生产三结合方面积累了较丰富的经验，为进一步深化教学改革，提高人才培养质量奠定了基础。当前教学改革中存在的主要问题是：教学经费严重不足，影响教学的正常运行，教学质量难以保证；教学工作受到诸多方面的干扰和冲击，队伍不稳，学校领导的主要精力难以集中到抓教学工作上；学校教学工作与社会实际仍存在不同程度的脱节，专业设置还没有完全突破计划经济体制下的固有模式；教学内容、教学方法的改革力度不大；在教学管理中，激励师生教与学两个积极性的机制尚未建立和健全等。

（2）根据国家教委《关于进一步深化高等学校教学改革的意见》，高等农林院校教学改革要坚持"教育必须为社会主义建设服务"，要"面向现代化、面向世界、面向未来"的方针，遵循教育和教学规律，通过教学改革，解决教学领域中存在的主要问题，充分调动师生教与学的积极性，力求使教学质量上一个新台阶。遵循上述指导思想，当前高等农林院校教学改革的主要任务是：打破学科专业设置单一的固有模式，优化专业结构，拓宽专业口径和服务方向；进一步研究本专科生基本培养规格，调整教学计划，协调理论教学和实践教学的关系，在优化课程结构的同时，建立和完善实践教学体系，建立相对稳定的教学基地；改革教学内容、方法，积极引进现代化教学手段；加强教师队伍建设，采取切实有效的措施稳定教师队伍，并形成合理的师资结构；深化教学管理制度改革，建立和完善调动师生教与学积极性的机制，提高科学管理水平。

2. 优化专业结构，拓宽专业口径

（1）高等农林院校调整专业结构和方向的思路是，根据社会需要，在现有专业基础上适当延伸，覆盖产前、产中、产后的全过程，拓宽专业业务范围和服务方向；在以农科和林科专业为主体的前提下，可根据区域特点和学校的条件逐步增设一些农村或林区急需的非农专业以发挥各校自身的优势，面向社会办学，挖掘潜力，满足社会对多方面人才的要求，并形成自己的办学特色。调整专业方

向既要着眼于社会需要的长远性、整体性和稳定性，保证专业设置的相对稳定，又要适应社会需要的现实性、多样性和易变性，增设针对性强、能灵活转移的专业方向，实行"大口径进，小口径出"，防止专业越分越细。

（2）在专业结构调整中，既要加强宏观调控，又要注意微观搞活，按照社会需求和学校的实际办学条件，优化专业结构和布点。对行业长远战略发展影响较大，或代表学校办学水平和特色的，但又受行业局限，服务面窄，人才需求量小，发展较困难的农林基础学科专业和传统学科专业，实行政策性保护。比如可以隔年招生，使其一方面有较充裕的时间从事学术研究和科技开发，促进专业的自身发展，同时可根据社会的新需求，积极寻找发展专业的新途径等。对现设专业，要根据农林科技和农村社会发展的需要，进一步拓宽口径，扩展专业内涵，反映国内外农林科技和生产领域的最新成果和发展趋势，开辟新的专业服务方向。有计划地、积极稳妥地发展和新设面向广大农村、林区的中小企业、乡镇企业和第三产业的应用学科专业。对办学基础较好的学校要适当发展新兴和边缘、交叉学科专业。各校要根据专业发展水平的不同，有计划地建设若干个代表本校优势的特色学科专业。新设专业，尤其是新设非农林学科的专业和学科还不成熟的专业，必须遵照国家教委的有关规定，充分调查、论证，按程序进行，使专业建设健康地发展。

3. 优化培养模式，提高教学质量

（1）各校要根据国家教委制定的农科专科的培养目标和培养规格，结合本校实际，全面修订教学计划，加强和拓宽基础，加强计算机、外语和人文、社会科学等基础文化教育和非智力因素的培养。要从师资力量、教学设备和管理措施入手，切实加强外语课程建设，力争在 3 ~ 5 年内，使农林本科教育的外语水平达到或接近全国普通高校的平均水平；改善条件，大力加强计算机基础教育，全学程学生人均独立上机时间农科类专业要达到 50 小时 ~ 60 小时以上；改革马克思主义理论课程和思想政治教育课程，用马克思主义的基本立场、观点和方法解决新形势下学生世界观、人生观和道德修养等方面的实际问题；增设经济、法律和管理类课程，使学生具有经济管理知识，增强市场意识和法制观念；适当压缩必修课，增加选修课，以利于因材施教和拓宽学生的知识面。

（2）积极探索新时期的人才培养模式，培养适应社会需要的多规格、复合型人才。近年来，在教育体制改革的推动下，高等农林院校积极深化教学改革，在人才培养过程方面进行了许多改革试点，如本科"基础＋模块"模式、三段人才培养模式、"3－1－1"模式（即前三年在校学习，第四年到预分配的工作单位实习，然后再返校有针对性地学习一年）、"5－2－1"模式（即前五学期在校学习，然后参加生产实践两学期，最后再学习提高一学期）、主辅修、双学位等；专科"2＋1"模式（即前两年在校学习，后一年参加生产实践）、"3－1－1－1"双循环模式（即前三个学期在学校学习基础理论，第四学期到生产单位参加劳动，第五学期在感性认识的基础上返校学习专业基础课和专业课，最后第六学期再参加实践）等，取得了较好的人才培养效果，为探索新时期的人才培养模式积累了新鲜经验。各校要借鉴这些经验，根据自身条件和不同学科专业的特点，积极开展研究，大胆进行实践，创造更多适合我国国情的、新的人才培养模式，提高人才培养的质量和效益。

4. 推进教学内容和教学方法的改革

（1）加强课程建设，并通过课程建设带动教材建设、实验室建设，促进教学思想的转变，教学内容、教学方法的改革和教学手段的更新。要制订规划，高度重视基础课程和专业主干课程的建设，有计划地建设一批重点课程，使之达到"一类（优秀）课程"标准。开展课程评价，推动课程建设，保证课程质量，逐步减少和杜绝不合格课程。

（2）各课程要删除陈旧过时的内容，更新教学内容，及时反映当今世界经济、文化和科学技术领域的最新成果及当前我国社会主义生产建设的实际。教学内容要符合专业培养目标的要求，遵循"少而精"的原则，突出重点、要点。要合理设计课程，进行分层次教学，处理好课程间的内容衔接，避免不必要的重复，建立科学的内容体系。

（3）各校要制订教材建设规划，加强教材的编写和选用管理，提高教材的配备率、适用率和更新率。编写教材要计入教学工作量，给予一定的经费保证，建立教材评优奖励制度，促进教材质量的提高。有条件的学校要筹资设立教材建设基金，重点扶植编写、出版一批高水平、有特色的教材。

（4）转变教学思想，抓好教学方法的改革。要破除单纯传授知识，忽视培养学生基本素质和能力的旧教学思想；提倡启发式教学，充分发挥学生的主体作用；鼓励开展有利于学生主动学习的各种教学方法的研究和实践。采取有力措施加强电化教学，充分利用幻灯、影视、录音、录像和计算机等现代教学技术作为信息运载与传递手段直接介入教学活动，提高教学效果。创造条件、加快发展计算机辅助教学 (CAI) 和计算机辅助设计 (CAD)。

5.加强实践教学，坚持教学、科研、生产三结合

（1）建立和健全实践教学体系。要明确各个实践教学环节在培养专业人才中的作用和基本教学要求，对每个实践环节进行精心安排，使之建立以实验课为主体的实验教学系列，以教学实习、课程设计、生产实习和毕业设计（论文）为主体的实践训练系列，以社会调查和社会服务为主体的社会实践系列。在此基础上，对三者进行整体设计使之有机结合，形成完整的实践教学体系，纳入教学计划，按教学层次贯穿于培养全过程。

（2）采取切实措施，确保校内教学基地的建设。学校的实验场（农场、林场、牧场、渔场等）要端正办场指导思想，坚持为教学、科研服务的方向，实行"内联外引"，多种经营，增强自我发展的活力，逐步使之成为独立的法人实体。学校主管部门、学校和实验场多方筹资，单独立项，有计划地加强实验场的建设，把实验场逐步建成为教学的实习基地，科研的试验基地和推广的示范基地。

（3）要把教学、科研和生产三结合作为贯彻教育与生产劳动相结合方针、改革教学模式的重要途径长期坚持下去。通过建立校外实践基地和加强实践教学，促使学生更多地走向社会，参与科技兴农，社会服务，使学校在直接为当地经济建设服务中，建立学校面向社会办学，社会广泛参与人才培养的机制。建设校外基地必须要根据互惠互利的原则，充分调动地方和单位的积极性；要有一个有效的管理体系和一支精干的相对稳定的队伍；还要建立适合于当地经济发展的技术支撑体系和服务体系。

6.改革和完善教学管理，树立良好的学风

（1）根据新形势下深化教学改革的要求，全面修订现行教学计划和教学大纲，加强其实施的管理。要使学生了解全学程的课程安排，有关先行课和后续课之间的联系，各门课程的教学基本要求，各章节的基本内容、重点和难点，指导学生合理安排学习计划，增强学生的主体意识和学习主动性。

（2）学籍管理要强化奖惩激励机制。对品学兼优的学生提供免修、免费辅修、跨院系选修等优惠学习条件；对不能按正常学习年限毕业的学生和重修科目要按有关规定精神严格处理或采取收费继续学习等其他有效的管理办法。

（3）教学管理制度的改革要引入竞争激励机制，有利于因材施教和发展学

生个性。各校应选择适合本校实际的教学管理制度。有条件的学校可实行学分制、主辅修制、双学位制、双专业制和优异生选拔培养制度等。

（4）学校要制定系（院）级教学管理的评价体系和实施办法，通过试点，逐步开展教学管理评价工作。定期公布系（院）教学状态数据，为加强教学管理，改进教学，提高质量提供依据。

（5）学风是影响教育质量的重要因素之一。学风的好坏对于学生的思想、学习、生活都将产生潜移默化的作用。抓学风建设不能只着眼于学生，要把抓学风与改进领导作风，抓教风和学校精神文明建设结合起来；把思想政治教育与严格管理、严肃纪律结合起来。

当前，学风建设中的一项重要任务就是要采取有效措施端正考风。在考试管理中，一方面要推进试题库建设，实行考教分离，另一方面要严格考试纪律，严肃处理考试作弊和违纪行为，坚决刹住考试舞弊现象，为进一步搞好学风建设奠定基础。

7. 加强师资队伍和教学管理队伍建设

（1）加强师资队伍建设。学校要统筹兼顾，合理安排，改善条件，使老中青年教师都能各得其所，稳定队伍；要下大力气培养中青年骨干教师和学术带头人，抓好青年教师的培养、使用和提高工作，对确有成就的拔尖人才，要大胆破格提拔，使之脱颖而出。学校要在职称评聘、课时酬金、奖励和住房等方面，适当向教学第一线的教师，尤其是基础课教师倾斜。通过单设教学研究基金、奖励基金，鼓励、推动广大教师积极参加教学改革，从事教学研究，把优秀教学成果作为教师晋升职务的条件之一，促使教学水平的提高。

（2）学校要采取必要的措施，加强教学管理队伍建设，关心爱护教学管理人员，帮助他们提高思想、业务素质和管理水平，尽可能解决他们工作上、生活上的实际困难。对专职教学管理干部要参照有关规定给他们评定相应的技术职务。要根据新形势的要求，实现教学管理制度化，引进现代化管理手段，不断提高科学管理水平。

三、以赛促教的高等农林院校树木学教学改革的实例分析

树木学是讲述木本植物的分类系统、形态特征、生物学与生态学特性、地理分布以及用途等内容的课程，是林学、森林资源保护与游憩、水土保持与荒漠化

防治、自然保护区、环境科学等本科专业的专业基础课，也是园林、生物、地理、野生动植物保护与利用、林木遗传育种、环境保护、生态学等学科研究生应该学习和掌握的知识与技能。树木学的内容丰富且零散、专业术语繁多，需学生大量识记并通过实地观察比较才能领会，因此，学生极易产生倦怠与厌学情绪，是树木学课程教学效果不理想的原因之一。通过举办"校园植物识别大赛"，可以达到以赛促教，以赛促学的目的，也思考将其作为一种教学辅助形式，引入树木学教学改革实践中。

1. 校园植物识别大赛检验出过去教学模式的实际效果

"校园植物识别大赛"已在探索中成功举办了两届，面向的是全校学生，尤其是系统学习过树木学、园林树木学、植物学、观赏植物学、花卉学、植物资源学等课程的在校本科生、研究生以及对植物有浓厚兴趣的学生举办。比赛分为初赛与决赛，初赛以考核植物科属种识别能力为主，决赛考核植物的主要形态识别特征。比赛设置了"校园植物识别大赛植物名录"（共 160 种，木本 140 种，草本 20 种）、考察内容与评分标准，还设置了一、二、三等奖，对参赛者颁发获奖证书，并给予奖励，同时对所有参赛者，根据比赛成绩，依据《西北农林科技大学本科生创新与技能 8 学分实施办法（试行）》，记入创新与技能学分。

分析两届比赛成绩，发现低分段人数多，高分段人数少。第一届比赛中，预赛成绩在 60 分以下的人数为 130 人，占总人数的 69%，第二届比赛中，预赛成绩 60 分以下的人数为 129 人，占总人数的 60%。不难发现，第二届参赛者成绩有所提高，60 ~ 100 分中的三个分数段上人数占总人数比例（60 ~ 70 分：18%;70 ~ 80 分：8%;80 ~ 100 分：5%）均高于第一届（60 ~ 70 分：22%;70 ~ 80 分：12%;80 ~ 100 分：6%）。结合学生专业背景分析，两届比赛中除园林、林学、植物保护、森林培育专业参赛者及格率达到参赛人数的 50% 外，其他专业及格率均未超过半数。再结合决赛成绩，达及格水平的参赛者中约有 50% 的学生未能准确描述植物形态识别特征。可见，学生通过植物形态识别特征识别植物种类的能力还很欠缺。虽然，树木学理论教学考试与实践教学考核均显示 90% 的学生达到及格水平，但植物识别大赛的考察发现树木学课程的教学效果并不乐观。

《树木学》最早叫树木分类学，主要是为森林经营者和木材经营者正确地鉴定树种服务，以免因树种鉴定错误而造成重大的经济损失。随着工业的发展，人类生存环境污染和破坏日益严重，人们进而注意到森林的生态效益和社会效益。《树木学》也由单纯的树木分类学发展成为一门包括树木形态、分类、分布区、特性和资源利用等内容的综合性学科。《树木学》教学大纲的教学目的与要求中也提出：通过学习，使学生掌握常见科及代表树种识别的要点，能够对相近树种进行辨析，并掌握树种的生物学、生态学习性、分类地位及在农林工程方面的应用，为专业课程奠定良好的基础。可见，植物识别能力依然是树木学课程的最基本任务。比赛成绩反映的是教学效果的不理想，原因可能是：第一，近年来课程体制改革，树木学教学课时大幅减少，缩短了学生消化课程的时间；第二，理论教学中基本靠图片加深学生对树木识别的直观印象，对学生的影响较模糊；第三，实践教学环节中，实验课标本资源有限，教学时间与树木生长季节不对应等现状造成教学效果不理想。校园植物识别大赛，从实际应用能力的角度出发检验了过去教学模式的效果：一方面，削弱了学生依靠书本死记硬背取得试卷高分的心理，消除了依靠短时间学习取得高分的侥幸；另一方面，相关教学人员应当着重思考如何更合理规划理论与实验课程，在有限时间内最大限度提高学生学习效率。

2. 校园植物识别大赛找到了目前教学中的不足

植物识别能力的强弱是农林学科学生专业素质的基本体现，也是学生后续课程学习和今后从事科学研究工作的基本能力。为充分调动学生学习植物学知识的积极性以及巩固与应用已有的知识，特举办了这两届比赛。"校园植物识别大赛植物名录"中的标本是根据克朗奎斯特系统、就校园及本地博览园植物有选择性地进行编目的。分析学生得分点与试卷考点的对应情况，两届比赛预赛成绩 60 分以上参赛者的得分点集中在裸子植物以及被子植物中的木兰科、核桃壳、榆科、桑科、栎科、蔷薇科、蝶形花科、槭树科，而决赛中约 70% 的参赛者都能准确写出这些科植物的主要识别特征。不难发现，以上各科树木都是授课中的要点及考试的重点，其识别特征在课堂教学中也有详细的介绍，才成为学生的主要得分点。但是，以《树木学》（北方本）（任宪威主编）的教材为例，被子植物门中列举了 45 个目 [4]，而比赛中仅涉及 18 个目的植物，学生的识别能力还主要集中在几个识别特征明显的科，这一方面体现了在课时压缩的情况下，教学中的盲点很可能成为学生知识结构掌握上的盲点，另一方面也体现了学生自主学习与自我拓展知识的能力还不够。因此，有针对性地优化课程知识体系与知识点，设计举一反三的教学方式，使学生的知识结构尽量完整以及激励学生自主学习均是树木学教学改革需要考虑的问题。

3. 校园植物识别大赛启迪了树木学教学改革的思路

如何开展与树木学教学相关的系列化学科竞赛活动并形成科学、规范、系统化的竞赛和管理机制，为学生创新活动搭建平台，是值得思考和探索的课题。经过两次有意义的尝试，校园植物识别大赛的举办也为今后树木学教学改革提出了可借鉴的思路。

在以后树木学理论教学与实践教学改革中，除着重思考以上检验出的问题以及不足之外，还要考虑在恰当时机将大赛引入树木学教学或实践环节中。公开比赛的形式可充分提高学生学习的竞争性与趣味性，相应的奖励机制也可激发学生的积极性与主动性。第一届比赛中，参赛人数共计 187 人，分别是来自我校 6 个学院 11 个专业的本科生与研究生：林学院（林学、园林、森林保护、森林培育、森林经理学）、农学院（农学）、园艺学院（果树学）、植保学院（植物保护）、生命学院（植物学）、成教学院（园林、艺术设计），第二届比赛的参赛人数共计 215 人，分别是来自我校 9 个学院 18 个专业的本科生与研究生。与第一届相比，增加了水建学院（热能与动力工程、城市规划）、资环学院（水土保持与荒漠化防治）、动物科学学院（动物科学，备注：获得二等奖 1 人）的学生；林学院增加了艺术设计、林木遗传育种与生态学专业，园艺学院增加了茶学专业，生命学院增加了发育生物学专业。统计两届大赛的参赛人数与专业背景，第二届参赛总人数及参赛者的专业背景结构都扩大，说明学生愿意主动融入这样的学习形式中，同时也激发了他们对树木学学习的兴趣，第二届比赛中还出现非相关专业的学生参加甚至获奖的情况。作为一所以农林专业为主的学校，若能带动更多学生主动学习，提高植物识别能力，为后续课程学习和今后从事科学研究打基础，可看作是树木学教学产生的"额外效果"。若将比赛作为树木学教学改革中的辅助教学形式抑或是作为实践教学的考核形式，还存在两个亟待解决的问题：其一，比赛规则制定上，还需要细化考点，增加考核环节，甚至扩大比赛地点，既要满足趣味性，还要兼顾教学任务。目前的规则要求参赛者在 160 个植物标本中随机抽取20 个作答，虽然达到检测学生植物识别能力的标准，也体现了一定的比赛趣味性，但作为教改中的实践活动，由于样本量小而不利于统计和分析学生知识结构掌握情况。其二，根据各专业对《树木学》教学目的与要求的不同，设计符合各专业学生的考察题目，做到有的放矢也很重要，目前的考题只有一套，对不同专业背景学生学习效果的检验只起估计的作用。

学科竞赛是在紧密结合课堂教学的基础上，以竞赛的方法，激发学生理论联系实际和独立思考问题的能力，通过实践来检验理论教学效果，激发学生的学习兴趣，培养学生发现问题、解决问题的能力，增强学生学习自信心的系列化活动。在树木学教学改革的道路上，希望"植物识别大赛"能真正成为树木学辅助教学中的有效形式，让树木学课程学习更加有吸引力，考核方式更加灵活，教学效果更加突出。

第四节　高等农林教育的现状与发展趋势

多年来，农林高等院校在培养农林科技人才、推广科技成果和推动科技进步等方面发挥了重要作用。全国农科毕业研究生中的以上是由所教育部直属农科高校培养的。在肯定我国高等农林教育在过去取得成绩的同时，农林高等院校在今后办学过程中也将面临严峻的挑战与困难。

一、我国高等农林教育现状分析

我国农林教育同样经历着变革，事业蓬勃发展，改革取得了重大突破，思想空前活跃，生机活力显著增加，取得了可喜的成果。然而我国的高等农林教育也存在一定的问题，值得我们居安思危，不断进步。

1. 教育大众化与高等农林教育发展不平衡之间的矛盾

高等教育毛入率在 15% 以下为精英型高等教育，15%–50% 之间为大众型高等教育，以上为普及型高等教育。在精英教育阶段，高等教育是稀缺资源乃至社会特权在大众教育阶段，高等教育大众化是现代工业社会的必然要求普及高等教育，则是走向信息社会的必由之路。高等农林教育在这个大形势下，必将适应形势的发展最终走向普及型高等农林教育。然而，我国的国情是教育发展的不平衡性，城市教育观念不断更新，受教育面广，发展较快，而农村教育发展较慢，农村教育资源短缺，农村教育观念相对落后。高等农林教育要实现快速发展还需要一段时间，需要伴随着农林经济的发展而不断发展。

2.农林地位低，高等农林教育生源相对不足

轻视农林以及农村的传统偏见和行为，严重影响高等农林教育。如高等农林院校毕业生就业困难，中学毕业生不太愿意报考农林院校，形成了恶性循环，危及高等农林教育的生存和发展。这就使高等农林教育的实际地位与再次振兴农村经济的要求不适应。高等农林院校生源大部分来自于各地的农村，由于农林经济上的相对落后和教育观念的原因，一部分生活上较困难的学生因交不起学费或不能承担学生的生活费用而不能实现上大学的梦想。所以高等农林教育需要国家和社会给予更多的关心和资金上的投入。同时农林高等院校应该加强宣传力度，吸引多方面的生源。

3.高等农林教育的教育思想观念相对落后

高等农林教育的教育思想还不能很好地反映农林和农村急速的变革，在面向现代化、面向世界、面向未来的现代化教育思想转变上还有一定的惰性。人才培养模式、教学内容乃至教学方法等都与现代教育思想的要求有一定的差距。

4.高等农林教育投入少，经费严重不足

高等农林院校基础设施差，经费投人少，现代化设备水平低，办学条件亟待改善。据教育部 1998 年统计，全国 50 所高等农林本科院校仪器设备的价值平均每校为 2283 万元，是清华大学的 5.58%，而清华大学的仪器设备的总值是高等农林院校平均值 17.89 倍。高等农林院校生均仪器设备为 5371 元，只略高于标准（5000 元），是清华大学生均的 1/3。农林学科是研究生物及生命科学等复杂的研究对象，要求有现代化的设备，但不少农林院校的仪器设备还是公私合营时的产品，现代化的仪器不多。主要原因是国家投入不足，但也与高等农林教育的经济效益回报低，导致自我发展能力弱有关。

5.高等农林教育结构不合理，农林教育、科研、推广体制落后

农林生产已向深度和广度发展，生产链已向产前和产后延伸，走向专业化，走向持续发展。尽管高等农林教育的学科结构调整取得了不少进展，但仍不适应再次振兴农村经济的需要。在农林教育的内部，农林教育、成人教育、普通教育统筹不够，教育资源没有充分发挥其效益在农林教育的外部，农、科、教等部门在教育培训上自成体系，力量分散，没有形成合力。农科教结合，产学研一体是再次振兴农村经济的必由之路。高等农林教育的教学、科研、推广，本是一个不可分割的整体，但是，我国现行的教学、科研、推广相分离的体制，使得高等农

林教育不能很快地发挥作用，不能很好地适应农村经济发展的需要。

二、高等农林院校特色发展分析

高等教育中就人才培养、科学研究、社会服务和办学结构与特色等内容提出了新的建设与发展思路。2012 年中央"一号文件"聚焦农林科技创新和教育科技培训，把新型高等农林院校综合能力的发挥放在重要的位置。然而，在新的历史时期，高等农林院校如何继承优良传统，保持自身特点，充分发挥独特优势，抢抓机遇，迎接挑战，成为高等农林院校特色发展的重中之重。

1. 高等农林院校特色发展现状

（1）具有农林类特色优势的专业学科

在我国高等教育系统中，普通本科院校的组成可分为理工、综合、文法、师范、医药、农林、艺体和民族类型。按照 2012 年教育部统计结果，全国普通高校（不含独立学院）共计 2138 所，农林类本科院校只有 33 所，占 1.5%；同时，按照学科门类来分，开设农学类专业的高等院校只有 172 所。在全国 33 所普通本科层次独立设置农林院校中，2010 年全国本科院校的本科专业招生数、在校生人数和毕业生人数分别为 351 万人、1265 万人和 286 万人，而农林类院校的本科专业招生数、在校生人数和毕业班人数分别为 19.2 万人、70.6 万人和 16.7 万人，所占比例分别为 5.4%、5.5% 和 5.8%。

在学科建设上，独具特色与优势的农林类学科是高等农林院校的旗帜，这是其他类院校无法效仿的。从 2006 年全国重点学科评审结果看，8 所农林院校获得了 17 个国家一级重点学科，所有这些学科除农林工程、农林工程（在原科目录时，属于农林类学科）外都分布在农学类领域。在 33 所农林类本科院校中，从独立设置的一级博士点数看，基本集中在农、林类学科领域。

（2）面向服务"三农"的意识和能力

面向行业、面向"三农"是农林院校的神圣职责和使命。恪守为服务"三农"的办学宗旨，把农林作为科研的主题，把农村作为服务的对象，把农民作为真诚的朋友，为解决我国"三农"问题作出自己的贡献。在服务"三农"中凸显农林院校的社会责任与使命，彰显了农大人的时代精神，探索了一条特色强校之路，探明了地方农林院校的发展方向，这是安徽农林大学走"大别山道路"30 年的经验和启示。据统计，近三年来应届本科毕业生中，每年都有 60% 以上的学生主动选择到基层就业创业，并与所学专业密切相关。同时，农林行业 70% 以上的高层次人才是由农林院校培养的。

（3）传承特色鲜明的农林文化

经过百年发展的农林院校，已逐步形成了艰苦奋斗、无私奉献、开拓创新、与时俱进和献身"三农"的独具魅力的农林院校特色文化与优良品质。如华中农林大学的"勤读力耕、立己达人"、东北农林大学的"博学笃行、明德亲民"、南京农林大学的"诚、朴、勤、仁"、北京农林大学的"知山知水、树木树人"和安徽农林大学的"团结、勤奋、求实、创新"的办学传统、办学理念和与优良校训等，都很好地阐释了农林院校的特色和鲜明的文化内涵，更为人才培养、科学研究、社会服务和文化传承发挥着重要作用。

2. 高等农林院校特色发展面临的问题与发展途径

（1）高等农林院校特色发展面临的问题

随着经济社会的发展，农林院校得到了较快的发展，并取得了一定的成绩。但是其自身的学科专业设置、人才培养模式、招生就业和社会服务等方面仍然面临着问题。长期以来，农林院校在学科专业设置、课程体系建设和人才培养模式等方面都具有较强的行业特点和特色。随着行政隶属关系、学科专业整合、人才市场变化和经济社会发展，农林院校如何定位办学方向、调整学科专业课程结构、培养优秀专业人才和顺应行业发展需求，已成为急需思考和解决的课题。特别是农林院校的学科专业设置集中在优势农林学科，社会在一定程度上对高等农林教育还存在不同程度的偏见，外部竞争环境发生变化，学科的核心竞争力不强，原有的行业格局分散，涉农专业的招生明显存在劣势，优秀生源明显不足等。

（2）高等农林院校特色发展的路径

①创新人才培养模式，构建人才培养新体系

中央一号文件提出"实施卓越农林教育培养计划，振兴发展农林教育"。培养卓越农林人才是高等农林院校人才培养工作的中心目标。其目标是培养一大批有服务国家和人民社会责任感、有献身国家农林事业志向、有解决农农林生产实际问题能力的高水平应用型人才。

高等农林院校的人才培养目标是服务于"三农"的高级专业人才，结合精英化教育和大众化教育两个方面，努力培养适应农林发展需要的具有竞争能力、创新能力和实践能力的高级应用型专业人才，并形成独具特色的人才培养模式。现阶段，高等农林院校结合自身特色与优势，积极开展"卓越农艺师"、"卓越工程师"、创新实验班等形式多样的人才培养模式，积极与国外大学合作，开展国际交流与合作工作，开展"2+2"、"3+1"等人才培养模式试点工作，突显创新能力和实践动手能力的培养环节。因此，高等农林院校要进一步构建创新模式，提高人才培养质量，为"三农"发展提供智力支持，为实现农林现代化提供强大的人才支撑。

②强化特色优势学科，提升学校核心竞争力

积极发挥高等农林院校的学科特色与优势，这不仅是农林院校区别于其他综合型院校的特点，更是自身发展的动力所在，是核心竞争力的充分体现，是其存在与发展的核心标志 [8]。高等农林院校要以学科建设为龙头，加快优势特色学科建设与发展，构建"学科点—学科平台—学科创新团队"为一体的学科建设体系，

积极发展新型与交叉应用型学科，将所有学科都围绕优势学科建设与发展做文章，推动"学科发展—行业需求"的紧密结合，形成特色学科体系，实现单一学科项特色鲜明的多学科协调发展。

③加大农林科技创新力度，提高服务"三农"能力

加大农林科技创新力度，以科技队伍建设为重点，以重大项目为载体，以平台建设为支撑，以产学研合作为纽带，以体制机制创新为包装，全面提升农林科技创新 [9]。以建设新农村发展研究院为契机，以农林科技综合示范基地、特色产业基地、示范企业、新农村建设科技示范村为载体，以合作共建为主线，构建政产学研紧密结合、教科推多位一体、运行顺畅高效、富有安徽特色的新型农林推广模式，从而实现从"科技扶贫"到"科技支撑"再到"科技引领"的转变，提升服务"三农"的能力和影响力 [10]。在首批高校新农村发展研究院名单中，全部来自农林类院校，他们将成为带动和引领区域农林科技创新、新农村建设与发展的重要力量。

④把握省部共建契机，推动农林院校改革与发展

省部共建大学是指国务院部委与相关省、直辖市、自治区（包括新疆生产建设兵团）共建的高校，是为促进区域经济社会协调发展，统筹兼顾各方利益，推进新时期高等教育创新，加强与地方政府合作，共同促进地方高等教育发展的重大举措，旨在突破政策壁垒，扶持中西部高等教育发展，逐步缩小发展差异，实现全国高等教育的全面协调持续发展 [11]。共建计划的实施，对于发挥中央和地

方两方面的积极性，扶持地方龙头高校，带动地方和区域高等教育实现科学发展发挥了重要作用。如中国农林大学、西北农林大学、河南农林大学和安徽农林大学等院校，以省部共建为依托，通过政策引导，机制创新，实现实质上的共建，同时，高等农林院校也在人才培养、科学研究、社会服务和文化传承等方面进一步向"三农"聚焦，从而有力促进高等农林院校的更快更好地发展。同时，积极参与"2011 计划"和中西部高校基础能力建设工程等重大项目，都将为农林院校改革与发展创造良好的条件。

⑤凝练大学精神，构建精神文化体系

大学精神是大学文化的顶层理念与核心内容，是大学生在发展过程中长期积淀、反复凝练而成，为师生员工所认同并对其行为起引导、熏陶、激励和规范作用的价值观念体制 [12]。作为高等农林院校，建设具有农林特色的校园文化，是建设特色鲜明的先进水平大学的重要目标 [13]。如安徽农林大学的"大别山道路"精神，是安农人致力于科教兴农、科教兴皖战略，走出来的一条享誉全国的富民、兴校、创新、育人的"大别山道路"，形成了"服务"三农"、献身"三农"，"艰苦奋斗、无私奉献、开拓创新、与时俱进"的"大别山道路"精神，为安徽农村经济社会发展和农林现代化作出了重要贡献。

⑥优化办学资源，推动农林院校的可持续发展

高等农林院校必须构建其发展生态的内外部有利环境，积极发挥主观能动性，激活潜能，形成优势，挖掘潜在资源并科学利用。在现阶段，高等农林院校与其他院校及其相互的关系正在发生着变化，其相互之间的发展竞争越来越激烈。这就要求高等农林院校重新定位与行业部门和政府之间的关系，主动加强与行业部门和政府间的联系，在更高层面上建立全新的战略合作伙伴关系，积极推动"五个对接"，帮助解决"三农"共性技术研发、关键人才培养和科研成果转化等实际问题，进一步拓展办学空间，从而支持高等农林院校的改革、建设和发展。

三、我国高等农林教育未来的发展趋势

1. 大力提高农林

高校科技创新能力和水平科技创新是提高我国高等农林教育竞争力的一个突破口，只有科技进步才能带动农林院校的发展，提高学校的竞争能力，吸引更多的生源和更多的教育投资，从而培养出更多的农林优秀人才，为农村经济建设服

务。全面实施科教兴国战略，推进国家创新体系建设，应当进一步发挥高等农林院校科技创新的作用，促进科技与教育结合。近几年来，我国高等农林教育改革与发展取得突破性进展，科研实力迅速增强，科技成果产业化成效显著，对我国科技发展和新技术的产业化、经济结构调整和社会发展作出了重大贡献。我国农林高校取得的大量原创性成果，有一批已转化成现实生产力，催生了我国的农林新兴产业。一大批新技术用于传统产业，加速了企业的技术进步。

农林高校科技事业未来的发展趋势：第一，农林高校科技正在迅速成为我国农林科技创新的主力军；第二，逐步形成一批有较强科技实力和较高科技水平的农林高等院校；第三，农林高等院校的科研和社会结合更加紧密，更直接地为农村经济建设和社会发展做出贡献；第四，农林高等院校人才培养的方式趋向于"二元化"，通过教学活动和科技活动两种不同的方式共同达到培养创新人才的目的。

2. 高等农林教育信息化——远程教育建设步伐

网络教育是指利用网络技术实施远程教育的一种现代教育形式。新技术的发展，终身教育的兴起，促进了网络教育的高速发展，世界各国都非常重视网络教育体系的构建和网络教育基础设施建设。世界各国对网络教育的发展给予了前所未有的关注，都试图在未来社会中让教育处于一个优势的位置，从而走在社会发展前列。"以教育信息化促进教育现代化、用信息技术来改变传统教育模式"，这在我国当今推进农村改革发展的新形势下，农林教育采用先进的教育手段，实行网络远程教育，加快农林教育信息化建设步伐，显得尤为重要。这也是农林教育发展的必然趋势。

3. 农林高等教育办学体制

多元化制约中国高等教育发展的关键因素是经费投入不足，但在教育经费总体数量有限的情况下，继续加大国家对高等教育的投入不是理想的办法。"要改变高等教育经费供给与高等教育发展规模需求不相适应的状况，就要在体制改革上下功夫，改变单一由国家投入的模式，鼓励社会力量参与办学。"农林高等院校要达到这一目的就要根据学校所承担的任务进行分类管理，不同层次类型的农林高等院校，采取不同的筹资方式，使农林高等教育办学体制向多元化发展。

4. 加快农林高等院校教师队伍建设步伐

目前，农林高等院校的师资质量和水平有了较大提高。近年来，农林高等院校普遍加强了培养和引进优秀人才的工作，大力加强师资队伍建设和师德师风的建设，使农林高等院校的教师队伍的面貌发生了根本的变化。高学历教师的比例有了较大的增长，一批国内外知名学者脱颖而出。广大教师爱岗敬业，教书育人，思想和业务水平达到了一个新的高度。

5. 高等农林教育课程教材的创新

"把发展高等教育的重点放在提高教育质量上"是党中央、国务院的战略决策部署。教材建设是提高教育教学质量的一个重要环节。高等农林教育是高等教育的重要组成部分。认真思考总结高等农林教育"面向21世纪课程教材"建设的重要地位、作用和经验，展望未来发展，具有重要的现实意义。

（1）向21世纪课程教材"的形成与基本评价

"面向21世纪课程教材"既是"高等农林教育面向21世纪教学内容和课程体系改革计划"的末端改革部分，也是该计划的重要成果之一，还是整个高等农林教育改革发展的标志性成果之一。从1992年召开全国普通高教工作会议，1993年颁布的《中国教育改革和发展纲要》，1994年召开的全国教育工作会议，及同年召开的全国第三次普通高等农林教育工作会议，到1996年召开的全国普通高等农林教育工作经验交流会等，都对我国高等农林教育改革与发展的方针、目标、思路作出了明确的规定，为我国高等农林教育改革与发展开创了历史上最好的黄金时期之一。我国高等农林教育改革与发展在一个更宽的范围内、更深的层次上展开。"高等农林教育面向21世纪教学内容和课程体系改革计划"（以下简称"农林改革计划"）作为"高等教育面向21世纪教学内容和课程体系改革计划"的一个重要组成部分，就是在这一时期开始酝酿(1993年)、批准立项(1995年)并正式实施的。全国近50所高校、3700多人次，提交申报材料529份，最后通过专家评审，确定立项22个大项、117个子项目。"改革计划"的目标、成果之一，就是编写、出版"面向21世纪课程教材"。经过努力，截止2001年底共编写、出版"面向21世纪课程教材"近200本。

实践证明："面向21世纪课程教材"在人才培养和教师培训中发挥了重要作用，总体上说这是一批高质量的换代教材，其中不泛堪称精品。主要标志有四：一是反映了世界农林科学技术，由于以生物技术、信息技术为主要标志的新技术革命和以系统论、信息论、控制论为主导的系统科学的发展、影响和植入，新兴、交叉学科大量涌现，并孕育新的重大突破的趋势；是反映了我国农林、农村随着经济体制变革，正迅速向着产前、产中、产后一体化与农工贸一体化，一、二、三产业协调发展，向统筹农林、农村、农民的现代化大农林、新农村方向发展的趋势；是凝练、汇聚了我国高等农林教育战线广大教师特别是知名专家教授多年的教育教学实践经验；是体现了跨世纪时期先进的人才观、质量观、教学观和课程观等教育教学思想和观念。

（2）向21世纪课程教材"建设的基本经验

①面向21世纪课程教材"建设成绩的取得得益于浓郁的教学工作氛围和广大教师教改积极性、主动性的激发。以1992年全国普通高教工作会议召开为标志，高等教育发展与改革的宏观谋划和总体思路逐步形成共识，高教体制改革顺利推进，教学改革的各项重大刘贵友，华中农林大学副校长，研究员。举措相继实施，特别是"高等教育面向21世纪教学内容和课程体系改革计划"、"本科教学工作评估"、"加强大学生文化素质教育"等稳步开展，相互促进，相得益彰，营造了一个重视教学、支持教学、教学神圣、教师神圣、课堂神圣的浓郁教学工作氛围，激发了广大教师、教学管理和教学研究人员投身教学改革实践的积极性、主动性和创造性。

②"面向21世纪课程教材"建设成绩的取得得益于教育教学思想观念改革、更新并在广大教师、教学管理和教学研究人员中形成广泛共识。这一时期，无论是高教体制改革，还是教学改革，无一不强调教育教学思想的改革和观念更新，也无疑的有力推动了各项改革、建设和管理工作。尤其是在高校引发、悄然兴起的教育教学思想大讨论，如火如荼开展，思想空前活跃，逐步形成了一些广泛共识："教育教学思想的改革是先导"、"体制改革是关键，教学改革是核心，根本任务是培养人才"、"教学工作是学校的主旋律，教学改革是各项改革的核心，提高教学质量是永恒的主题"、"教学内容和课程体系改革是教学改革的重点和难点"。

③"面向21世纪课程教材"建设成绩的取得得益于紧密结合教改实践。"高等农林教育面向21世纪教学内容和课程体系改革计划"的实施包括立项、研究与改革实践、成果鉴定和推广应用四个阶段。强调项目牵头学校和参加学校要在各校已开展改革实践工作的基础上择优确定：强调坚持教学必须改革，改革必须实践（实验），改革实践研究必须同理论研究相结合；强调要注意总结吸取我国历次教改的历史经验教训。

（4）"面向21世纪课程教材"建设成绩的取得得益于教学内容和课程体系

改革是从全局和整体上进行有计划、系统性改革。"高等农林教育面向 21 世纪教学内容和课程体系改革计划"立项项目分综合性、专业类群、系列课程三部分，且三部分许多项目间，既各有侧重，又有衔接和一定的交叉或包容，便于集中攻关和整体优化组合。其路径是研究 21 世纪我国和世界农林经济、农村社会和农林科技的发展趋势及人的个性发展，对人才培养素质和规格的要求，改革人才培养模式和专业设置，改革教学内容和课程体系，编写、出版教材。就教学内容和课程体系及教材而言，其最重要的任务就是要从根本上改变主要形成于 1952 年的总的体系、框架，同时解决相当一部分教学内容陈旧，课程间的重复、脱节，以及与中学课程内容的重复等问题。

（3）"面向 21 世纪课程教材"建设展望

"面向 21 世纪课程教材"，是我国高等农林教育史上具有标志性的重要成果，应倍加珍惜，认真继承，并不断打造这一品牌。建议将"面向 21 世纪课程教材"整体纳入"高等学校本科教学质量与教学改革工程"，进行系统、全面、深入的研究和评介，研究它们在体系、内容上与过去的教材相比有什么不同，新在哪里，对当前特别是今后的教学改革和教学质量的提高作用如何，还存在哪些问题和不足，应如何修订。通过研究、评介和不断修订以及自然淘汰，构建以"面向 21 世纪课程教材"为主导的 21 世纪我国高等农林教育的新的教材体系。同时，紧紧围绕提高教学质量这个核心，着力做好以下几方面工作。

①加强教师培训，改进教学方法和手段，提高"面向 21 世纪课程教材"使用效益。随着前几年高等教育的跨越式发展，师资队伍规模急剧扩张，一大批青年教师（包括海归派）充实到教师队伍，一批老教师（当年教改一线的主力）已经和并将陆续退休，急需把老教师特别是知名专家学者、教学名师的风范、治学精神、优良传统和教学经验以及如何把握、使用、创新"面向 21 世纪课程教材"传承于青年一代。因此要制订好规划，加大培训力度。要关注和坚决纠正部分教师中存在的急功近利，对前人的改革成果和仍行之有效的教学经验不屑一顾，甚至名为创新实为倒退另搞一套的倾向。教学方法偏死是我国教育长期存在的难题，是当前制约创新人才培养和教学改革的重点、难点，要利用教师队伍更新换代和加大师资培训力度的时机，结合推广、使用"面向 21 世纪课程教材"，进行一次教学方法的大改革。同时，辅之于教学手段的改革，扎实提高"面向 21 世纪课程教材"的使用效益。

②加强教材管理，把好"教材出（再）版"和"教材进课堂"关，强化"面向 21 世纪课程教材"质量。管理出效益，更出质量。随着"面向 21 世纪课程教材"建设工作的阶段性变化和新一轮教学质量与教学改革工程的展开，加强教材管理工作日益提到重要的议事日程。一方面要切实把好教材的选题和出版关。其中一个重要环节是赋予并充分发挥各类教学指导委员会研究、评介、推广本领域教材的作用，其未认可的教材不予选题和出版，即使是原"面向 21 世纪课程教材"也不予再版。另一方面是高校教务部门切实把好"教材进课堂"关。要在总结以往工作经验的基础上，着力建立起学校教学专家组织充分行使教材评价、筛选推荐权，主讲教师充分发挥个人学术专长和在专家组织推荐范围内教材选定权，教务部门批准相结合的"教材进课堂"的机制和制度，确保不让一门低水平教材进课堂。坚决纠正为了经济利益（出版社）和个人利益（名利教材），以牺牲教学质量和学生利益为代价，而选题、出版、使用低水平教材的倾向。

③顺应高等教育国际化趋势，提升教材建设国际化意识，做大做强"面向 21 世纪课程教材"品牌。随着我国综合国力的不断增强和全面履行世贸协议义务的快速推进，我国高等教育的国际化将迎来一个黄金时期。无疑，教材建设要顺应这一大趋势，增强紧迫感，提升国际化意识，作出课程教材国际化的战略部署和具体的、可操作的规划安排。期望通过不懈努力，不但有更多的"面向 21 世纪课程教材"走出国门，更要使更多的课程和"面向 21 世纪课程教材"适应日益增多的留学生教学需要，做大做强"面向 21 世纪课程教材"品牌。

四、河南社会主义新农村建设对高等农林教育服务的需求分析

众所周知，河南是农林大省，"中原经济区"这一大课题的提出，更需要清晰的认清其时代背景和历史意义，了解社会主义新农村建设对高等农林教育的需求，从而便于建立符合河南省情的农林教育服务新农村建设模式。

1. 可持续发展的历史使命——时代背景的需求

从建国以来的 50 多年中，农民、农林和农村一直是我国社会经济发展的基石，农民以自身的贡献支撑着整个国民经济平稳的发展。计划经济时代，农民以低价粮食支持城市和工业发展，使我国的工业体系迅速崛起；改革开放时代，农民以低廉劳动力支撑着工业的国际竞争力，使我国成为世界工厂。但是，农民以巨大的贡献却享受着相对较少的经济发展成果，农村居民与城市居民、农林与工业、

农村建设与城市建设在经济增长中形成了巨大的发差。农村的贫穷落后不仅仅是国家实现全面小康的重点和难点，更重要的是占全国绝大多数人口的农民如果不能享受经济发展的利益，长期处于低收入、低保障、低教育、低消费、低储蓄的状况将会带来一系列的社会问题，这些问题的扩延必将危及社会稳定和安全。因此，党和国家在新世纪之初提出社会主义新农村建设具有深刻的含意和必然的实质内容。

近年以来一连贯的政策更是表明我党、政府的工作重心就是三农问题，而服务新农村建设就是直接肩负党和国家的政治任务和历史使命。连续9年中央的一号文件始终关注三农问题。2004年促进农民增收、2005年提高农林综合生产能力、2006年提出明确建设社会主义新农村的战略任务。接着2007年10月，党的十七大提出：统筹城乡发展，推进社会主义新农村建设。2010年10月18日中共中央关于制定国民经济和社会发展第十二个五年规划的建议指出：推进农林现代化，加快社会主义新农村建设。

从党的十六届三中全会第一次确立"统筹城乡发展"的思想，十六届四中全会指明我国已经进入了"以工补农、以城带乡"新阶段，十六届五中全会关于建设社会主义新农村的部署，一直到党的十七届五中全会指出：要推进农林现代化、加快社会主义新农村建设，统筹城乡发展，加快发展现代农林，加强农村基础设施建设和公共服务，拓宽农民增收渠道，完善农村发展体制机制，建设农民幸福生活的美好家园。可以明显感受到清晰的政策延续和层次递进。在2011年10月18日中国共产党第十七届中央委员会第六次全体会议通过《中共中央关于深化文化体制改革推动社会主义文化大发展大繁荣若干重大问题的决定》：加快城乡文化一体化发展。增加农村文化服务总量，缩小城乡文化发展差距，对推进社会主义新农村建设、形成城乡经济社会发展一体化新格局具有重大意义。更是将新农村建设推向了一个新的阶段。"中原经济区"建设提出"三化"协调发展，基础就是新农村的建设，更将新农村的快速发展推向历史的新高度。

2. 符合河南省情的发展要求——地理背景的需求

河南是农林大省，历来年鉴可知，2010年农村人口6209万，占全省人口62.3%，乡村从业人口占81.3%，农林生产总值3258亿元，占全省GDP的14.1%，高于全国9.3%的平均水平，居全国第2位，农产品产量在全国占有一席之地。多年来，粮食总产保持全国第一位，2010年，油料产量居全国第一位，棉花、水果、肉类、和奶类据全国前列。河南在全国的地位，正如 2006 年温家宝总理考察河南时所说：河南是全国第一人口大省、第一农林大省、第一粮食大省、第一农村劳动力输出大省、第一粮食转化加工大省。

由于我国长期以来采取的剥夺农林发展工业的策略，导致涉农地区，尤其是粮食主产区经济发展严重滞后。在人们的印象之中，"农"就是贫穷落后的代名词，一个地区"农"的比重较大，经济就越落后，农民越多表示收入水平越低，农林比重越高表示工业越不发达，农村面积大表示城市化建设越慢。事实也是如此，2010 年河南各项主要经济指标大都低于全国平均水平，人均 GDP24446 亿元。农民人均收入为全国平均水平的 89.8%，全国排名 19 位；人均第二产业总值增速 14.8%，全国排名 22 位；城市居民人均收入 17142 元，为全国平均水平的 81.5%，全国排名 19 位；城市人均消费支出 10838 元，为全国平均水平的 80.5%，全国排名 22 位；农村居民人均纯收入 5524 元，为全国平均水平的 93.3%，全国排名 17 位；农村人均生活消费支出 3682 元，为全国平均水平的 84%，全国排名 22 位。经济发展水平不高成为河南新农村建设的障碍因素。

经济发展落后主要体现在工业落后，工业落后又制约着农林生产力水平的提高。河南省作为农林大省面临着：农林比重达——工业化水平低——农林生产力水平难以提高——农林比重大的"陷阱"。农林生产力发展水平相对较低，农林基础设施薄弱，农民收入偏低，农村公共事业发展相对滞后，资源环境压力较大，农村民主管理不完善等状况将决定着河南省建设社会主义新农村的任务更为艰巨。同时也为河南的农林高校提供了前所未有的机遇和挑战。

3. 培养新型农民的需求——人力资源的需求

我党提出的"生产发展、生活宽裕、乡风文明村容整洁、管理民主"的建设社会主义新农村的目标，是一项涉及到我国农村经济、政治、文化、社会和党的建设等多方面发展的综合性工程。而其中农民是新农村建设的主体，无论是发展生产、改变生活方式，乡风文明建设，还是改善人居环境，实现管理民主，都离不开农民主体作用的发挥。因此，研究新农村建设中新农民的培育，"充分发挥广大农民群众的主体作用，是建设社会主义新农村成败的关键"。建设社会主义新农村，需要新型农民，2006 年中央一号文件给新型农民作了界定，即"有文化、懂技术、会经营"。这三大方面涉及到三个新：即新文化素质、新科技素质和能力、新市场经营能力。

　　只有提高了农民的文化、科技素质和市场经营能力，生产才能发展、生活才能富裕、乡风才能文明、村容才能整洁、管理才能民主。所以，培育新型农民是社会主义新农村建设的重要基础，是新农村建设最本质、最核心的内容，也是最迫切的要求。当前，我国农村经济与社会发展的形势不容乐观，主要表现为农民收入增长缓慢、农林结构调整步伐较慢、农村经济社会发展滞后、城乡差距日益扩大等。若这一状况得不到扭转，建设新农村的战略目标就很难实现。当前，除加大农林投入，转移农村剩余劳动力等途径外，最根本的就是要大力发展农林方面的教育，提高农林劳动者的综合素质，培养具有科学精神、掌握现代农林技能的新型农民。

　　劳动者自身素质的高低是决定农村剩余劳动力能否合理、有效转移的决定因素。而农村劳动者劳动技能与文化素质的提高，关键在于发展农村农林教育。专家提出，我国农村人口只有下降到全国总人口的 25% 以下，农村土地价值才能达到市场化的要求，为此，就得转移 1.7 亿农村剩余劳动力。目前，市场对劳动力素质的要求越来越高，无劳动技能的劳动力供过于求，而掌握一定劳动技能的劳动力则供不应求，这充分表明了强化农林教育服务的重要性。

　　积极推进农林产业化经营，是建设社会主义新农村的必然要求。当前农村经济的发展，除依靠农林自身的发展外，还依赖于第二、三产业的发展，将农村剩余劳动力向二、三产业转移。从简单的体力劳动向具有专门劳动技能的岗位转移，必须对其进行必要的农林教育和培训。目前，我国农村劳动者受过农林教育和培训的仅占全部农村劳动力的 15% 左右，劳动生产率低，农产品竞争能力较差，严重制约了我国农林产业化和现代化的实现。为此，必须通过大力发展高等农林教育服务，培养一大批具有一定科技素质和生产技能的新型农民。

4. 社会主义新农村目标的需要——"三化"协调的需求

　　"乡风文明、村容整洁、管理民主"是新农村建设的目标，这就需要加大文化建设和教育、医疗、社会保障基础等设施建设，新农村建设必须加强农村公共文化服务体系的建设，积极发展农村文化产业，实现文化设施供给。这方面的建设一方面对资金的需要很大，另一方面对人才的需求也很大，所有这些问题的解决都是农村公共管理领域的核心问题，需要高素质的农村管理人才，目前农村管理的本土化、本地化现象非常严重，缺乏规范的、科学的管理手段和模式。新农村建设要想取得好的效果，决不能重建设、轻管理，这样会使建设效果打折扣。

高等农林教育可以为农村建设培养高素质的实用管理人才，改变农村管理的落后面貌。大力发展适应于农村社会文化需要的高等农林教育势在必行。

同时这也是农村城镇化的必由之路，中原经济区建设的根本目标，三化协调的方向之一。农村城镇化是社会主义新农村建设的一个重要方面，包括农村剩余劳动力向城市的流动和农村自身的城镇化。这也是中原经济区建设的主要目标之一，预计未来10年内将有1亿左右的农村人口转移到城镇，到2020年，我国城镇化水平将达到60%左右。这些即将转移的大批农村劳动力的知识技能和综合素质如得不到相应提高，将直接影响其就业竞争力和收入水平，也将对城市的发展和城镇化进程产生不利影响。因此，只有大力发挥河南农林高等院校职能，推进农村的城镇化建设和社会主义新农村建设。

5. 科技支撑的需要——农林科技的需求

众所周知，经济全球化是一个历史的自然的发展过程，是以科技为主导的先进生产力带来的生产社会化的深入，也是百年来科技进步历史积淀的产物和飞速扩展的继续。因此，为了促进社会主义社会生产力的发展，实现和谐社会的目标，必须遵循"科技是第一生产力"这个科学规律，全面提高河南省的生产力水平，促进农村地区经济的发展。据资料显示："我国每年取得6000多项农林科技成果，但转化率只有30%-40%，而农林发达国家成果转化率已达到70%-80%"。不仅如此，我国转化成果的普及率也较低，目前只有30%-40%。农林科技在我国农林增长中的贡献份额，目前也只有43%左右，技术进步对农林的贡献率为45%，仅仅为发达国家的一半。因此，高等农林院校要坚持产学研有机结合，把农林、农村、农民遇到的难题，作为自己的研究课题。

河南省是我国人口大省，目前人口已达9967万人，人均GDP居全国第20位，低于全国平均水平，再加上总人口中约3/4为农民，因此如果还延续目前的生产水平就很难创出更高的收入和经济发展。作为人口大省的河南来说，其人均资源水平也较低；河南的教育事业较不发达，目前没有几所在全国叫得响的名牌高校；同时，科研机构设置和运行方法、人员组成和人员管理以及科技管理体制都不适应科技的高速进步；特别是农林方面的技术服务机构基本处于瘫痪状态。由于河南的经济发展水平较低，难以留住和吸引人才。因此河南人口的整体科技素质较低，科技人才的缺口较大。这是目前河南科技水平的现状，所以农林高等教育发展空间很大。

从粮食直补、良种补贴、农机具补贴和农林税率降低（免除）的"三补一减（免）"，到农产品最低保护价，从农村社会最低生活保障实施、免除农村义务教育学杂费，为贫困家庭学校免费提供教科书并补助贫困寄宿生生活费的"两减一免"、农村合作医疗体系建设，到节水灌溉、人畜饮水、乡村道路、农村沼气、小水电、草场围栏、雨水集蓄、河渠整治、牧区水利、小流域治理、改水改厕、秸秆气化、农村电信建设等一系列重大举措，中央和国家政府正在把"三农"问题作为解决社会和谐发展的一个重要的方面，正在从根本上改变我国社会和经济的双重二元结构模式，逐渐从体制上实现城乡和谐发展的格局。农林教育在解决"三农"问题上大有可为。

教育部部长周济强调："我国农林院校学科门类齐全，人才优势突出，科研成果丰富，是推进我国农林科技进步和产业发展的主要力量，也是提高广大农村工作者素质的重要力量。高等学校特别是农林高等学校，必须把教育与科技创新和经济建设紧密结合，充分发挥自身优势，为解决我国'三农'问题，为实现农村全面建设小康社会的宏伟目标做出应有的贡献。"高等农林教育是农林教育的龙头，地位和作用十分重要，为农林、农村、农民服务是高等农林教育必须坚持的办学方向和办学宗旨。

对于河南省来说，河南农林地区地域辽阔，人口众多，而河南农林院校的数量有限以及在校生人数仅占普通高等院校在校生数量的12%，社会主义新农村建设是一项关于经济建设、政治建设、文化建设、社会发展和党的建设的系统工程，加上农村经济的快速发展，农村产业结构的调整，农林、农村、农民所需要解决的一些科学、技术、人才等方面的问题已超出了农林院校原有的专业范围，仅靠目前所有农林院校已无法满足河南新农村建设的需要，为实现河南新农村建设的宏伟目标，促使中原经济区建设战略早日达成，教育主管部门要加强协调，一方面要以目前农林院校为主联合其他院校实行多学科的合作、全方位的配合，另一方面大力支持涉农院校的建设，和科研院所的发展，为社会主义新农村建设服务。

我国的农林教育经过几十年的发展，特别是近几年的改革与发展，已初步形成了具有中国特色的农林教育体系。这是一个以高等农林教育为龙头，以农林农林教育为主体，纵横交错，互相补充的农林教育体系。在这个农林教育体系框架中，高等农林教育处于该系统的顶层，对整个农林教育的发展起着龙头牵引和带动作用。建设社会主义新农村对于农林高等院校提出了更高的要求，因此，我们必须顺应时代发展要求，充分发挥我国高等农林教育的资源优势，明确定位，找准重点，在建设社会主义新农村的进程中扮演不可替代的角色。

第二章　社会主义新农村建设的发展

第一节　新农村建设发展的基本内涵

社会主义新农村建设是指在社会主义制度下，按照新时代的要求，对农村进行经济、政治、文化和社会等方面的建设，最终实现把农村建设成为经济繁荣、设施完善、环境优美、文明和谐的社会主义新农村的目标。

一、社会主义新农村建设理论发展

"社会主义新农村"是指在社会主义制度下，反映一定时期内农村社会以经济发展为基础，以社会全面进步为标志的社会形态。从新中国成立至今，党和政府对新农村建设的认识不断深入，并根据不同时期我国发展实际对新农村的建设工作提出了目标和要求。了解党和政府有关新农村建设的探索历程，对于我们更深刻地认识新农村，开展新农村建设工作具有重要意义。

1. 社会主义新农村的提出

新中国成立初期，社会各项事业百废待兴，为早日摆脱贫穷落后的面貌，解决人民温饱问题，国家决定加速推进农林发展。在1956年召开的第一节人大三次会议上，通过了《高级农林生产合作社师范章程》，章程中首次提出了"建设社会主义新农村"的奋斗目标，至此"社会主义新农村"这一提法应运而生。在这次会议上，邓颖超在讲话中指出，高级农林生产合作社示范章程（草案）"是建设社会主义新农村的法规"。（参见《人民日报》1956 年 6 月 24 日第 5 版）。这是中央领导人首次公开提出"社会主义新农村"这一概念。

1960 年 4 月，第二届全国人民代表大会第二次会议通过了《关于为提前实现全国农林发展纲要而奋斗的决议》，决议指出"中共中央制定的 1956 年到 1967 年全国农林发展纲要，是高速发展我国社会主义农林和建设社会主义新农村的伟大纲领"。决议的提出，将社会主义新农村的建设工作提到了新的高度。

1978 年，党的十一届三中全会顺利召开。从此，我国进入了改革开放的新时代。这一时期，我国的生产力水平已有了很大提高，人民温饱问题基本解决，社会各项事业的发展取得初步成效。党和政府充分结合我国发展实际，在改革开放的大背景下，为进一步提高人民生活水平，高瞻远瞩的提出了建设"小康社会"的奋斗目标，并将新农村建设包含在了小康社会的整体规划当中。在 1984 年的中央一号文件中，中共中央就提出要"建设一个农、林、牧、副、渔全面发展，农工商综合经营，环境优美，生活富裕，文化发达的新农村。"其中"文化发达的新农村"体现出党和政府对新农村建设认识上的深入。

1998 年党的十五届三中全会对改革开放 20 年来农村工作实际情况进行了深刻总结，并结合时代发展的需要，提出了到 2010 年建设"有中国特色的社会主义新农村"的奋斗目标。同时，此次会议还对"中国特色社会主义新农村"的具体规定进行了说明，界此，特色新农村的建设在世纪之交的中国大地上广泛地开展了起来。

在 2005 年 10 月中国共产党召开的十六届五中全会上，会议对新农村建设问题进行了深入探讨，并对未来农村建设提出了新的要求，即"生产发展、生活宽裕、乡风文明、村容整洁、管理民主"的总要求。总的来看，十六届五中全会为新农村的建设划定了一个具体标准，具有里程碑的意义。2006 年 3 月 14 日，《国家经济和社会发展第十一个五年规划纲要》经十届人大四次会议表决通过，纲要将新农村建设独立成篇，并强调了发展现代农林、增加农民收入、培养新型农民、深化农村改革对于新农村建设的必要性。

2007 年 10 月，胡锦涛同志代表第十届中央委员会向中国共产党第十七次代表大会作了题为《高举中国特色社会主义伟大旗帜为夺取全面建设小康社会新胜利而奋斗》的报告，报告指出，要统筹城乡发展，推进社会主义新农村建设。

并强调，解决好农林、农村、农民问题，始终是全党工作的重中之重。2011年3月16日，新华社授权发布《中华人民共和国国民经济和社会发展第十二个五年规划纲要》，纲要指出要"按照推进城乡经济社会发展一体化的要求，搞好社会主义新农村建设规划，加强农村基础设施建设和公共服务，推进农村环境综合整治"。这表明，新时期党和政府对新农村建设事业始终牢牢抓住，没有放松。

在全面建成小康社会的攻坚阶段，党中央和人民政府始终将新农村建设工作放在发展的重要位置。党的十八大报告对未来城乡一体化建设作了重要部署，强调"坚持把国家基础设施建设和社会事业发展重点放在农村，深入推进新农村建设和扶贫开发，全面改善农村生产生活条件"。这说明，在下一阶段的工作中，国家将把基础设施建设重点放在农村，着力破除制约新农村建设的种种障碍，从而进一步缩小城乡差距。

结合党在不同时期的农村工作路线，我们不难看出，无论世情、国情如何变迁，中国共产党始终将"三农"问题作为全党工作的重中之重。取消农林税、加大新农村建设投入、实行新型农村合作医疗、等一系列扶农惠农政策相继出台，使农民生活水平显著提高。我们有理由相信，在全面建成小康社会的攻坚阶段，广大农村地区的各项事业将会迎来更广阔的发展前景。

2. 新时期新农村建设理论提出的历史背景

2005年，党的十六届五中全会明确提出建设社会主义新农村的战略任务，并指出，要按照"生产发展、生活宽裕、乡风文明、村容整洁、管理民主"的总要求，扎实推进社会主义新农村建设。新时期，党对农村建设工作提出的新要求有其深刻的历史背景。

（1）缩小城乡差距，实现共同富裕，要求建设新农村

中国的城乡差距一直是我们无法回避的问题。在建国初期，农林、农民为了我国的城市建设、工业发展作了很大牺牲，这是我们始终铭记的。但是，由于种种原因的影响，我国农村的发展一直很缓慢。现阶段，城乡的差距已十分明显，这对于我国小康社会的全面建成造成了十分不利的影响。如何改变城乡二元结构，实现共同富裕的问题也更加尖锐地摆到了党和政府面前。为实现新时期农村的快速发展，中央决定实行工业反哺农林，城市带动乡村的发展模式。这一模式的施行，将会加快农村发展速度，显著缩小城乡差距。同时，针对农村的可持续发展问题，中央则提出"多予、少取、放活"的政策，即：多增加对农村的资金投入、

少一些对农村的税赋，进而盘活农村经济。此政策的出台，将使农村的发展变为良性的、可持续的发展。总之，无论是以工促农、以城带乡的发展模式，还是多予、少取、放活的发展策略，其根本目的都是相同的，那就是：破除城乡二元结构，实现共同富裕。

（2），促进农民平等享有改革发展成果要求建设新农村

改革开放三十年来，我国经济建设取得了相当大的成就，综合国力显著提升，社会各项事业得到很大发展。城市居民养老保险、住房公积金等各项福利待遇基本完善。正如上海世博会的主题一样"城市，让生活更美好"。在经济繁荣的大背景下，我国城市居民安居乐业，正享受着改革发展的成果。但是，与城市的高度发达相比，广大农村地区的各项事业建设都呈现出滞后的局面。近些年来，虽然农民的收入水平得到了一定提升，但与城市居民相比，在对社会资源的占有上仍处于弱势。例如：很难享受到优质教育资源、很难享受到高水平医疗服务、很难享受到社会福利待遇等等。这对于和谐社会的建设来说是极为不利的。因此，加快推进新农村建设成为让农民充分享有改革发展成果的重要举措。当然，这里所讲的新农村建设，不仅仅指为农村修路，为农民建房，而是侧重于加大对农村公共设施的资金投入力度，让农民享受到与城市居民相同的公共服务。因此，新农村建设对于促进社会资源均衡分配及实现社会公平意义重大。

（3）夯实农林主体地位，保障国家粮食安全要求建设新农村

近年来，大批农民进城务工，在为城市的建设贡献力量的同时，丰厚的报酬也使其经济状况得到了明显改善。可以说，进城务工成为农民迅速致富的捷径。但是，农民进城务工也确实会产生一定的社会问题，如：留守儿童问题、农民工子女受教育问题、以及社会治安问题等等。当然，更为重要的是，农村青壮年劳动力的外流，造成了农林从业人员的断层，从而在一定程度上影响了未来农林的发展。众所周知，粮食产量的逐年增长离不开科技的支撑，而培养更多的新型农民无疑是农林发展的关键环节。因此，在农民大批进城务工的背景下，要实现农林的持续发展，根本途径就是把社会主义新农村建设好，只有农村发展了、城乡差距小了，更多的人才才会留在农村，这对于发展农林生产、实现农林现代化、保证国家粮食安全具有重要意义。

（4）全面建成小康社会，实现中华民族伟大复兴要求建设新农村

党的十八大提出，要建立一个惠及十几亿人口的更高水平的小康社会，要让

十几亿人口过上小康生活。"惠及十几亿人口的更高水平的小康社会"这一新要求使得新农村的建设成为小康社会建设的重头戏。的确，我国农村地域辽阔，农民人数众多，如果抛开农村的发展而去谈小康社会的建设，那么这样的小康会是不公平、不可持续发展、也是不可能实现的小康。因此，改变农村落后面貌，建设社会主义新农村是建成更高水平小康社会和实现中华民族伟大复兴的内在要求和必然选择。

历史是一部生动的教科书，只有全面系统地认识历史，才能更好地把握现在，把握未来；建国以来，党和国家对新农村的探索历经成功与挫折，历程波澜壮阔。经过多年的努力，在新的形势下，我国农村的发展呈现良好势头。当前，我们应紧紧抓住全面建成小康社会的重要战略机遇期，凝聚力量，攻坚克难，将社会主义新农村建设事业推向新高度。回顾改革发展历程，我们也更加坚信，要实现国家富强，民族振兴必须走中国特色社会主义道路，这是历史的选择，人民的选择。

二、社会主义新农村建设的主要内容

"社会主义新农村"是指在社会主义制度下，反映一定时期农村社会以经济发展为基础，以社会全面进步为标志的社会状态。社会主义新农村建设主要包括经济建设、政治建设、文化建设、社会建设和法制建设。从农村实际情况上看，主要包括以下几个方面。

1. 经济建设

社会主义新农村的经济建设，主要指在全面发展农村生产的基础上，建立农民增收长效机制，千方百计增加农民收入。增加农民收入要加快现代农林建设步伐和农村经济结构调整进程。稳定党在农村的基本政策，切实维护农民的权益。优化农林区域布局，优化农产品的品种，充分发挥各地的比较优势，提高农林综合效益和竞争力来稳固农民的收入。加大初级农产品的加工转化，积极发展农产品的现代流通方式，增加农产品的附加值。将农产品的生产、加工、销售有机结合起来，推进农林产业化经营，千方百计来增加农民收入。

2. 政治建设

社会主义新农村的政治建设，主要指在加强农民民主素质教育的基础上，切实加强农村基层民主制度建设和农村法制建设，引导农民依法实行自己的民主权利。

在经济、政治、文化、社会建设的同时大力做好法律宣传工作，按照建设社会主义新农村的理念完善我国的法律制度，进一步增强农民的法律意识，提高农民依法维护自己的合法权益，依法行使自己的合法权利觉悟和能力，努力推进社会主义新农村的整体建设。

3. 文化建设

社会主义新农村的文化建设，主要指在加强农村公共文化建设的基础上，开展多种形式的、体现农村地方特色的群众文化活动，丰富农民群众的精神文化生活。

4. 社会建设

社会主义新农村的社会建设，主要指在加大公共财政对农村公共事业投入的基础上，进一步发展农村的义务教育和农林教育，加强农村医疗卫生体系建设，建立和完善农村社会保障制度，以期实现农村幼有所教、老有所养、病有所医的愿望。新农村社会建设的主要工作有以下几个方面：

（1）在农村义务教育方面，要推进城乡义务教育均衡发展。在实现农村免费义务教育的同时，不断改善农村学校的办学条件，提高教学质量。加大中央政府和省级政府对义务教育的投入，把农村义务教育全面纳入公共财政保证范围，构建农村义务教育经费保障的新机制。

（2）在农村医疗卫生方面，要逐步提高农民的医疗保障水平。看病难、看病贵、医疗保障程度低，是当前农村急需解决的问题。新型农村合作医疗能够在一定的程度上缓解大病户的医疗负担，但是保障水平仍然偏低，不能从根本上解决农村居民因病致贫、因病返贫的问题。应进一步完善新型农村合作医疗的相关政策，逐步健全农村医疗卫生服务体系。

（3）在农村社会保障方面，逐步建立适合农村实际的社会救助和保障体系。完善对农村"五保户"和重病、重残疾人群的供养、救助制度，逐步提高供养、救助标准，完善救助方式。在养老保障方面，可以将家庭养老、土地保障和社会养老保险相结合，探索建立农村社会养老保险制度。

三、建设社会主义新农村的思路与意义

1. 建设社会主义新农村的思路

"建设社会主义新农村是我国现代化进程中的重大历史任务，要按照生产发展、生活宽裕、乡风文明、村容整洁、管理民主的要求，坚持从各地实际出发，尊重农民意愿，扎实稳步推进新农村建设"。"生产发展、生活宽裕、乡风文明、村容整洁、管理民主"的总方针，既是新时期国家对农村建设提出的目标，也是对未来农村发展提出的要求。这二十字总方针，不仅从经济、政治、文化、社会、生态角度对"社会主义新农村"这一概念作了诠释，而且为新时期农村建设工作提供了总体思路。

（1）发展新产业，提高农民收入。建设新农村，促进农民增收是关键。当前，我国经济发展势头依旧迅猛，通胀率仍持续高位运行。为提高农民收入，保护农民利益，国家连续提高粮食收购价格，并加大对农林物资的财政补贴力度。这些举措对农民的增收起到了良好的作用。但是，在当前经济迅速发展的大背景下，农民的增收仅仅依靠政策的扶持是不够的，只有将各项惠农政策与农村新产业的开发相结合，才能更好地增加居民收入，进而推动新农村建设。因此，加快发展农村新产业、打牢农民的持续增收渠道，是新农村建设的关键环节。

（2）建设新型村镇，改善农村人居环境。改善农民居住环境是社会主义新农村建设的重要内容之一，也是新农村建设的必然要求。应坚持从各地区实际情况出发，统筹规划、因地制宜、量力而行、坚持农民主体地位，尊重农民意愿，突出地方特色，弘扬传统文化，有序推进农村人居环境综合整治，使农村建设得到合理规划。

（3）努力培育新型农民。应加强对农民基础教育和职业技能培训，推进农林科技推广和医疗卫生体系建设。努力培养造就一批有文化、懂技术、会经营、守法规、讲文明的新型农民。十年树木，百年树人。对于新农村建设工作，最重要的一环莫过于提高农民综合素质，培育新型农民。农民的精神面貌、综合素质、关乎新农村建设事业的成败。因此，对农民的教育要努力做到以下四点：第一，加强农村基础教育，普及科学文化知识；第二，开展对农民职业技能培训，培养懂技术，会经营的新型农民；第三，加快农村文化建设步伐，提升农民人文素养；第四，开展计算机网络培训班，利用互联网丰富信息激发农民主动学习能力。

（4）树立农村新风尚。要加强和完善农村民主法治建设，创造和谐发展环境，倡导新风尚。在新农村建设中，应着重推进农村精神文明建设，加强对农民的思想政治教育。引导农民群众摒弃陋习，破除封建迷信思想，树立正确的人生观、价值观，以达到新农村建设对软环境提出的新要求。

2. 建设社会主义新农村的意义

建设社会主义新农村，是党中央从贯彻落实科学发展观、构建社会主义和谐社会的全局出发，作出的重大战略部署。这一战略部署，事关中国特色社会主义事业大局，事关亿万农民福祉，事关国家长治久安。我们一定要从战略和全局的高度，深刻认识建设社会主义新农村的重大意义。

（1）建设社会主义新农村，是党中央从全面建设小康社会、加快推进社会主义现代化的全局出发作出的战略部署

纵观人类文明演进的历程，就是一个从农林文明向工业文明发展的过程。随着人类文明的发展，国民经济逐步形成了许多产业，但农林始终处于基础地位，是安天下的战略产业。从世界各国发展来看，农林和农村的现代化既是现代化的一个根本标志，更是一个决定性因素。没有农林和农村的现代化，就没有整个社会的现代化。这是一个实践的命题，是一个历史的结论。一些国家较好地处理了农林与工业、农村与城市的关系，经济社会得到迅速发展，较快地迈进了现代化国家行列。也有一些国家没有处理好工农城乡关系，导致农村长期落后，整个国家经济停滞甚至倒退，现代化进程严重受阻。韩国从上世纪 70 年代启动以支持农村基础设施建设为核心内容的"新村运动"，实现了城乡共同发展。韩国政府开支中农林所占比重 1972 年仅为 4%，1978 年就达到了 38%。他们城乡居民的收入比长期保持在 1：0. 8 — 0. 9 水平，2004 年人均 GDP 达到 14000 美元。墨西哥、阿根廷等国家之所以出现经济停滞、社会动荡的"拉美陷阱"现象，一个很重要的原因就是长期忽视农村发展。农村长期落后，留不住人，都涌入城市，农民失去土地，失去家园. 就什么都没有了，造成大量的贫民区，导致贫富悬殊的状况愈演愈烈。我国人均 GDP 已超过 1700 美元，但总的来讲仍然是一个人口众多、二元结构特征明显的发展中大国。可以说，我国现代化进程已进入一个非常关键的时期，关键之关键是农林和农村问题。我们必须深刻分析国际正反两方面的经验教训，走具有中国特色的工业与农林协调发展、城市与农村共同繁荣的现代化道路。

　　我们正在建设的全面小康社会，是惠及城乡十几亿人民群众的更高水平的小康社会。从现在的发展趋势看，无论全国还是我省，到2020年人均GDP达到3000美元都是完全可能的。但我们必须清醒地看到，城乡总体能够达到，不等于人口占大多数的农村也能达到；农村经济发展能够达到，不等于社会发展、农村面貌能够达到。改革开放以来，我们的城乡差距不是在缩小，而是呈扩大的趋势。特别是农村基础设施建设和社会事业发展滞后的问题，是长期积累形成的，解决起来需要一个相当长的过程，需要有更直接、更有力、更长效的措施和办法。这些都充分说明，全面建设小康社会，最艰巨、最繁重的任务在农村，难点和重点在农村。如果农林基础不稳，农村面貌得不到有效改变，农民生活得不到明显改善，全面建设小康社会就是一句空话，现代化建设进程就会受到影响。就现代化建设第二步战略目标而言，推进社会主义新农村建设，就是要在农村全面建设小康社会。

　　建设社会主义新农村是我们现代化建设的持久动力所在。中央反复强调，对我们这样一个拥有13亿人口的大国来说，扩大国内需求是经济发展的长期战略方针和基本立足点。农村人口占大多数，集中着数量最多、潜力最大的消费群体，是经济增长最可靠、最持久的动力源泉。我省2/3的农民只占有不到1 / 3的市场消费份额。这集中反映了农村这个大市场还没有真正启动起来。建设社会主义新农村，加快农村经济发展，增强农民消费能力，把亿万农民的潜在购买意愿转化为巨大的现实消费需求，这对经济增长的拉动作用是无法估量的。同时还要看到，通过加强农村道路、住房、能源、水利、通信等建设，还能消化部分行业的过剩生产能力，促进相关产业的发展。从这个意义上讲，建设社会主义新农村，着力解决农村发展严重滞后的问题，完全能够成为拉动经济社会发展的"火车头"。

　　（2）建设社会主义新农村，是新阶段以科学发展观为指导、系统解决"三农"问题的总体方略

　　改革开放以来，我们党从加强农林、发展农村、放活农民入手，推动我国农林和农村发生了历史性的深刻变化，农村经济社会发展取得了举世公认的伟大成就，农林和农民为国民经济发展作出了巨大的贡献。但是，由于长期的工农产品价格剪刀差，农村提供了大量的廉价劳动力、廉价土地，这样也客观地形成了城乡二元结构，造成了农村与城市、农林与工业、农民与市民之间的差别。城乡统筹，是贯彻落实科学发展观的重要任务。随着我国综合实力的显著增强，我们总

体上已进入以工促农、以城带乡的发展新阶段，加快解决"三农"问题，不仅十分必要，而且切实可行。从全国看，去年我国人均 GDP 已经达到 1700 美元，财政收入超过了 3 万亿元人民币。从我省看，已经站在一个新的历史起点上。近年来全省生产总值连续跨越千亿元台阶，地方财政收入平均增速超过 20%，政府财力明显增强。与此同时，第一产业在全省 GDP 中的比重下降到 20% 左右，第二产业比重上升至 40% 以上，其中工业比重超过 33%；全省城镇化率以每年高于 1 个百分点的速度增长。这些都表明，我省正从工业化初期向中期发展迈进，统筹城乡发展、改变城乡二元结构的条件日渐具备。

在新的发展阶段，积极探索适合我们国情的农村经济、政治、文化和社会建设的路子，这是一个重大的理论课题，更是一个重大的实践任务。十六届五中全会以科学发展观为指导，规划了建设社会主义新农村的美好蓝图，这深刻反映了发展新阶段的时代要求和时代特征，既充分表明了中央统筹城乡发展、解决"三农"问题的决心和信心，又为我们进一步做好新时期农林和农村工作提供了更完整、更明晰、更科学的思路。这一战略思路坚持统筹城乡发展的根本方针，不仅注重改善农民的生产生活条件，改变村容村貌，而且注重促进农村经济社会全面发展；不仅注重在经济上保障农民的物质利益，而且注重在政治上尊重农民的民主权利；不仅注重农林和农村自身的改革与发展，而且注重工业支持农林、城市带动农村；不仅注重政府的支持和引导，而且注重调动农民的积极性，组织社会力量参与；不仅注重解决当前的突出问题，而且注重长远谋划，保障新农村建设持续进行。可以说，建设社会主义新农村，为我们贯彻落实科学发展观、系统解决"三农"问题明确了总体方略，是一场力度、深度、广度前所未有的农村综合建设，必将对广大农村的生产力、生产方式、生活方式和整个经济社会发展带来一场广泛而深刻持久的变革。

（3）建设社会主义新农村，是构建和谐社会、实现长治久安的重要基础

构建"民主法治、公平正义、诚信友爱、充满活力、安定有序、人与自然和谐相处"的和谐社会，是社会主义现代化建设"四位一体"总格局的重要内容。我国重要领导人强调，"农村稳定是全国稳定的基础，农村安定和谐是全国安定和谐的基础。"当前，我国农村总体稳定，形势很好，但按照构建和谐社会的要求来审视，还存在许多矛盾和问题需要引起高度重视。第一，影响社会稳定，涉农问题最突出。我们以前在稳定上面临的最大压力是国有企业改革，处理好下岗

职工就业解困的问题。现在。情况已经发生了明显变化，涉农问题成为影响稳定的主要因素。征地拆迁、环境污染、土地承包和农民工工资拖欠等引起的纠纷时有发生，有的甚至酿成群体性事件。第二，维护公平正义. 农村最紧迫。由于长期二元结构的影响，农民是收入最低的人员. 是享受公共服务最少的阶层，也是社会保障最差的群体。据测算，占全国人口 60% 的农民只占有全国 23% 的义务教育经费. 仅享有 25% 的公共卫生资源。行路难、饮水难、上学难、就医难等问题在农村还很突出，绝大部分农民没有养老、医疗保险。城乡投资存在巨大反差，农村投资占总投资的份额连年递减。这些问题，如果不认真加以解决，继续积累和加剧，就会造成社会的对立，引发严重的社会矛盾。第三，民主法制建设，农村最滞后。公共法律服务体系建设滞后，农民的法制意识普遍淡薄，运用法律手段表达利益诉求、维护自身权利的能力不高，在处理矛盾纠纷时往往采取过激甚至非法的手段。农民群众参与民主管理的愿望日益强烈，但农村民主政治建设的步伐与农民的要求有相当大的差距。一些地方党的基层组织软弱涣散，少数基层干部甚至贪污腐败，导致党群、干群关系紧张。第四，精神文明建设，农村最薄弱。公共文化资源主要集中在县以上城市，农村特别是欠发达地区的文化基础设施落后，群众喜闻乐见的文化活动严重不足，农村群众文化生活贫乏。封建文化糟粕在农村还很有市场，赌博、迷信活动在一些地方盛行，有的地方宗派势力问题突出，邪教组织活动猖獗。亿万农民是我们党和社会主义国家政权的重要群众基础。建设社会主义新农村，不仅是解决农村社会矛盾和问题的应对之策，更是促进农村和谐稳定、保证国家长治久安的根本大计。我们必须站在构建社会主义和谐社会的高度，认识和推进新农村建设，真正使农民安居乐业、和睦相处，使农村安定有序、充满活力，为建设"和谐四川"打下最广泛、最牢固的基础。

第二节　新农村建设的发展问题

社会主义新农建设在中国大地上如火如荼的进行着，把祖国大地建设得无比美好，让每个农村面貌都发生翻天覆地的变化，但我们也应该认识到任然存在一些因素制约着我国社会主义新农村的建设。

一、新农村建设中乡村文化发展存在的问题

加强新农村文化的建设是当前建设社会主义新农村的主要内容之一，是全面建设小康社会重要依据，是全面深入和落实科学发展观、构建和谐社会主义的重要内容，是建设社会主义和满足广大人民群众方方面面的精神文化需求的重要途径，对于全面实现党的执政能力和巩固党的执政基础、有效促进新农村经济的发展和社会进步，实现农民群众的物质文明、精神文明、政治文明和社会文明这四大方面共同协调发展，有着重要的意义。

经过数年的发展与建设，我国新型现代乡村文化建设取得的一定的成绩，但是新农村发展速度依然相对缓慢，农村居民的综合素质还比较低，距离实现社会主义新农村文化建设的目标还存在着较大的差距。

1.乡村文化发展水平总体滞后，发展缓慢

（1）农村的教育发展相对落后，农民群众整体素质相对偏低。首先，农村师资队伍较落后，师资力量严量匮乏。致使农村教师队伍出现了严重滞后现象。农村教师学历低、能力又不高且年龄结构相对偏老现象的占多数，对于达到新农村形势下现代教育的要求较难。其次，农民普遍接受教育的文化程度不高，农民群众的普遍素质偏低。据相关资料显示，中国农村居民人均受教育年限仅为7.6年，相比城镇化居民低了3年；农村里具有小学或初中文化程度人口占总人口的75%；全国有92%的文盲或半文盲基本上在农村里。特别是农村中4.97亿的劳动力里有40%的是小学文化，48%的是初中文化，而只12%高中文化的，对于受过职业技术培训的更少得可怜为5%。中国的农村教育不管同城市还是国外的发达国家农村相比，都存在明显的落后。

（2）农村文化基础设施较为落后

文化基础设施总体上呈薄弱现状，再加上因地方集体经济不强，受到了地方经济条件和地理位置等综合因素的制约，才使得农村文化产品以及文化服务发展较为薄弱。例如：篮球场、乒乓室、图书室基本上都集中在中小学校里面，棋牌室也大多在老人活动区域里，农民的文体活动场所基本上很少。投入严重不足，农村文化基础设施建设十份薄弱。经费开支不足是制约整个农村文化发展的重要因素。虽然最近一些年以地方财政不断加大投入资金，但与城市社区相比较，对文化建设发展投入的经费还是有限的，严重影响了群众文化活动的开展。设施利用率相对低下，不能很好的发挥其重要作用。在快速的社会变迁中，来自现代化和城镇化进程中的理念极力要用现代都市文化来取而代之的农村文化。

2. 农村负面文化影响较为突出

负面文化是与客观规律相互违背的，其严重阻碍了社会向前发展的精神文化现象，是历史发展过程中的种种消极精神的不良变异，也是阻碍农村社会化健康与和谐发展的毒瘤。其负面文化主要表现为愚昧、庸俗、腐朽、颓废等低调落后的农村文化，由于过去和现实化的原因，使得负面不良文化在我国农村中表现得更为突出，特别是经济较为落后的偏远山区更为严重。这些不良文化严重的腐蚀着中国农民群从的精神世界里，扭曲了群众的心灵，败坏了农村的整体社会风气，同是也影响了新农村建设与发展，以及危害着社会主义事业的发展。

3. 乡村文化市场存在较为突出的问题

经过多年的发展，中国农村文化市场有了很大发展和进步，在一定程度上满足了农民群众的文化需要。但因大部分农村的经济较为落后、信息严重闭塞，致使农村文化市场的发展出现了很多突出的问题。

（1）文化市场体系的不健全

我国农村文化市场只是刚刚起步不久，还没有完全形成一定的规模和体系，文化产品不够丰富，并且还达不到群众的要求，群众喜闻乐见的产品不多。文化产品的生产和市场化经营出现脱节现状，缺乏了与中介机构和市场间的相互连接的桥梁和纽带。

（2）管理工作相对薄弱，非法经营活动较为常见

农村文化市场的发展比较分散和纷乱，不利于管理。非法化经营活动常扎根在农村，无证经营、经营非法书刊、复制、销售、传播反动、淫秽音像制品等现

象较为严重，以赌博形式的电子游戏机、台球、六合彩出现以及色情的表演等问题，严重危害和影响了农村文化市场的健康发展。

（3）农村发展水平十分不平衡，发展速度也十分缓慢

由于农村经济发展较为落后，致使农村文化市场发展出现不平衡的现象，一些经济较为发达的农村，已经形成了多层次、多样式的文化经营体系。但是在偏远的贫困农村里，由于经济落后，消息的闭塞，使得乡村文化市场基本处于一片空白。从规模、层次和群众的消费理念等方面都无法与城市相比，并且相差太远。

4.乡村传统文化资源的衰减

当前我国农村的传统文化资源保护存在着较多的问题，其形势也十分严峻。很多民间艺术都失传了，比如：一些山歌或者民曲被现代一些新文化所淹没了，值得回记和保存的农村的历史遗迹和革命旧址都没法保存或者得不到很好的保护。一些优质的旅游资源，由于地方政府为了追求地方 GDP 的发展，将宝贵的文化资源卖给一些外来大企业或者大公司，使这种历史资源"商品化"运作。造成了大理破坏性的过度开发，使历史文化资源失去了原有内涵。

二、新农村建设中发展农村社区教育存在的问题

随着我国改革开放的进行，农村教育已受到越来越多人们的重视，在此大背景下，农村社区教育应运而生。然而，在多年的农村社区教育过程中，虽然农村教育在一定程度上得以改善，但仍存在一些较为严重的问题。这些问题必须及时解决，否则其将严重影响农村教育的进程，使农村教育的普及遭遇严重考验。

1.思想偏见，造成教育不能得以普及

不少人都认为，接受教育是孩子们的事，与大人没什么关系。其实不然，在一项统计中表明，在我国农村 4.97 亿的农村劳动力中，具有高中或高中以上文化程度的仅占 37% 左右，而接受过技能培训的比例更低，仅为 1%。而农村社区教育立足农村，针对农村所需开展各类有关的讲座，通过这些讲座的学习，可以使更多的劳动者掌握从事劳动所必需的技能，在一定程度上也可以提高自身的经济水平。另外则是老年人。对于老年人来说，饮食、医疗、保健，这些都是生活所必须注意的问题。人一旦过了六十岁，随着身体机能的衰减，很多病症便随之而来。然而，多注意日常的饮食保健，一些疾病便可避免。农村的老年人，大多对自身的健康水平并不重视，在农村一句广为流传的俗语便足可表明他们的观念，

即"不干不净，吃了没病"。甚至这个原因，农村的老年人群体健康水平较低。他们认为过多关注自己的健康是对儿女的拖累，然而实际上，若一旦将小毛病变成大病症，那才是对儿女真正的拖累。所以农村教育工作者更应该加大宣传力度，改变农村老年人的守旧观念。

在农村，即便是适龄儿童，也未必都能得到应有的教育。在我国计划生育的提倡下，农村的生育水平较以往也有了显著改善，在很多独生子女的家庭里，由于父母的过分溺爱，往往将适龄的孩子交由其父母看守，怕孩子太小，在学校"吃亏"。这样造成的结果只能是在他们的孩子步入学校时成了名副其实的"老大"，而其后考取军校、参军，甚至就业都将会受到影响。女孩没必要上学的观念在农村虽有了显著改善，但仍有不足，还需要广大教育工作者继续努力，我们任重而道远。

2. 形式过于单一，不能引发群众热情

在不少农村社区，存在的农村教育建设仅限于秧歌、讲座等，由于形式过于单一，在活动起初尚有人参加，随着时间的推进，很多社区活动也就这样消失了。其实，丰富农村的业余生活有很多种方法。例如在老年人群体中比较流行的京剧，便是一个很好的参考。在农闲时间，可以聘请一些京剧爱好者来对京剧艺术进行指导，也可以由当地热爱京剧的农民组建一支票友会，并由乡镇政府批给他们活动场所，这样可有效地推动京剧艺术在农村的推广，推动农村社区教育的进行。针对不同年龄段的人就要使用不同的方法。京剧是我国的国粹，对于老年人可以引发他们的兴趣，而对付年轻人，却未必得心应手。年轻人的观念相对比较新潮，传统古老的东西不能引起他们足够的兴趣，能够让他们产生兴趣的只能是新鲜的事物。

3. 管理体制尚不健全，造成农村社区教育滞后

不少农村干部认识不到发展农村教育的重要性，一味地把目光投入到招商引资，兴建土木之上，而对于社区教育却少有对策。从根本上改善农村社区的教育，必须先改变广大农村干部的思想观念，鼓励农民主动参与到农村社区教育建设中来，然后选出专人负责本地农村社区教育的运行管理。建立健全的管理体制是农村社区教育得以顺利进行的前提，只有如此方可促进农村教育的发展。

4. 资金不足，师资、设备不健全

在农村，广泛存在的一个问题就是资金不足。即便再建全的体制没有资金的

支持也是万万行不通的。很多村干部在农村社区教育刚开始的时候会大手笔地进行资金支持，然而过了一段时间在没有获得预期那么好的效益之后便开始慢慢减少投资。其实不然，发展农村社区教育本身便是一个立足长远之计，不可能立竿见影，看到实际。农村干部应该支持本地教育建设，给予支持。相对而言，由于农村本身的经济因素限制，经常会出现资金短缺的情况。正所谓再穷不能穷教育，从事农村社区教育的有关人员可以多方融资，积极拉动周边一些企业或者个人进行捐助。

农村的师资力量略显薄弱，当地有关部门也应加大对农村教师的补助，聘请更多优秀的教师前来，并定期对已有教师进行培训，使其具有更为坚实的教育基础。另外，一些必要的设备或场所，比如老年人健身器材、晨练广场等，这些都是必须具备的。推动农村社区教育建设，图书是必不可少的。不少农村社区都有图书馆，可是却鲜有农民前来翻阅。图书馆的图书一定要对农民的口味。农村的受教育情况本就不高，给他们看红学研究，自然看不下去。这里可多购进一些茶余饭后的闲书，还有病虫害治理，饮食健康，家庭常用医疗小妙方等，这些都是农村生活所离不开的，自然对口，农民群众也有兴趣读下去。

三、社会主义新农村建设中"留守老人"问题

随着社会主义经济的迅速发展，农村青壮年劳动力的大量外出，不可避免的会将老年人留守在家庭中，这将导致农村留守老人数量的急剧增加。于是，数量巨大的农村留守老人给当前的农村养老提出一个严峻的课题。我国农村"留守老人"问题日益凸显，"留守老人"问题的解决与否，这不仅关系到广大农户的家庭生活质量，而且也关系到社会主义新农村建设的成功与否，因此研究"留守老人"问题则对提高构建社会主义和谐社会，全面落实科学发展观，促进我国经济社会协调发展，实现全面建设小康社会宏伟目标，具有重大的理论意义和现实意义。

1. 农村留守老人出现的原因分析

改革开放以后，随着我国经济的快速发展和城市化、工业化进程的加快，吸引了大量的农村剩余劳动力不断向城市转移，导致越来越多的农村青壮年，为了获得更高的收入，走向城市。造成了农村家庭的"空巢化"和农村社会的"空穴化"，农村出现了大量的留守老人。同时，由于我国城乡分割的二元背景，使得大多数的外出民工无法享受与城市人相匹配的保障和福利制度，只能往返于城乡

之间，导致了农村留守老人的出现。

　　大量农村青壮年劳动力向城市的转移，使当地的人口年龄结构老化，产生了一个日益庞大的特殊群体"留守老人"。据了解，目前我国65岁及以上的农村留守老人近2000万。其中，80.9%的留守老人依靠自己的劳动自养，而且仅能满足基本生活需求甚至不足以自养。可见，这个特殊群体的生活状况及其带来的社会问题让人忧心，留守老人养老难题亟待破解。同时，外出务工潮造成许多农村孩子短期或长期失去了直接监护人，形成了留守老人教育第三代的"隔代教育"现象。这无疑又加大了留守老人身上的负担，在勉强依靠简单的农林生产满足自身生活需求的同时，还得肩负起看护照顾第三代的责任。

2.农村留守老人生活现状

　　随着新农村建设、城镇化步伐的加快，使得大量农村青壮年劳动力向城市的转移，他们进城务工、求学，以致农村家庭结构悄然发生变化，即由"核心化"家庭结构向"空心化"家庭结构转变。所谓"空心化"家庭结构，产生了一个日益庞大的特殊群体"留守老人"。由于这些"留守老人"年迈体衰，物质生活、精神生活极其匮乏，养老问题日益严重，主要表现在经济供养、生活照料、精神慰藉和医疗保障四个方面。

　　（1）经济供养

　　子女外出务工对留守老人经济供养方面具有积极作用，留守老人子女外出务工在一定程度上会改善留守老人的经济和福利水平，改善经济供养水平。大部分留守老人能通过子女的外出得到一定经济上的收益，约58%的老人认为如果子女不外出，自己的生活条件将会变差。虽然普遍认为子女外出务工会改善留守老人的经济状况，但是有部分留守老人的经济状况并没有得到改善，甚至进一步恶化。因为他们的子女经济供养的意愿低，与家里的联系少，加上一些子女的孝道观念进一步淡化，导致了留守老人的经济状况恶化。由于收入来源的间接性，留守老人经济的改善程度与子女的孝敬程度关联性较强，虽然留守老人的经济状况有所好转，但呈现出不稳定性。可见，子女外出务工对留守老人经济供养方面虽然在一定程度上会改善留守老人的经济和福利水平，但只是依靠子女供给，绝大多数"留守老人"生活简朴，只求温饱而不求质量。

　　（2）生活照料

　　在农村留守老人的生活照料方面，照料提供者的减少，农林劳动、家务劳动等负担的增加加剧了农村留守老人的健康和日常生活照料问题。另一方面，社会网络如农村基层组织、农村社区、志愿者等为留守老人提供的照料体系还不完善。由于农村子女外出务工，导致居住空间上的分离，造成了成年子女为老人提供直接的健康和生活照料上的困难。而且，往往使得老人们不得不承担起更加沉重的干农活、做家务、照看小孩等负担。虽然子女通过外出务工提高的经济效益对老年人照料产生了间接的正向作用，经济状况的改善有助于提高生活水平，但是生活负担的加重导致留守老人的生活质量日益下降。

（3）精神慰藉

由于农村青年子女迫于生活压力外出务工，与老年人见面，情感交流的时间减少，农村留守老人得不到子女的精神慰藉。农村留守老人心理上普遍存在着孤独寂寞的问题，子女外出务工之后与留守老人的联系减少，电话成为外出子女和留守老人联系的主要方式，并为留守老人所接受。但是很多外出子女很少与父母沟通，打电话时更多的话题也是留守儿童。其实，农村留守老人真正需要的并不是外出子女寄钱回来，而是每天一句简单的问候，一份出自内心的关心。老人需要的是儿女在精神方面的支持，精神空虚才是农村留守老人面临的最大问题。因此，外出务工子女应该时常和老人保持联系，经常陪他们聊聊天，满足老人情感的需求。

（4）医疗保障

目前，农村留守老人的健康状况是目前社会急需解决的一大难题。随着年龄的增长，老年人的健康水平低，患病风险大，再加上农村留守家庭多为空巢家庭，使得老人孤独感加重，心理健康水平不高。可见，留守老人的健康状况不容乐观，这主要是由于求医不及时，农村医疗水平不高，医疗支付能力不够导致农村老年人的健康状况得不到有效的保障。而且，在农村留守老人医疗保障方面，存在着参保率不高、保障能力不够、制度自身不完善等问题。在我国广大农村地区，医疗费用方面的支出已经成为许多留守老人面临的沉重负担。部分留守老人尽管医疗卫生条件因子女收入增长而得到一定改善，但老人们在身患重病时却可能得不到子女照顾。

四、广西社会主义新农村建设中存在的主要问题实例分析

广西拥有 4900 万人口，其中农林人口占 70%，农村的发展情况对全区发展形势的影响是非常突出的。几年来，广西区积极采取各项措施推进新农村建设并取得了较好的效果。但是，目前制约农林和农村发展的深层次矛盾尚未消除，促进农民持续稳定增收的长效机制尚未形成。调查显示：广西在推进社会主义新农村建设的过程中，主要存在以下几个最为突出的问题：

1. 农民文化层次偏低，掌握一技之长的农村劳动力比例较低

据统计：广西农村劳动力共计 2300 万，其中文盲、半文盲占 4.15%，小学文化程度占 32.04%，初中文化程度占 51.15%，高中以上文化程度的只占 12.66%。农村劳动力以初中以下文化程度为主，整体素质不高。广西区内农民与经济发达的邻省广东相比，小学及以下文化程度的人数多 6 个百分点，而具有高中以上文化程度的则少 5 个百分点。与此同时，据典型抽样调查，广西农村劳动力中目前接受过专业技术培训的人数只占 13.7%，其中在外出务工人员中，接受过专业技术培训的也只占 21.3%。缺少一技之长的农村劳动力转移后大多只能从事一些繁重的体力劳动，就业渠道十分狭窄，基本上是从事单一的、低层次的私营矿产业、制造业、建筑业和服务业，所占比重达 90% 以上。据个案调查，目前外出务工遇到的最大困难中，没有技术专长、文化水平低的占到 53.3%，接受过专业技术培训的劳动力在外出务工中具有明显的优势。调查结果表明，外出务工人员当中，受过专业技术培训的人员每人寄带回现金收入约 4000 元，而未受过专业技术培训的人员每人寄带回现金收入只有 2800 元左右，后者比前者低 23.9%，体现了有技术与无技术的差别。

2. 农村专业经济合作组织作用弱小，降低了农民规模收益的水平

由于经济合作组织普遍存在法人地位不明确、注册登记不规范、普惠政策缺失、贷款困难、合作社独立性不够等问题，使不少地方政府对农村专业合作经济的组织性质、地位和作用认识不足，扶持和指导力度不够，因而导致我区农村专业经济组织发育缓慢，总体来说规模不大、覆盖面不广，组织化程度不高，辐射带动能力较弱。目前，广西全区共有经营性专业合作社和专业协会、非经营性专业协会、农林行业协会、社区性合作经济组织等农村合作经济组织共 4019 个。其中，经营性农村合作经济组织 1540 多个，会员 5l 万多人，仅占全区农村劳动

力的 22%。在对全区 600 户农民的抽样调查中，加入农村合作经济组织的也只占调查户的 22.6%，有 77.4% 的农民不知道或不愿参加农村合作经济组织。这一情况与全国 4% 的平均水平和北京、上海、山东等省（市）还存在不小的差距。

3. 农资成本增加，抵消了国家"惠农"政策的收益

近年来，中央正式决定对农林实行免税，确实给老百姓带来了实惠，但与此同时，农资价格却轮番上涨。此外，由于目前农林生产资料市场管理还很不完善，不法商家时常利用假农药、假化肥和假种子坑农、害农，加大了农民生产的成本，从而使广西农民人均纯收入与城镇居民人均可支配收入的差距进一步扩大。

4. 农村基础设施老化、落后，村集体经济名存实亡，"无钱办事、无力办事"的问题十分突出

财政投入量少而窄，基础设施建设项目难以全面覆盖。纵向比，增长挺高，但就新农村建设的需求看，仍然差得很远。部分村集体经济名存实亡甚至债务累累，无力发展公共事业。近年来，尽管随着西部大开发战略的大力推进，我区农村基础设施建设投入力度不断加大，农林生产生活条件不断改善提高，但总体来看，农村基础设施投入严重不足。虽然我区一再加大农林基建投资，但农林基建投资占我区基建投资的比重并没有明显提高，与农林发展的需求已不相适应，严重制约了农村基础设施的建设步伐，成为农林和农村经济发展的瓶颈因素。由于受农村基础设施投入不足瓶颈制约，部分行政村灌溉和生活用水设施严重老化，导致水资源浪费。同时村上不存在进行科技服务活动的场所，也没有生产和生活垃圾、污水等处理设施，从而很大程度上影响了农村居民的正常生产和生活。

5. 少数村"两委"组织管理不民主，缺乏向心力、凝聚力和号召力

由于一部分农村基层组织软弱涣散，集体经济薄弱，所以很难有效地把农民组织起来，使本来就疏于管理的农民放任自流。这是导致农村思想领域歪风盛行的重要原因之一。从调查的情况分析，一是存在无钱办事的问题。农村思想文化阵地硬件建设需大量投入，集体经济薄弱的村，因长期缺乏投入，管理不善，使阵地丢失，封建主义、宗教势力乘虚而入，一些旧的封建习俗在有些地方死灰复燃，黄、赌、毒等社会丑恶现象沉渣泛起。二是存在无人管事的问题。有些基层组织，长期处于"软、懒、散"的状态，有的村连党支部书记、团支部书记的人选都没有。三是无章理事的问题。一些村规章制度不健全，尤其是农村的一些难解决的热点、难点问题，缺乏必要的制度规范。由此使领导班子威信降低，集体

凝聚力大大弱化，甚至在一定范围内出现"空壳村"。

6. 农林生产过程中"跟风"效应较为严重

所谓"跟风"效应就是农民在生产过程中跟着市场价格表象在转，也就是市场上什么东西价格高就一窝蜂地跟着生产什么，农民通常是看到市场价格高了再组织生产，当农民生产出后发现市场价格又疲软了，基本上是种什么赔什么，养什么赔什么，很让农民朋友苦恼这就是所谓的"跟风"效应。这里存在反应滞后的问题，在经济学通常说的 J 曲线效应。要解决农民的"跟风"效应问题，只有让农民充分了解市场信息，了解市场动态才有办法，要让农民知道"跟风"的危险性，风险较大，可能给农民经济收入带来大的损失。让农民知道"跟风"的危害性，不要被市场价格的表面现象牵着鼻子走。还有通过农林合作化经营，解决小农民对大市场的问题，发展订单农林，就可以避免"跟风"效应所带来的不必要损失。对于跟风效应所造成损失的案例数不胜数。就全省范围而言，每年因为农民在农林生产中"跟风"而损失的就达数亿元。

7. 农林产业化经营存在一些问题

(1) 在企业与农户之间的购销关系中没有形成"风险共担，利益共享"的利益联结机制。不少购销合同是"君子协定"或"口头约定"，真正签订单的仅有43%，而且违约现象较为严重。当市场价格低于合同价格时，企业便以各种理由拒收或压级压价，使农民利益受损；当市场价格高于合同收购价格时，农民便违约把产品卖给市场，从而使企业得不到充足的货源，生产受阻。正是由于没有形成利益一体化，使得企业和农民之间只注重自己的短期经济利益，违约现象不断发生。

(2) 农林产业化外部环境不宽松。农林产业化受到多面手的限制。比如：政府行为的不规范，增加了农林产业化的运行成本与风险；相关政策的不完善，难以适应农林产业化迅速发展的需要；农林宏观管理体制滞后，严重妨碍农林竞争力的提高；融资渠道不畅，影响产业化的推进等等。其中融资难是农林产业化发展的重要障碍。许多地方，银行为了规避贷款风险，从严控制中长期贷款，导致不少企业挤占流动资金搞技改，严重影响了产品结构的升级，企业规模的扩大。农林产业化经营是推动农林和农村经济结构战略性调整的重要带动力量，是促进农村经济发展和农民增收的重要渠道，是坚持和完善农林基本经营体制的重大创新，是提高农林竞争力的重要组织形式。发展农林产业化经营，推进结构调整，促进农民增收，是夯实社会主义新农村建设经济基础的重要内容。为此，要重点抓好培育壮大龙头企业、发展中介服务组织、加强原料基地建设、完善利益联结机制、加强农林科技创新和技术推广的力度、抓好科技培训和服务体系建设等方面的工作。然而，目前广西拥用有的优质龙头企业仍然较少。

第三节　社会主义新农村建设的科学推进

科学发展之路，就是要更加注重以人为本，更加注重全面协调可持续发展，更加注重统筹兼顾，更加注重保障和改善民生，促进社会公平正义。在社会主义新农村建设的全过程中，都必须坚持走科学发展之路。

一、科学发展观及其对社会主义新农村建设的指导意义

1. 科学发展观概述

科学发展观这一理念是中国共产党通过深入系统分析中国现阶段的基本国情并对我国各个阶段的发展经验和教训进行全面总结而得出的符合新时期新形势下新的发展要求的重大战略思想。统筹城乡发展是科学发展观基本内涵的重要体现。社会主义新农村建设这一伟大决策是中国共产党从全面建设小康社会的大局出发，从而促进国民经济实现又好又快发展，在新形势下对解决"三农"问题有着积极而深远的现实意义。以科学发展观指导社会主义新农村建设，是新时期新形势下推进社会整体全面发展的客观要求，也是当前新农村建设的必由之路。

2. 科学发展观对我国社会主义新农村建设的现实意义

建设社会主义新农村，必须搞清楚为什么建设新农村、建设什么样的新农村、怎样建设新农村等重大问题。科学发展观，是对党的三代中央领导集体关于发展的重要思想的继承和发展，是马克思主义关于发展的世界观和方法论的集中体现，是同马克思列宁主义、毛泽东思想、邓小平理论和"三个代表"重要思想既一脉相承又与时俱进的科学理论，是我国经济社会发展的重要指导方针，是发展中国特色社会主义必须坚持和贯彻的重大战略思想，对解决新农村建设中的重大问题有着重要的指导意义。

（1）科学发展观为社会主义新农村建设指明了总的目标

党的十七大指出："必须坚持把发展作为党执政兴国的第一要务。发展，对于全面建设小康社会、加快推进社会主义现代化，具有决定性意义。要牢牢扭住经济建设这个中心，坚持聚精会神搞建设、一心一意谋发展，不断解放和发展生产力。""解决好农林、农村、农民问题，事关全面建设小康社会大局，必须始终作为全党工作的重中之重。"可见，根据科学发展观的精神实质，新农村建设的总目标就是实现农林、农村和农民的发展，从而全面建成小康社会，而不是简单地改变村容村貌或村风的形象工程。因此，建设新农村是一项长期而艰巨的历史任务，必须以此为总目标来确定不同地方、不同时期的具体目标，在实践中应避免盲目性、形式化、短期性的做法。

（2）科学发展观为社会主义新农村建设提供了科学的价值判断标准

价值判断标准问题事关新农村建设这项事业是否符合社会主义性质和中国共产党的根本宗旨的问题，也是事关新农村建设的成败问题。党的十七大指出："必须坚持以人为本。全心全意为人民服务是党的根本宗旨，党的一切奋斗和工作都是为了造福人民。要始终把实现好、维护好、发展好最广大人民的根本利益作为党和国家一切工作的出发点和落脚点，尊重人民主体地位，发挥人民首创精神，保障人民各项权益，走共同富裕道路，促进人的全面发展，做到发展为了人民、发展依靠人民、发展成果由人民共享。"这就给新农村建设提供了基本的价值判断标准。根据科学发展观的内涵，新农村建设一切工作得失成败的价值判断或者说检验标准，就是能否坚持发展为了广大农民，发展依靠广大农民，发展成果惠及广大农民；就是广大农民满意不满意、拥护不拥护、赞成不赞成。只有始终坚持这个标准，新农村建设才有不竭的动力。

（3）科学发展观为社会主义新农村建设明确了基本要求

科学发展观的基本要求是全面协调可持续，具体来说就是"要按照中国特色社会主义事业总体布局，全面推进经济建设、政治建设、文化建设、社会建设，促进现代化建设各个环节、各个方面相协调，促进生产关系与生产力、上层建筑与经济基础相协调。坚持生产发展、生活富裕、生态良好的文明发展道路，建设资源节约型、环境友好型社会，实现速度和结构质量效益相统一、经济发展与人口资源环境相协调，使人民在良好生态环境中生产生活，实现经济社会永续发展"。根据科学发展观的基本要求，新农村建设既要按照生产发展、生活富裕、乡风文明、村容整洁、管理民主的总要求，全面推进农村经济建设、政治建设、文化建设和社会建设，又要注重节约资源、保护生态；既要注意统筹安排，又要主次有别，轻重分明，缓急有序，保证农村经济社会全面协调而永续发展。

（4）科学发展观为社会主义新农村建设提供了科学的方法论指导

只有科学的方法论指导，新农村建设才能实现其正确的目标。科学发展观的根本方法是统筹兼顾，也就是"要正确认识和妥善处理中国特色社会主义事业中的重大关系，统筹城乡发展、区域发展、经济社会发展、人与自然和谐发展、国内发展和对外开放，统筹中央和地方关系，统筹个人利益和集体利益、局部利益和整体利益、当前利益和长远利益，充分调动各方面积极性"。"既要总揽全局、统筹规划，又要抓住牵动全局的主要工作、事关群众利益的突出问题，着力推进、重点突破。"这就给新农村建设提供了科学的方法论指导。以科学发展观指导新农村建设，根本方法就是既要统筹城乡发展，正确处理好城乡关系、工农关系，真正建立以工促农、以城带乡长效机制，形成城乡经济社会发展一体化新格局，又要总揽新农村建设的全局，避免片面发展，还要善于在纷繁复杂的矛盾中抓住主要矛盾，在千头万绪的工作中抓好主要工作，在错综复杂的问题中破解突出难题，解决关键问题。

二、新农村建设科学发展观的基本原则

社会主义新农村建设的实质就是要实现农村的发展，实现农民的根本利益。根据科学发展观的要求，在实践中，新农村建设必须坚持以下四个基本原则。

1. 必须坚持以发展农林生产

促进农林现代化为根本任务。新农村建设必须坚持以发展农林生产，促进农林现代化为根本任务，这是我国社会主义初级阶段的基本国情所决定的。进入新世纪新阶段，我国"经济实力显著增强，同时生产力水平总体上还不高……；人民生活总体上达到小康水平，同时收入分配差距拉大趋势还未根本扭转，城乡贫困人口和低收入人口还有相当数量，统筹兼顾各方面利益难度加大；协调发展取得显著成绩，同时农林基础薄弱、农村发展滞后的局面尚未改变，缩小城乡差距、区域发展差距和促进经济社会协调发展任务艰巨"。在这种基本国情下建设新农村，过于依赖国家投入和城市支持都是不现实的，因此，发展农林生产就成为新农村建设的中心环节。十六届五中全会提出建设社会主义新农村的重大历史任务以来，党中央十分重视农林生产的发展。《中共中央国务院关于推进社会主义新农村建设的若干意见》中提出："推进新农村建设是一项长期而繁重的历史任务，必须坚持以发展农村经济为中心，进一步解放和发展农村生产力，促进粮食稳定发展、农民持续增收。"党的十七大也明确提出："要坚持把发展现代农林、繁荣农村经济作为首要任务，加强农村基础设施建设，健全农村市场和农林服务体系。加大支农惠农政策力度，严格保护耕地，增加农林投入，促进农林科技进步，增强农林综合生产能力。"因此，社会主义新农村建设必须始终以发展生产，促进农林现代化为根本任务。

2. 必须坚持以尊重农民主体地位，提高农民素质为核心

科学发展观的核心是以人为本。以科学发展观指导新农村建设，必须坚持以人为本。强调以人为本，一是要求新农村建设的一切工作从广大农民的愿望和实际出发，切实把广大农民作为新农村建设的主体，尊重农民、依靠农民、激发农民的创业激情和首创精神，切实做到相信农民群众，依靠农民群众；二是要把增加农民收入作为一项战略任务来抓，建立农民增收的长效机制，保障农民生活富裕，切实做到发展为了农民，发展成果由农民共享；三是要让广大农民当家作主，充分行使自己的民主权利，依法办理自己的事情，实行自我管理、自我教育、自我服务、自我监督。在实践中，政府要积极引导扶持，而不能包办代替，要民主商议，而不能强迫命令；四是要采取一切有效措施，发展农村教育，千方百计提高农民素质，实现农民的全面发展，提高广大农民行使主体权力，履行主体义务的主观能动性，为新农村建设提供高素质的人力资源和源源不断的动力源泉。总之，以人为本，就要从维护广大农民的根本利益上来谋发展、促发展，不断满足广大农民日益增长的物质文化生活的需要，切实保障农民群众不断获得经济、政治、文化和社会权益。

3. 必须坚持以农村的全面协调和永续发展为基本要求

（1）必须坚持农村的全面进步

农村的全面发展，首先要实现农村经济的发展，改变农村落后的经济面貌。我国农村地区经济发展普遍滞后，只有经济发展了，农民的生活不断改善，才能谈得上农民和农村的全面发展。正如恩格斯所指出的那样："人们首先必需吃、喝、住、穿，然后才能从事政治、科学、艺术、宗教等等。"其次要实现在民主法治、精神文明和社会管理等方面有明显的进步。推进新农村建设既需要雄厚的物质基础，也需要可靠的政治保障、稳定的社会环境、正确的思想意识、良好的文化条件等。因此，在大力发展农村经济的同时，必须加强农村民主政治建设，特别是要加强农村基层组织建设，切实维护农民的民主权利，加强农村精神文明建设，倡导健康、文明、和谐新风尚，推动建立覆盖整个农村的公共文化服务体系，保证广大农民共享文化发展的成果，还要促进农村社会事业发展，在教育、医疗、养老、保险等方面为农民提供优质服务。

（2）必须坚持农村的协调发展

根据科学发展观的要求，在全面推进农村经济建设、政治建设、文化建设、社会建设和党的建设的同时，还要促进新农村建设的各个环节、各个方面相协调，促进生产关系与生产力、上层建筑与经济基础相协调。在推进新农村建设实践中重点是协调好以下几对关系：首先，要协调好农林发展、农村发展和农民发展的关系。农林发展是农村和农民发展的物质基础，农村和农民发展是农林发展的出发点和落脚点，又为农林发展提供环境条件、思想保证和动力源泉。因此，在发展农林的同时，也要着力建设农村和教育农民，使农林、农村、农民协调发展。其次，要协调好新农村建设与和谐社会构建的关系。在新农村建设过程中，要努力营造和谐社会的氛围，大力促进农村社会的和谐稳定。再次，要协调好新农村建设和资源节约、环境保护的关系。在实践中，不管发展经济，还是建设农民新村，或是发展农村文化，都要科学规划，合理利用各种资源，并确保环境得到有效保护。最后，要协调好农民与政府、社会的关系。农民是新农村建设的主体。政府在新农村建设中则应起到主导的作用，主要体现在宣传发动、政策扶持、规划制定和投入支持上。社会参与新农村建设则主要体现在引导社会力量回报农村，整合社会资源，形成社会各方共同建设新农村的氛围。总之，要形成"政府主导、农民主体、社会参与"的协调工作机制。

（3）必须坚持农村的永续发展

社会主义新农村建设是一项长期而繁重的历史任务，也是一项事关子孙后代的事业。我国耕地、林地、牧草地等土地资源相对短缺，而长期以来，这些资源多被粗放利用，甚至造成耕地、林地日益减少，牧草地沙漠化严重，农村还面临污染、生态环境恶化等问题。在新农村建设过程中，要进一步树立节约资源、保护环境的意识。以节地、节水、节肥、节药、节种和节能为突破口，大力加强节约型农林建设。要让农村地区有新鲜的空气、洁净的水、整洁的村道，最终走上一条生产发展、生活富裕、生态良好的文明发展道路，保证农村经济社会永续发展。

（4）必须坚持以统筹兼顾为根本方法

统筹兼顾是科学发展观的根本方法。以科学发展观指导社会主义新农村建设，就是要按照统筹兼顾的发展思想，处理好农村经济社会发展中的重大关系，解决好新农村建设过程中的一些主要矛盾，破解阻碍农村发展的难题。当前，城乡二元结构问题；农村经济发展与社会发展不协调问题；经济建设和人口增长与资源利用、生态环境保护不协调问题；农民个人利益与集体利益、局部利益与整体利益、当前利益与长远利益的冲突问题是新农村建设的突出问题。因此，重点要做好以下几个方面的统筹。

①统筹城乡发展

长期以来，我国农村发展整体滞后于城市发展，目前农村发展和城乡发展与整个社会的发展仍有较大反差，物质、精神、社会等多个层面都存在较大的差距。这种城乡差距犹如木桶上的一块短板，已成为影响和制约国民经济发展的重要因素，也是全面建设小康社会的最薄弱环节。农林经济不发达、农村基础设施不完善、文化层次低、社会保障体系落后、农民增收缓慢等"三农"问题较为突出。单靠农林、农村和农民，我国难以完成社会主义新农村建设的艰巨历史任务。因此，社会主义新农村建设的根本方法首先是统筹城乡发展，切实建立以工促农、以城带乡长效机制，形成城乡经济社会发展一体化新格局。

②统筹农村经济社会发展

就是在以经济建设为中心，大力推进农村经济发展的同时，加快农林科技、农民教育、农村文化、卫生、体育、社会保障、社会管理等社会事业的发展，既不断满足农民不断增长的物质生活需要，也不断满足农民不断增长的文化生活需要，满足农民健康安全的需要，提高作为新农村建设主体的广大农民的综合素质，真正使农民生活富裕，农村乡风文明，管理民主，也为农村的永续发展提供精神动力和智力支持。

③统筹人与自然和谐发展

就是在新农村建设过程中，要高度重视资源利用和生态保护问题，做到科学规划，切实保护自然资源，保持生态平衡。

④统筹农民个人利益与集体利益、局部利益与整体利益、当前利益与长远利益

就是在新农村建设过程中，坚持从广大农民的整体利益、长远利益和根本利

益出发，教育农民做到个人利益服从集体利益、局部利益服从整体利益、当前利益服从长远利益，切实维护好绝大多数农民群众的根本利益。同时，又要在发展整体利益的过程中，允许并鼓励农民通过诚实劳动、合法经营获得维持个人生活和生产需要的正当的物质文化利益，解决好农民最关心、最直接、最现实的利益问题。社会主义新农村建设，对农民是一种福祉，对农村是一场变革，对农林是一次发展机遇。要完成这一历史任务，就要以科学发展观为指导，全面贯彻落实科学发展观，促进城乡经济社会全面协调可持续发展。

三、以科学发展观指导社会主义新农村建设的有效途径

党的十七届五中全会通过的《中共中央关于制定国民经济和社会发展第十二个五年规划的建议》，对农村改革发展作出了一系列新的战略部署，这对指导当前和今后一个时期我国的"三农"工作、加快社会主义新农村建设具有极其重要的指导意义。

1. 更加注重以人为本，主要是充分发挥农民群众的主体作用，实现和发展好农民利益

以人为本是科学发展观的核心，人民群众是创造历史的主人，也是新农村建设的主体。充分发挥广大农民群众在新农村建设中的主体作用，是贯彻唯物史观和党的群众路线的体现，也是我国改革开放和现代化建设的经验总结。能否做到这一点，在很大程度上决定着新农村建设的成败。农民群众中蕴藏着无穷的聪明智慧和巨大的创造力。推进新农村建设，必须坚持以人为本，充分发挥农民群众的主体作用。

（1）农民是建设新农村的实践主体，是推动这一事业的主要力量

在新农村建设中，充分发挥广大农民群众的主体作用，就是要深入调查研究，善于发现和总结推广农民群众在实践中创造的好经验、好做法，充分尊重广大农民群众的首创精神；就是要正确处理政府主导作用和农民主体作用的关系，各级党委和政府应把主要精力放在引导、支持和服务农民群众上；就是要在加大资金投入和政策扶持力度的同时，更加注重激发农村内在发展动力，增强农村自我"造血"功能，教育、引导和帮助农民群众更新观念，成为适应时代要求，有文化、懂技术、会经营的现代新型农民。

（2）农民是建设新农村的利益主体，是这项事业的直接受益者

首先，必须正确处理政府意志与农民意愿的关系。在新农村建设中，政府的意志应当符合农民群众的意愿，政府的政绩应当体现在农民群众获得多少利益上，使新农村建设真正成为农民群众拥护的"民心工程"。这就要求，必须深入农村、深入农户，准确掌握农民群众最企盼什么、最需要什么，站在农民群众的角度来谋划、组织和操作新农村建设。其次，当前最紧要、最艰巨的事情是千方百计促进农民增加收入。这是"三农"问题的"核心问题"，也是新农村建设的"核心工程"。增加农民收入，必须从多方面采取措施。一是要加强农林综合生产能力建设，充分发挥农林多种功能，广泛利用农林资源，不断挖掘农林和农村内部的增收潜力。二是要从非农领域和城镇为农民就业增收提供条件，帮助农民向二、三产业和城镇转移。对于从事二、三产业和进城的农民工，要让他们享受公有制单位职工的劳动待遇，不应在劳动待遇方面歧视农民工。三是要加强农民培训工作，把传统型农民培养为市场经济条件下有文化、懂技术、会经营的现代新型农民，实现"农夫"向"农商"的转变，提高农民创业致富的能力。

2. 更加注重全面协调可持续发展，主要是全面推进农村经济、政治、文化、社会和生态建设协调发展

（1）加快农村经济发展，首要的任务就是加快发展现代农林

一是要立足于农户家庭承包经营体制推进现代农林建设，在坚持家庭承包经营制度的基础上，按照市场机制而不是行政措施发展适度规模经营，推动传统家庭农林向市场化、规范化农林转变。二是要以产业化经营方式推进现代农林建设。通过市场引导和政策扶持，调整农林生产结构，培育壮大农林龙头企业，发展农林合作经济组织，使农林生产、加工、销售各个环节有机联结起来，实现农林产业化经营。这是市场经济条件下，传统农林向现代农林转变的最有效的途径。三是要以农林科技创新推进现代农林建设。科技创新是推动农林增长、提高农林效益、增强农林市场竞争力的根本措施。

（2）加强农村民主政治建设，主要任务就是要不断完善在党的领导下的村民自治制度

改革开放以来，以实施村民自治为主要标志的农村基层民主政治建设有了较大的进展，农民的民主权利与过去相比有了较大增多。但是，总体上看农村民主政治建设的体制和机制还有待进一步完善。在社会主义新农村建设中，应当重视农村民主政治建设，把健全村民民主选举、民主决策、民主管理、民主监督制度

作为农村基层政治建设的重点，科学处理好农村党支部与村委会的关系，科学处理好村民自治建设与乡镇政府改革的关系，切实维护和发展农民群众的民主政治权益。

（3）发展农村文化，促进乡风文明，是新农村建设的又一项重要任务

当前，农村文化存在着三个问题：一是文化设施和文化发展体系薄弱；二是农民文化生活单调、贫乏；三是赌博之风在一些地方盛行，不健康、不文明的思想滋扰着农民的头脑。加强农村文化建设，必须重视和解决好这些问题。要不断加大农村文化设施建设的投入力度，建立健全农村文化发展的支撑体系。既要让城镇文化、外地优秀文化通过广播电视等多种途径进入农村，也要重视挖掘农村自身文化资源，发展农村地域优秀传统文化。既要用先进文化教化农民、培养新型农民，又要不断丰富农民文化生活，使农民群众能够获得享受文化的幸福。

（4）加大农村社会事业建设和生态环境建设，是提高农民群众生活质量的重要工作

当前，应突出四个方面的重点：一是要继续调整农村学校布局，改善农村办学条件，巩固农村义务教育。二是要健全农村医疗卫生服务体系，切实解决农民看病难的问题。三是要建立健全新时期农村社会保障制度，加快城乡居民社会保障一体化进程。四是要从整治村容村貌入手，引导和扶持农民改厕、改水、改圈，搞好垃圾处理，开发清洁能源，防治环境污染，加强生态建设，改变一些地方农村脏、乱、差的落后面貌。

3. 更加注重统筹兼顾，主要是构筑新型城乡关系

统筹兼顾，是贯彻落实科学发展观的基本要求，也是推进社会主义新农村建设必须坚持的基本方略。建设社会主义新农村，从实质上来说，就是要改变城乡经济社会相互分割的二元结构，建立城乡统筹发展的新型关系，构筑城乡一体化格局。当前，我国工业化、城市化已经进入了一个新的发展阶段，基本上具备了工业反哺农林、城市支持农村的能力。适应这种形势变化，我们必须突破农村的事情由农民办的传统观念，改变公共资源主要投向城市的做法，加快调整公共财政分配格局，特别是调整国家建设资金投向和结构，不断增加公共资源对农村建设和发展的支持。必须注重发挥城市对新农村建设的带动作用，加大城市公共基础设施向农村的延伸，加大城市资金等生产要素向农村的投入，加大城市经济向农村的辐射，加大城市文化向农村的渗透，形成城乡联运发展、共同繁荣的局面。

4. 更加注重保障和改善民生，促进社会公平正义，突出的是要为农民群众提供更加宽松有利的社会条件

民生问题关系到社会稳定与政权兴亡。在社会主义新农村建设的进程中，需要更加注重保障和改善民生，促进社会公平正义，突出的是要为农民群众提供更加宽松有利的社会条件。一是政策条件——要加快消除对农民的政策性、制度性歧视问题，认真贯彻落实好工业反哺农林、城市支持农村和"多予少取放活"的方针政策。在免除农林税后，进一步巩固减轻农民负担的成果，防止在新农村建设中加重农民负担。要切实增加农村投入，做到财政支农资金增量逐年有所增加，国债和预算内资金用于农村建设的比重逐年有所提高，直接用于改善农村生产生活条件的资金逐年有所增多。同时，通过创新政策来激活农村内部资源的潜能。二是基础设施条件——这既是农民利益的重要组成部分，同时也是在农村中实现和发展农民利益的重要前提条件。当前，农民群众对这方面的建设有着比较强烈的愿望。要继续加强农村水利、电力、道路、通讯等公共基础设施建设，不断完善农村社会化服务体系，改善农民群众的生产、生活环境。三是利益诉求条件——要为农民利益诉求提供正常的、通畅的渠道。在新农村建设中，对农民群众的所想所诉、所需所求，应当充分尊重，并积极创造条件帮助解决；要防止农民利益流失与损害，切实维护农民正当的、合法的权益，促进社会的公平正义。

四、建立落实科学发展观的保障机制

科学发展观贵在实践，重在落实。推进社会主义新农村建设，必须建立落实科学发展观的保障机制。

1. 建立财政保障机制

建设社会主义新农村，必须发挥政府的主导作用，从财力物质上给予保障。中央和地方政府财政要安排专项资金，投入农村的交通、通信、农田水利、农村能源等基础设施建设，以及发展农村医疗卫生、教育、文化等社会事业。用于新农村建设的资金要列入预算，并每年要有所增加。国家开发银行、县域内的农林银行、农村信用社、农林发展银行、农村邮政储蓄等要支持地方农林和农村经济发展，支持农村基础设施建设和农林资源的开发。

2. 建立体制保障机制

要深化农村体制改革，从体制机制上保障科学发展观落实在社会主义新农村

建设实践中。要推进乡镇机构改革。切实转变乡镇政府职能，整合乡镇站所，精简机构和人员，切实解决乡镇政府机构和人员臃肿的问题，切实加强乡镇政府社会管理和公共服务的职能。深化农村医疗卫生、农村义务教育、农村文化体制改革，中央和省级政府要更多地承担起农村社会事业发展的责任。要启动"省直管县"的行政体制改革，减少行政层次，提高行政效能。

3. 建立政治保障机制

要加强农村基层党组织建设。要配强配齐村级党政领导班子，特别是选准党支部书记；要选派大学毕业生在村级领导班子中任职。要优化乡村领导班子结构，加强政治理论、管理理论培训，提高乡村领导班子领导社会主义新农村建设和落实科学发展观的能力。要加强农村团组织、妇女组织、民兵组织建设，充分发挥群团组织在新农村建设中的作用。要加强农村党员队伍建设。要改善农村党员队伍年龄结构、知识结构，注重从优秀的回乡知识青年中培养发展党员。要建立和完善科学的考核考评评价机制。考核县、乡一级党委政府的政绩，不能仅仅看税收、财政以及农民人均纯收入的增长，要建立包括经济发展、环境治理、社会治安稳定、良好道德风尚、教育文化卫生体育和社会保障事业的进步在内的综合考评考核体系。提拔重用干部要重落实科学发展观的政绩，防止在社会主义新农村建设中出现片面现象和偏差。

第四节　社会主义新农村建设的人才需求分析

一、我国农民文化科技素质及农林科技人才现状

我国是一个农林大国，13亿人口，9亿人口在农村，有4亿多农村劳动力。"三农"是党和国家始终十分关注的重大问题，是工作的重点和难点。农林的现代化和农村的小康建设，关键是要着力解决农民问题。而解决农民问题的关键又是农民自身文化科技素质的提升。

1. 农民文化科技素质现状分析

（1）当前农村人才存量现状

农村人才存量现状不佳，主要表现为作为农村人口主体的农民整体素质偏低，

文化素质稍高的青壮年劳动力绝大部分流入城市；作为农村直接管理者的乡镇干部、村干部整体素质偏低和老化严重；作为农村教育基地的乡镇学校师资力量薄弱，农村基础教育、农林教育落后，无力适应新农村建设人才培养和供给的要求。由此导致的后果是：农村人才匮乏、人口素质低下与农村的贫穷落后互为因果，形成恶性循环。

①从农民自身素质来看

仅从数量来看，当前农村劳动力严重过剩。但从素质来看，高素质的农村劳动力却相当有限。整体上，农民小农意识严重，文化程度偏低，就业技能缺乏，法制意识淡薄，协作能力低下，马克思甚至形象地将这种农民比喻为散乱的"马铃薯"。据有关数据表明，在我国4.8亿农村劳动力中，高中及高中以上文化程度的只占13%，初中占49%，小学及小学以下的占38%。也就是说，近90%的农村劳动力文化素质低下，不能满足当前农村社会经济发展的需要。况且随着农村劳动力的转移，很多有文化、有技能的青壮年农民大量流向城市和沿海发达地区，农村留守劳动力总体素质进一步恶化，整个农村呈现出"空巢化"、"老龄化"的趋势。农村人口整体素质偏低，农村人才流失严重，已极大地制约了农村的社会经济健康发展。

②从乡镇干部、村干部素质来看

目前乡镇政府、村支两委普遍机构臃肿，人浮于事，行政效率低下。在数字出政绩的利益驱动下，盲目热衷于GDP的增长，拙于社会管理和公共服务。乡镇干部、村干部整体素质偏低、近亲繁殖严重、年龄结构老化、观念陈腐落后，工作思路狭隘、工作方法陈旧，缺乏相应的科学文化知识，无力适应当前农村生产关系的急剧转变。因此，乡镇政府职能转换困难，部分乡镇的行政管理模式还处于"人治"阶段，工作人员工作方法简单粗暴，导致干群关系紧张，群体性事件逐渐增多，严重影响社会稳定和经济发展。

③从农村教育现状来看

农村教育现状不容乐观。具体表现为：一是农村义务教育经费严重不足，教师工资拖欠严重，农民教育负担重，农村义务教育的费用主要由农民自身负担。据有关数据表明，在农村教育全部投入中，乡镇一级的负担高达78%左右，县财政负担约9%，省地负担约11%，中央财政只负担了2%。二是农村教育师资力量薄弱，学历水平偏低，知识结构陈腐，年龄结构、职称结构不合理，人员流失严重。三是农村地区青少年儿童辍学、失学严重，部分地区还出现高中生放弃高考，蒙求就业的自我弱质化倾向。四是农村成人教育与农林教育培训机制不健全，师资力量薄弱、资金缺乏，招生困难，培训内容缺乏系统性、针对性和实效性，脱离城乡经济发展和劳动力转移需要的实际，难以适应市场的需要。五是农村缺少获取和交流知识的途径和工具，农村中小学除了一些发达地区外，基本上没有网络的硬件设施，农村基础设施建设落后影响了知识和信息的传播，造成后备农民知识的相对贫困，进一步扩大了城乡之间的"知识鸿沟"。

（2）当前农村人才流失原因分析

一方面，我国长期的城乡二元结构壁垒使得农村的社会经济发展越来越边缘化，城乡差距进一步扩大。同时，当前资本化、集约化、科技化的市场经济大潮迅猛地排斥落后、分散、效率低下的小农经济。农林生产比较效益低下，农民收入增长缓慢，农村社会保障体制不健全，严重地挫伤了农民的生产积极性，使得青壮年劳动力逐渐厌倦并放弃了农林生产。农村青壮年劳动力大部分选择外出务工以获取相对较高的报酬，农村籍大学生毕业后也不愿回乡参与建设，而留在城市发展。这就使得人才本来就匮乏的农村成为人才流失的输出地，优质的人力资源从农村向城市单向流动。另一方面，每年从城市进入农村工作的人员很少。很多农村基层政府、农村中小学多年没有进人，人员年龄老化，人才青黄不接现象十分严重。由于农村待遇低下，工作任务繁重，无论是已有的乡镇干部、农村教师，还是每年新分配到乡镇机关、农村学校的工作人员，大都无法安心工作，无心提高自身业务素质，大量向城市流失，使得城市人才向农村流动的补偿机制无法有效建立。

2. 我国农村农林科技人才队伍建设——以湖南省为例

粮食的稳定关系到整个社会的稳定，农林是根本，农林、农村和农民问题关系改革开放和现代化建设全局。近年来，随着全球气温的升高，各种异常天气频繁出现，全球人口达60多亿，今年全球由于农产品短缺，导致农产品价格大幅上升，不仅增加普通民众的生活成本，还可能引发局部或全球性粮食危机，导致部分地区政治动荡。而我国地少人多，今年交替出现旱灾与水灾，时刻危险着的农林生产的发展，农林问题再次成为制约经济发展的新瓶颈，如何稳定农林生产成为了全社会关注的急待解决的重要的课题。

湖南省有人口4700多万，其中农林人口达近4000万，是一个典型农林大省，农林稳定是全省经济长期稳定发展的基础和社会安定的基本保证。在当前人口不断增长、耕地面积逐年减少、城镇化业不断提高，人民生活质量日益提高的情况下，湖南要解决"三农"问题，要保持农林经济的持续、稳定、协调发展，必须依靠科技，而农林科技人才是最有活力的农林科技载体，是农林科技进步最根本的依靠力量。因此科技兴农的关键在人才，必须注重农林科技人才队伍的建设，加强农林科技人才的培养，开发他们的潜能，发挥他们的作用，把解决"三农"问题逐步转移到依靠科技进步和提高劳动者素质的轨道上来。

1. 湖南省科技人才队伍存在的问题

（1）人才总量不足，结构不合理

据抽样调查统计，湖南省现有农林科技人才 36.7 万人，占全省人才总量的 12.9%，每万农村劳动力人口中有仅有农林科技人才 97 人，并且 90% 以上是中专以下学历。这与推进农林产业化、建设社会主义新农村的要求还很不适应。农林科技人才结构分布不合理。农林科技人才的年龄相对较大，组织构成缺乏青年人才，在年龄构成上，没有很好的把握老中青三个群体的有效结合，缺乏组织活力；传统学科的人才多，新型学科的人才少；普通人才多，高层人才少。这主要是由于没有及时引进新的农林科技人才和人才缺乏造成的。农林科技人才发展总体上与湖南省农林快速发展不完全适应，人才分布不平衡，高层次人才队伍发展缓慢，高层次人才总量不足。

（2）工作环境不理想，农林科技人才队伍难以稳定

在农村工作，相对于城市而言，工作环境不理想，生活环境不方便，个人发展空间相对较窄，工作条件较艰苦，导致许多农林科技人才不稳定，主要表现在：一是"厌农"思想严重。许多的农林科技人员对自己的工作不太满意或很不满意，有 63.2% 的人表示如果有机会将改行从事非农职业。相当一部分农林科技人员已经停薪留职或下海经商，即使留守在农林科技阵线的也是以"经营为主、指导为辅"，其工作重心是赚钱养活自己，几乎无暇也无力顾及农林科技研究与推广。

（3）经费不足，农林科技人才流失严重

一方面，我国的农林技术推广投资处于非常低的水平，许多乡（镇）农技站人员工资较低，据调查，现在湖南农林科技人才大部分的工资在 1200-2000，而现在外出打工的普通劳动者一般工资都在 2000 以上，有相当部分农林科技人员的待遇还比不上在外打工的普通员工，这样导致许多农技推广人员不再安心本职

工作，纷纷另谋出路。另一方面，随着农村经济的发展和农林产业结构的调整，农民对农林技术的需求更加高，经费的严重不足，对农林科技人员的培训基本处于很低的层次状态，致使农林技术人员素质难以适应新形势发展的需要，阻碍了现在在岗农林科技人员素质的提高，更阻碍了新技术的研究开发与扩散推广。

（4）农林科技人才培养的错位，学农不务农

农林科技人才培养的错位，具体表现在3个方面，一是农林院校毕业生流往现象突出；二是乡镇管理的农林科技人员"跳槽'现象普遍；三是地方培养的大量初、高中毕业生和涉农专业的大中专毕业生，也纷纷外出打工，从而加剧了农林科技人才的流失。其主要原因：一是所学知识与实践脱节。二是教学滞后于生产。三是缺乏应有的生存与发展空间。

（5）由于人才管理体制不顺，一定程度上致使人才管理机制不够灵活

影响农林科技人才的培育和交流。国家从严控制人员编制，真正需要的农林科技人才，受编制的影响很难调入，而没有技术的人又无法交流出去，人才资源没有盘活农村乡镇农技站人、财、物"三权"下放后，地方财政在科技人才方面的投入显得不够，上级业务部门只管业务、技术，属于指导关系，由于指挥不灵，造成了重经营、轻推广，技术推广人员流失和非专业人员涌入现象，再加上农林科技人才队伍编制不足，高校毕业生也无法安排。同时，由于管理断层，给工作和人才队伍建设也带来不利的影响，如科研院所的人事、资产、项目诸多工作都由主管厅局管理，而事业费归科技厅管理，出现多头管理的局面。此外，村级专职农民技术员的配备和管理处于无序状态，市级农林部门管不了，乡镇一级未摆上位子，村级落实报酬难。体制和管理不顺。

二、我国高等农林院校农科专业招生与毕业生就业现状

农林院校农科专业的招生、就业形势严峻。我国是农林大国，但农林工作者的社会地位一直很低，长期得不到较高的社会认同。城乡"二元经济结构"矛盾突出，城乡差距不是在缩小而是在拉大，农林的比较劳动生产率明显偏低，农林自身具有难以克服的弱质性，我国农民过去和现在生活状况最为艰苦，种种因素使莘莘学子的非农偏好、"脱农"为荣的观念根深蒂固。城市考生现在不愿读农，将来更不愿到基层务农。农村学生除非因经济（许多省农科专业学费折半收费）和成绩等原因万不得已，否则不会报考农科专业。据国家统计局和中国经济景气

监测中心调查，在对技术类教育选择中，城市居民倾向于高等农林院校的只有农村居民把高等农林院校作为子女求学首选学校的不 13%，重点高中成绩优异的学生将高等农林院校作为首选的不到 1%。在录取中，农林院校一般在最低分数线附近徘徊。我校的植保、园艺、草学、农学等农科专业已连续两年没能完成招生计划，农学专业 2003 级录取新生不报到率高达 14.3%，有的农林大学甚至是第一批录取院校，其农科专业也要降分录取才能顺利完成招生任务。

农科专业不仅招生难，农科专业毕业生一次就业率也远低于非农专业，近几年只在 60%-30% 之间，且呈逐年下降趋势。农科毕业生在农林及其相关企、事业单位就业的比例更低，如我校农学专业 2003 届毕业生在农林及其相关企、事业单位从事农林行政管理、技术推广、管理工作的仅占毕业生的 7.8~o，这与该专业人才培养目标的初衷极不相符。许多来自农村的毕业生，宁可在广州、深圳打工也不愿到基层从事农林工作，甚至连山区县镇政府的公务员工作也不愿干。

三、高等农林教育应向"三农"开"直通车"

基于上述现状，高等农林教育应向"三农"开出"直通车"。主要的举措是：

1. 改革招生制度，直接培养学农、爱农、务农的农民大学生

要实现这一目标，一是要对农林高校农科专业招生制度实行政策倾斜，允许农林高校自主招生、自主考试录取，大量招收具有高中文化和一定农林生产经验、立志务农的农村优秀青年，培养农民身份的大学生。学生从哪里来，毕业后就回到哪里去，为农村优秀青年继续深造创造条件，打通农村有志青年通向高等农林教育的通道，为每一乡、村基层培养几名留得住的农林高等人才。二是对这些农民大学生以及报考农科专业且毕业后愿意到农村基层工作的大学生，实行免费(含学费和生活费)或低收费培养方式。这样做既能解决农民子弟读大学难的问题，还可能吸弓I部分优秀学生读农务农。需要强调的是，培养农民大学生所需经费必须由国家和省级财政出大头、县级财政出小头来解决。

2. 构建面向农村基层的学科与专业，培养实用型、技术型人才

首先，农民大学生面向农村基层应根据区域农林发展需要，开设通往"三农"的学科与专业来培养实用型、技术型农民大学生。比如，广东省农林呈现新的发展趋势：由单一的种植业变成了农、林、牧、副、渔等多业并举，种(植)、养(殖)、加(工)、贸(易)一体化的大农林格局，并向产业化、规模化、国际化推进：农

村产业结构正由单纯的农产品生产向产前、产中、产后延伸，一、二、三产业相结合，农、工、贸一体化。显然，培养大田作物栽培专门人才的传统农学专业已不能适应农村基层的需要，只有其改造、整合、提升为"现代大农学专业"，培养"种、养、加工相结合，农、工、商、管一体化"的复合型、实用型、技术型大农林"通才"，才能满足现代"三农"的需要。另外，与之相适应，对农民大学生的培养，要体现农林教育特色，按"能力中心"教学模型组织教学：不单纯追求学科的系统性和完整性，而是强调综合性、实用性，即筛选出学科中与能力直接有关、且使用频率较高的专业知识，配合实践性教育环节，形成一个以综合能力培养为主的教育体系。基础理论和专业理论教学以应用为目的，以必需够用为度，以掌握概念、强化应用为教学重点；专业课教学内容要加强针对性、强调实用性或技艺性；能力培养要贯穿教学全过程，要加强实践教学环节，增加实训与生产实践，以使学生得到比较系统、扎实的职业能力技能训练。

3. 根据区域农林发展的实际问题，开展应用研究和开发研究

高等农林院校科研人员和教师应到生产第一线去寻找课题，根据区域性气候、土壤、资源特点和社会、经济环境，因地制宜、因时制宜地确定主攻方向，根据农林、农村、农民的实际需要开展应用研究和开发研究，推出能直接为农村所用的科研成果，满足农林生产和农村建设对有关应用技术的需要，为"三农"解决实际问题。

4. 开展农林农林教育和成人教育，提高农民文化科技素质

要提高广大农民群众的文化科技素质，一是要大力发展农林职业技术教育和成人教育。众所周知，高等农林院校的主干学科和主要学科是农科，而"三农"需要的人才、技术、科研成果以及社会服务主要还是农科的，这种供需对口的对应关系是我国高等农林教育的特色所决定的，是我国高等农林教育长期发展过程中形成的。政府应充分利用和发挥高等农林院校的优势资源，将高等农林院校同时定位为农林农林教育和成人教育的基地，依托高等农林院校大力开展农林农林教育和成人教育，为农村基层加快培养高级、中级、初级的农林职业技术人才。比如说，由政府制订规划、国家财政出资、高等农林院校承办，结合当前农林发展和生产实际，实施"一村一人青年农民农林科技培训工程"和"农林专业户农林科技培训工程"，培训期从数月至一年不等，以快速、有效地提升农民文化科技素质，同时帮助农民解决实际问题。二是要大力开展农林科技下乡活动。高等农林院校的专家、技术人员要定期深入农村基层，结合当前实际，通过举办各种生产技术、经营管理知识讲座，进行种植、养殖、加工、经营管理的技术指导，开展技术咨询、印发农民所需的各种实用技术资料等等，现场帮助农民解决生产、经营管理实际问题和提升农民的文化科技素质。对此，政府亦应给予财政上的支持，以使该项工作得以顺利、有效地开展。

四、广西新农村建设的新型人才需求实例分析

建设社会主义新农村，农民是主体，人才是关键。只有把大多数的农民培养成为思想新、懂技术的新农民，把一批新农民培养成为新农村建设各领域的职业技术型人才，社会主义新农村建设的宏伟蓝图才有可能绘就。

1. 社会主义新农村新型人才建设形势严峻

随着国家对新农村人才建设力度的不断加大，新农村人才建设工作必将得到加快推进。但是，从新农村建设的人才总体需求来看，目前的培训工作是远远不够的。首先，新农村建设是一个涵盖农林、资源、环境、人口、教育等多学科的庞大系统工程，随着新农村建设的加快推进，对人才的需求必将日益增大，要满足新农村建设日益庞大的人才需求，单靠一个部门的推动是难以完成这个巨大任务的。其次，虽然我国每年都有相当数量的大学生走向就业市场，但"人往高处走，水往低处流"的传统意识导致了大部分的人才都在城市聚集，真正到农村创业的人才很少，新农村建设人才瓶颈问题就显得更加突出。第三，从广西的实际情况来看，据广西人事厅发布的《2007年人才开发目录》显示，在所有行业中，目前广西县域经济和新农村建设人才缺口最大。这些情况表明，目前社会主义新农村人才建设形势严峻，加快新农村人才建设刻不容缓。

2. 广西新农村建设主要需求七种新型人才

广西是沿边、沿海的少数民族地区，区内各地社会主义新农村建设各有特点，人才需求各不相同。特别是随着中国-东盟博览会会址永久落地南宁以及泛北部湾经济区的确立，奠定了广西作为中国与东盟在政治、经济、商贸、商业、文化等方面多领域合作的桥头堡的地位。这就意味着，今后广西与东盟各国在农林的综合开发利用、农林技术交流、农村人才培训交流方面的合作将更加紧密，这也为广西新农村人才建设拓展了一个新的空间，提出了新的要求，对广西社会主义新农村建设将产生积极的影响。结合社会主义新农村"生产发展、生活宽裕、乡

风文明、村容整洁、管理民主"的内涵与广西农村现状，根据调查了解，目前广西新农村建设新型人才主要有以下几个方面的需求：

（1）农林科技人才

据有关资料显示，在农林科技推广方面，发达国家每10户农民就有一名农林科技推广人员，而我国的此项比率仅为1/100。目前，广西对农林科技投入不足、农林科技人才缺乏，在大部分农村地区，农民仍旧采用传统的耕作方式，农林生产率很低。要加快推进当前的新农村建设，必须加大农林科技投入，培养农林科技人才并鼓励他们服务于农林生产。重点是要培养桑蚕、蔗糖、烤烟、木薯种植、良种培育、大棚种植、无土栽培、特种养殖、网箱养殖等方面的专业技术人才，特别是具有农学、农村经济、农经管理等专业背景的农林科技人才更受到欢迎。

（2）农产品营销专业服务人才

农产品流通不畅，附加值低，一直是制约农村经济发展的一个瓶颈问题。据广西区党委政策研究室的一份调研报告显示，目前广西农产品流通呈现五个"不适应"，农产品流通问题已经成为制约广西农林和农村经济加快发展的一个主要因素。"五个不适应"是：农产品品种和质量对市场需求不适应；农产品生产规模和成本对市场竞争不适应；市场信息工作对市场开发和生产结构不适应；农产品生产和流通的组织化程度低对大市场、大流通不适应；封闭、落后的经营观念对市场开放化和竞争化不适应。报告特别提到，目前广西农林生产经营单位多达716.7万个，其中农户714.7万个，农林企业2.0万个；在其中2175.4万从业人员中，农民占了98.5%。由于如此众多的生产单位的经营行为都是由个体意志支配，使得步调难以协同，农林结构难以合理，要么生产多了，要么生产少了。此外，由如此多无序生产者的农民个体为市场提供几乎相同的各种大宗农副产品，必然加剧农产品市场的无序竞争。与此同时，近几年来，虽然各地流通队伍发展较快，数量上有了较大规模，但是多数是分散弱小的小商小贩、个体流通户、经纪人或代理人，他们在经营中大多数被动等待市场的反应，不能为农产品生产起到"领航"的作用。因此，广西必须下大力气培训一批适应新农村农产品流通需要的营销人才，确保新农村农产品营销健康稳步发展。

（3）农林产业化经营管理人才

目前，广西大部分农村地区仍然处于小农经济的状态，农村大部分是自给自足，与城市分割，发展相当缓慢。而发达国家农村发展较快，主要是农林产业化的推动。农林产业化大生产的特点是专业化、协作化，同时要求高新技术被引进到农林生产当中去，转化为现实的生产力，使农林的分工越来越精细、越来越科学、越来越专业，最终形成农林产业的专业化。实现农林产业化需要大批的专业的经营管理人才以及各生产环节的专业技术人才作支撑。当前，广西的农林产业化才刚刚起步，发展水平不高，农林龙头企业比较少，带动力不强，仍然缺乏大量的技术性人才和专业经营管理人才。实践证明，农林工业化的过程，就是农民的职业化、专业化、技术化的过程，必须大力培养一批懂经营、会管理的农林产业化人才，新农村建设才有希望。

（4）新农村项目建设规划人才

社会主义新农村建设必须建立在科学规划、分步实施、稳步推进的基础上。新农村建设的每一个领域、每一个项目所涉及的内容十分多，建设标准要求严格，必须要有科学的规划才能顺利实施。而从目前的情况来看，大多数农民素质不高，职能部门人才短缺，难以完成这个艰巨的任务。因此，必须培养一批专业的、涉及新农村建设各学科领域的专业的规划技术人才，才能确保新农村建设科学规划、顺利推进。

（5）新农村自主创业型人才

社会主义新农村建设首要任务是生产发展。实现生产发展一个重要的方面是培养大批在农村扎根的自主创新型人才。通过一大批人的创业，不断在广大农村建立更多的充满生机和活力的经济实体，通过经济实体的幅射带动，带动更多的农民致富。比如，某毕业生被推荐到正昌饲料科技有限公司工作。不久，他就当上了技术部副经理。后来她放弃了在成都的工作，回到老家綦江县东溪镇尚书村创业。把在学校学到的先进技术带回乡村，带动整个区域的发展。这说明，培养自主创业型人才，对于促进新农村建设效果是十分明显的。广西要实现新农村生产可持续发展，必须大力培养一批在农村自主创业的新型人才。

（6）农村医疗服务专业技术人才

新农村建设的一个重要内容在于改变农村落后的卫生和生活习惯，改善农村卫生条件，减少环境污染，提高农民生活质量。在这方面，医学和卫生专业人才在新农村建设中将发挥积极的促进作用，但该领域的人才也正是农村紧缺的人才。目前广西农村的一些村庄并没有专门的卫生所，只有私人诊所，只有在乡镇一级才有卫生所（院），并提供相对正规的医疗设施。近些年来，受市场经济的冲击，许多医学、卫生类院校的毕业生并不愿意在医疗条件落后的乡镇卫生所（医院）就业，而是想方设法进入到县以上的医院，或在大、中城市开设诊所。有统计数据显示，广西每千农林人口乡镇卫生院人员数呈现出先上升后下降的趋势，从 1990 年的 0.99 上升到 2000 年的 1.28，而到 2006 年则下降为 1.16，农村医疗人才正在不断地流失。随着近年广西新型农村合作医疗的深入发展，农村医疗卫生人才需求更大，必须大力促进医学、卫生类人才向农村和落后地区分流，解决农村医疗服务专业技术人才紧缺问题。

（7）农村社区教育培训专业技术人才

农村社区教育培训工作是发展中国家为促进偏远落后农村地区经济发展，所研发出的重要模式。由国际组织和各国民间组织推动和资助的农村社区学习中心经过多年的发展，已经在许多发展中国家发挥了积极而显著的作用，亚洲国家在这些方面表现尤为突出，印度、缅甸和越南等国家，都得到了联合国教科文组织"亚洲——太平洋教育服务大众项目"以及日本和挪威信托基金的资助，起到了缓解农村贫困的良好效果。农村社区教育培训的基本思路是利用农村中已有的人力和物力资源，通过制订简单而实用的教学纲要，编写针对性较强的文化和技能培训教材，利用劳动或经营能手的现身说法来感召农民进行文化和劳动技能的培训，从而提高农村的人力资源水平。并通过这种途径，使农民进一步提高劳动生产率，改变传统耕作模式，增强市场及经营能力，从而达到提高收入的最终目的。以甘肃省建设农村社区教育培训中心的实践为例，可以分成自然村落型、乡镇中心型和学校中心型。无论是哪种类型，基本的一点，就是以点向面扩散，通过教育与培训的实际效果来吸引越来越多的农民参与，从而实现良性循环。正是这种学习、交流和信息获取的功能，使得农村社区学习中心在新农村建设过程中能够起到相当重要的作用。在这方面，广西农村还没有十分成功的探索。必须进一步加强农村社区教育培训人才的培养，尽快把广西农村社区教育培训体系建立起来。

第三章　高等农林教育在建设社会主义新农村中的战略作用

　　高等农林院校既是发展我国农林和农村经济、不断培养和输送高级农林人才的重要基地，也是发展农林科技、提高现代农林生产水平和迎接全球农林科技革命挑战的主力军，还是建立和完善我国农林教育体系、提高各级各类农林教育水平的龙头，所以，国家要进一步加大高等农林教育的改革力度和发展力度。

第一节　高等农林院校是培养创新农林人才的基地

一、社会主义新农村建设中高等农林院校的战略定位

　　在整个社会都在关注"三农"的大环境下，农林和教育在我国的基础地位决定了高等农林教育的战略地位丝毫不能动摇，必须优先发展。经过高等农林院校与地方政府和一些农村等多方面努力，我国高等农林院校服务建设社会主义新农村的工作正逐步走上正轨，并取得一定的成绩。高等农林院校既是发展我国农林和农村经济、不断培养和输送高级农林人才的重要基地，也是发展农林科技、提高现代农林生产水平和迎接全球农林科技革命挑战的主力军，还是建立和完善我国农林教育体系、提高各级各类农林教育水平的龙头，

所以，国家要进一步加大高等农林教育的改革力度和发展力度，在政策上给予大力扶持，在投入上给予大力支持，使我国高等农林院校持续快速发展。

1. 社会主义新农村建设为高等农林院校提供新的发展机遇

新农村建设需要国家在战略层次上有系统的发展措施，其中的重要环节之一就是充分发挥高等农林院校的作用。从国外发展经验看，一个国家进入现代化行列并成功崛起，总是伴随着整个社会从传统农林向现代农林的转化，总是伴随着高等农林院校科研实力、教学水平的全面提升。因此，现代化本身的内涵实际上天然的包含着农林现代化，以及高等农林院校的大发展。特别是当前国际粮食生产地区分布不均衡、产量增幅摇摆不定，以及我国农林人口众多、农林基础地位薄弱、农林生产方式尚不先进、耕地占用不容乐观、大规模粮食进口不现实的情况下，高等农林院校的地位不能削弱，作用决不能忽视，高等农林院校不仅要发展，而且要大发展。

（1）高等农林院校在社会主义新农村建设方面具有其他高等院校所没有的独特优势

高等农林院校在长期发展中，形成了大量科技创新的实验条件和基地，具有大批高水平的创新队伍。社会主义新农村建设的长期性为高等农林院校提供了新的发展机遇。新农村建设必然要求在"三农"领域进一步深化各项改革，这就需要更多"知农、懂农、爱农"、熟悉现代经济规律、掌握现代高新技术的人才，同时，不断增长的经济全球一体化，竞争与机会并存的国内与国际市场都使生产者和管理者在产品、市场、风险管理等方面具有更大的灵活性，承担更多的责任，这些问题的解决都归结到人才强农问题上。这就要求高等农林院校培养更多的各级各类人才，培养综合素质更强的人才；农林工业化、农村城镇化进程加速，要求高等农林院校与"三农"领域进行更多与持续的合作，加速高等农林院校的科技成果转化，加速"三农"领域高新技术的研究开发与推广应用，增强服务社会的职能，提升社会影响力；传统产业的改造必然要通过现代高新技术来实现。

（2）高等农林院校可以在社会主义新农村建设中充分发挥科技创新和推广应用优势

推进社会主义新农村建设，必须运用现代的科技来改造传统产业，运用先进的管理来优化资源配置，运用先进的理念来建立现代农林社会化服务体系。在这方面，高等农林院校由于多年积累以及专业的优势，具有明显的现代科技和管理技术优势。应该指出的是，现代农林的概念已经不是传统的"种植业"、"畜牧业"，而是几乎涉及现代经济每个角落的全新概念和产业，相应地，现代高等农林院校的专业优势也已不同程度地覆盖了农、林、水、经、管、文、法、理等多个领域，可以更好为"三农"提供多层次、多领域、全方位的技术指导和服务。

（3）高等农林院校可以在社会主义新农村建设中获得更大的财政支持

国家"十一五"规划关于社会主义新农村建设中提出，国家将调整国民收入分配格局，国家财政支出和预算内固定资产投资，要按照存量适度调整、增量重点倾向的原则，不断增加对农林和农村的投入，扩大公共财政覆盖农村的范围，确保财政用于"三农"投入的增量高于上年，新增教育、卫生、文化财政支出主要用于农村，中央和地方各级政府基础设施投资的重点要放在农林和农村。国家增加对农林和农村的财政投入，高等农林院校将会从中获得相应的直接和间接的财政支持。同时，国家将增加与社会主义新农村建设相关的费用和项目，增大国家财政对高等农林院校科研的投入。另外，国家财政对农林和农村的投入可以增加对农林院校人才的需求，改善高等农林院校毕业生的就业环境，减少就业压力。

2. 高等农林院校在社会主义新农村建设中的定位

大学作为教育机构，必须要有自己的发展定位、自己的目标追求。在社会主义新农村建设中，高等农林院校不仅要"顶天"——培养高素质的农林科技人才，增强科技自主创新能力；也要"立地"——真正面向"三农"一线，培养留得住、用得上、懂技术、会经营、善管理的实用人才和新农村建设的组织者带头人，通过多种途径切实帮助解决农村经济社会发展中面临的各类问题。高等农林院校在社会主义新农村建设中要实现"顶天立地"的目标，必须在办学实践中树立五个中心的发展定位。

（1）高素质农林科技人才培育中心

培养有知识、有能力的高素质人才始终是大学的核心使命之一。高等农林院校必须全面把握社会主义新农村建设对人才规模和能力的新要求，正视农科类本科人才培养同社会主义新农村建设需要不相互适应的矛盾，分析新农村建设和其他诸多社会、教育相关影响因素，研究新农村建设对人才需求的新形势，结合高等农林院校的特色和优势，培养更多高素质的农林科技教育人才。随着高等农林院校招生规模的不断扩大，高等农林院校在培养高素质农林科技人才进程中发挥着越来越重要的作用。作为高素质农林科技人才的培育中心，高等农林院校要进一步完善服务新农村建设的历史使命，必须在专业建设、课程设置、培养目标等领域不断调整改革，根据社会主义新农村建设需求调整专业结构，积极开设建设社会主义新农村及区域经济发展所需的相关专业，提高专业设置与新农村建设需求之间的契合度，以新农村建设和现代农林发展为导向调整课程设置，积极培养学生的创新精神和实践能力，真正提升为社会主义新农村建设服务的能力。

（2）高新农林科技成果研发中心

现代农林科技在农林经济发展中的广泛应用是农林现代化的基础和主要标志。作为新农村建设中高新农林科技成果的研发中心，高等农林院校必须针对新农村建设的实际，立足农林、农村和农民发展需求，以农林高新技术研究为先导，突出生物技术、农林信息技术等领域的研究；以常规应用技术研究为核心，强化优质品种选育、先进种养殖技术集成等领域的研究。同时积极开展农产品产后贮运加工技术、农林生态环境建设等领域的研究。推动农林科技成果的研发实现从模仿跟踪向自主创新的跨越，真正实现以农林科技引导和推动新农村建设发展。

（3）农林科技成果推广中心

农林技术进步是一个经过技术发明、技术创新、技术扩散等环节，把新知识、新技术转化为生产力，从而实现增加社会物质财富、提高经济效益、改善生态环境、不断提高整个农林生产力水平的过程。对高等农林院校而言，完成高新农林科技成果的研发只是完成了第一步，更重要的是要将现代科技成果根植于农林农村一线。高等农林院校在农林科技成果推动实践中，应通过科技副乡（县）长、农林科技特派员、建立农林示范基地等多种形式推广大量的新成果、新品种、新技术，推动这些成果转化为现实生产力，为农民的增收和农林可持续发展了有效的提供技术保障。

（4）新型农民培训中心

新农村建设要充分发挥以高等农林院校为核心的"三农"教育体系的作用，推动高等农林教育向农村延伸，以培养社会主义新型农民为导向，针对不同层次农民的不同需求，建立层次分明、结构合理的分层培训目标。要依托高等农林院校培养高层次专业农民，为农林和农村培养培训一大批掌握专业知识、掌握现代生物技术和信息技术的懂专业、懂管理、懂经营的"一专多能"的复合型人才，通过教育培训发挥这些核心农民的牵引、示范和辐射作用，成为新农村建设的核心力量。高等农林院校作为新型农民培训中心的核心地位将随着培训对象素质、培训内容、培训目标的调整而逐渐显现。

（5）农林农村发展决策咨询中心

在推进社会主义新农村建设的进程中，高等农林院校越来越多地参与到各类重大问题的决策之中，成为各级政府制定发展规划、统筹发展战略的重要咨询顾问。高等农林院校的人力资源优势和科技资源优势在与社会政治经济发展紧密融合之后，一大批专家学者通过参与新农村建设的规划、调研等工作，为相关政府部门提供了众多有价值的调研报告和建议，逐渐成为地区经济与社会发展的重要智囊。高等院校由于其相对独立的社会地位，决定了其有机会、有能力影响政府决策、充当政府顾问。在社会主义新农村建设中，高等农林院校作为农林农村发展决策咨询中心在决定参谋中具有重要的价值。

参考文献：

[1] 瞿振元. 中国社会主义新农村建设研究 [M]. 社会科学文献出版社，2006

[2] 高耀明. 高等教育通向农村研究 [M]. 黑龙江人民出版社，2002

[3] 陈志娟，符少辉. 在服务"三农"中培育核心竞争力 —— 试论中国高等农林院校的发展 [J]. 湖南农林大学学报 (社会科学版)，2005，(1)

[4] 刘小勇，符少辉. 高等农林院校在建设社会主义新农村中的作用 [J]. 湖南农林大学学报 (社会科学版)，2006，(3)

二、高等农林院校毕业生服务新农村建设的条件分析

随着我国高校扩招，大学毕业生就业问题日益严峻，高校就业工作也面临严峻挑战，与此同时，随着城乡统筹发展进程的加快与社会主义新农村建设的展开，农村急需一批专业的农林人才。尽管目前高校存在创业比例低的现象，但高等农林院校毕业生有着得天独厚的农村创业条件，高等院校如果有效地做好他们的创业指导工作，必能在一定程度上通过农村创业将知识转化为生产力，推动毕业生科技创业，又能间接带动一方乡亲致富。

1. 高等农林院校毕业生农村创业的背景

大学生创业已成为当下高等教育改革的热点，而中国高等农林教育作为"三农"政策的主要执行者，如何在毕业生中开展农村创业教育，对我国高等农林教育事业的发展和"三农"的发展具有划时代的意义。一方面，我国经过三十多年

的改革开放，农村经济取得了可喜的变化，我国目前已经实现了全面奔小康的目标，国民 gdp 跃居为全球第二，农村城市化不断推进导致新农村的建设迫切需要一大批农林科学技术人才补充到基层，特别是现代农村创业型人才。与此同时，当下大学生毕业后就业压力巨大，庞大的大学毕业生就业已经成为国家和社会的民生问题，尽管近几年国家和地方政府以及各个高校在人才培养、课程设置、市场对接等方面采取了一系列有力的措施，尤其是就业市场的法规建设，使大部分毕业生走向了工作岗位。但是，受就业导向、个人本位观等诸多因素的影响，使得他们遭遇"下不去、用不上、留不住"的尴尬境地，在家乡没有岗位，在东部沿海等大城市又难以找到工作，形成新农村建设人才缺乏和大学生就业难的矛盾局面。高等农林院校作为培养"现代农民"的产出器，有责任更有义务通过一系列必要措施推动大学毕业生回农村创业，响应国家号召，从整体上提升新农村建设水平。

2. 目前高等农林院校毕业生到农村创业的现状

创新创业型人才培养是目前高校教育实践探索的一个崭新领域，2011 年我国就业蓝皮书指出，2010 届高职高专毕业生自主创业比例（2.2%）高于本科毕业生（0.9%）。中国大学毕业生自主创业比例连续两届略有上升，2010 届大学毕业生自主创业比例达到了 1.5%，比 2009 届（1.2%）高 0.3 个百分点，比 2008 届（1.0%）高 0.5 个百分点。2010 年，国家出台了进一步鼓励毕业生自主创业各项扶持政策，应届毕业生自主创业的人数出现大幅增长。创业人数由 2009 年的 1.1 万增加到 10.9 万。而就全国高校毕业生农村创业比例来看，广东和浙江两省的大学生创业比例较高，但涉及到农村创业的比例还比较抵，也有数据表明，我国高等农林院校培养的毕业生，只有 10% 在农林系统工作，在农村一线的就更少，这一情况表明，高等农林院校的大学生利用自身专业优势参与农林创业的比例非常低。可见，高等农林院校大学生回农村尚有很大的发展空间与潜力。

3. 高等农林院校毕业生农村创业的障碍分析

（1）个人方面

首先，考虑到农村外部环境艰苦，许多农村学子不愿意回农村工作，受传统就业观念的影响，都想毕业后留在城市或经济发达的地区，回农村创业的少之又少；其次，目前很多农林院校的学生专业学习不足，心浮气躁，只是想把专业学习作为升学和工作的跳板，对本专业的就业前景也不看好，导致所学专业与就业的匹配率低下，这也间接影响了其参与农村创业能力的缺失。

（2）学校层面

高校毕业生普遍感觉自身创业能力有限，而大学生的创业能力不足与学校层面不无关系。首先，创业教育理念的滞后，我国的创业教育缘起于清华大学，虽然目前在工科院校中开展的如火如荼，但农林院校还多数处于热身阶段，仅仅满足于解决学生的就业压力，缺乏对大学生创新意识的培养与正确的就业价值观的塑造。其次，资源匮乏是目前高等农林院校创业教育存在着一个问题，许多学校虽然开设了与自身专业相关的公共选修课及专业选修课，但缺乏系统性、针对性和操作性的实践层面的锻炼，不能为大学生创业、就业真正建立一套完备的资助服务系统，再者，农林院校的创业教育氛围较工科院校淡薄，但是报考公务员、选调生以及事业单位的热度不减，可以看出农林院校的毕业生在就业时普遍存在求稳心态。学校相关的创业计划大赛活动持续不长，存在为比赛而比赛的表面现象，学生的创业计划书缺少含金量，导致活动效果不明显。学生活动涉及到创业教育的比较少，导致农林院校的创业文化氛围不浓。最后，农林院校的部分教师对创业教育的积极性不够，学校缺乏相应的鼓励措施，教师没有认识到开展创业教育的重要性与紧迫性，自身缺乏从事创业教育的素质和能力。

（3）农村大环境方面

我国作为农林大国，农村的消费水平普遍偏低，工作生活条件艰苦，很多年轻人尤其是大学生不愿意回到农村服务。加上农村人才观念滞后，缺乏正规的专业技能培训，一定程度上影响高校毕业生到农村创业的积极性，且现有的农村创业人才培养制度、考核制度、奖励制度等总体上缺乏规范性性和激励性，难以最大限度激发人才的主观能动性和创造性，不利于人力资本作用的充分发挥。

（4）政府层面

虽然近年来国家出台了一系列创业优惠政策来扶持大学生农村创业，包括出台法律法规与奖励政策、设立专门管理机构、投入足够经费等，在一定程度上开辟了高校毕业生到农村创业的"绿色通道"，但是，由于信息交流不通畅，乡镇经济发展不协调，乡镇政府的服务理念和管理水平尚不够高，这些优惠政策具体实施缺乏保障，难以避免人为性的操纵，多数回乡创业的农村高校毕业生普遍感觉乡镇政府的这些政策其实是一纸空文，自身很难享受到。

（5）资金方面

虽然政府在实施优惠政策并在财政上充分支持，但高校毕业生仍然存在启动资金不足的问题。大部分回农村创业的毕业生启动资金来自亲友资助和个人储蓄，虽然他们也会选择贷款，但由于高校毕业生诚信等级和还款能力的评估难以确定，各级银行对高校毕业生贷款普遍持高度谨慎的态度，准入门槛比较高，如果没有具有公信力的第三方作为担保人，高校毕业生很难获得创业贷款。

4. 高等农林院校毕业生农村创业的优势分析

（1）高等农林院校涉农专业的毕业生到农村创业有着明显的涉农专业素养，接受了系统的专业培训和技能培训，拥有相对于其他类别的高校不同专业学生的"专业特长"和明显的专业知识优势。

（2）近年来，农林院校非常注重实践教学，不少农林高职院校更是构建了"课堂教学、模拟训练、创业实训"的教学方法，直接把课堂搬到农场或农林技术公司等，面向农林现代化第一线培养农林专业技能型人才，通过全真型实践等举措实现科学化的培养，提高他们创业的各种技能。使农林院校的大学生到农村创业有明显的知识和技能的双重比较优势，为新农村建设提供合格的创业人才。

（3）农林院校拥有各类齐全完备的专业且能与三农结合，且培养出了许多在各类农林生产、制造、销售等环节的优秀校友，这一先天优势能够给在校学生提供实习及实践机会，近年来随着中央一号文件的支持，涉农创业项目的增加激发了广大学生创业的积极性，并参与到涉农企业的活动中去，这些都为农林院校的大学生将来参与农村创业提供了优势，使他们能够快速适应农村环境。

（4）农林院校文化建设既具有普通高校文化建设的共性，又有其自身的"农"文化特色，其农字属性体现出的共同心理程序，是坚定"农林情结"和理想信念的校园精神文明，加上国家加大对农林类研究的投入，学生有更多的机会加入到科研项目的实施过程中，学生在掌握专业知识的同时，受校园文化的熏陶，"涉猎农林"、"走进农村"、"了解农民"，在潜移默化中培养了自身的农素质。这种特殊的文化熏陶，将会有助于培养出立足三农、钻研三农的优秀农林人才，又能使高等校园文化反哺社会。第五，高等农林院校的生源大部分来自农村，虽然一部分学生回农村创业的主动性较差，但随着农科类毕业生到农村基层自办实业实例的见诸报端，激发了一批有志于在农村领域干一番事业的年轻人，而他们中的大多数来自农村，比其他人更能了解农村的资源和社会环境状况。

（5）农村自然资源丰富、创业成本低，人力物力充足等优势使大学生农村创业更有优势。

三、高等农林院校服务社会主义新农村模式

1 科技兴农模式

（1）下乡进村下乡进村是直接服务"三农"的主要形式，学校从各学科中挑选一批热爱农村、甘于奉献、吃苦耐劳的专业技术人员组成团队，不定期地深入农村第一线，通过举办科技讲座、发放科普图书、播放电教片、编写农村科普读物等形式，普及农村科普知识，增强农民的科普意识，为推动农村地区科学种田多办实事，为农民提供实实在在的服务。进而强化高等农林院校服务新农村、反哺社会的功能。

（2）信息服务信息闭塞是制约农林、农村发展的重要因素。目前，大多数农村、农民仍没有摆脱贫困、落后的现状，这与当地的信息闭塞有直接关系。农民无法及时掌握诸如技术、化肥、种子等农林信息，在一定程度上影响了农林生产的发展。高等农林院校可以充分利用人才、知识密集和网络的优势，通过广泛收集和处理农产品市场信息，及时提供给农民，引导农民组织生产。同时，要针对农林生产过程中的实际问题，不断地为农林生产提供新成果、新技术、新方法和新品种等科技信息，把国内外的农林科技信息和高等农林院校的科研成果通过网络等信息渠道向广大农民和农林技术人员传输，为农民提供持续、高效的信息服务，以提高农林的综合生产能力。

（3）成果转化科技成果的推广和综合开发，是高等农林院校服务农林、农村的一个重点。目前，高等农林院校的科研成果大多数还停留在实验室，没有转化为真正意义上的农林生产力，农民也没有从这些科研成果中得到实惠。因此，要使科研成果真正转化为农林生产力，成为农民得实惠的渠道，高等农林院校应该发挥人才、智力聚集的优势，主动贴近"三农"，形成项目、成果、产业一体化，最终使农民收入得到提高，真正发挥科研成果为农民造血的功能。高等农林院校可以利用良好的科学研究基础和先进的科学研究设备，借助现代化的试验手段和较为充足的科研经费、图书信息资源，通过开展科学研究和创造性的劳动，产生新思想、新工艺、新方法等无形的科学知识以及研究报告、研究论文和专利产品等有形的科技成果，最后把科技成果和实用技术广泛应用于农林领域，使之转化为现实的生产力。

2. 示范基地模式

（1）开展乡镇挂职服务活动"帮富一个村，示范一大片"。选派的专业技术人员挂职于乡镇科技副职组成科技服务团队，在服务乡镇的同时，重点服务一、两个专业大户。根据工作需要和农时季节，专业技术人员可采取灵活多样的服务方式和办法。在需求季节集中时间蹲点，集中一段时间在所在乡镇巡回指导，通过电话、网络等方式进行服务。针对挂职乡镇的环境、人口、地形、地貌，对其进行生产、生活、旅游区域规划和可行性分析。同时帮助引进项目、资金、技术、人才，促进农村产业结构调整，促进农民增收致富。在服务期限内，挂职人员要把心思用在服务"三农"上，把劲花费在解决实际问题上，在服务农村的工作和本职工作发生矛盾的时候，要坚决服从于服务农村的工作。这是高等农林院校为新农村建设服务的一条行之有效的途径。

（2）建立科技示范户在帮扶的乡镇大力扶植农村科技示范户，在专家的指导和科技示范户的辐射带动下，调动和激发农民群众的积极性，使新品种、新技术对农林增产的作用得到充分发挥。通过科技示范户在农林科技试验、示范、推广应用及带动农民致富中发挥带头作用，进而形成以户带户、以户带村、以村带乡的农林技术示范新模式。

（3）建立农林示范基地在建立具有特色农林科技示范户的基础上，创办科技示范基地。以特色农产品、农副产品及特色畜牧业为基础，发挥地区优势和特色优势，创办特色农林示范基地。高等农林院校作为农林科学技术的集中地，教育和引导具有农林科技专长、经验丰富的专家牢固树立大农林的观点，发挥高等农林院校的教育资源优势和继续教育功能，以农、林、牧三个领域为核心，选择专业技术好、责任心强、有吃苦耐劳精神的专家学者，围绕服务"三农"和新农村建设，亲自深入农村基层，带头创立新型农林示范基地，承担相应的具体培训任务和技术指导、科技推广等工作，大力推进农林科技扶贫、农民科技培训、农林科技咨询、农林科技推广。充分发挥地区优势和特色优势，为农民增收，为农林服务。

3. 人才帮扶模式

（1）鼓励学生服务农村目前，我国农村地区掌握农林技术的专门人才仍然比较缺乏，大多数高等农林院校的毕业生不愿意回农村基层工作。这就需要高等农林院校教育者对广大学生进行科学引导、转变观念、关注农林发展趋势。鼓励他们学好农林专业知识，掌握服务农村的本领，培育服务农村、扎根农村的理念，动员他们毕业后到农村服务的意识。通过思想政治理论课、专业课、实验课、实践环节等发挥思想政治工作的优势，寓思想政治工作于服务社会主义新农村建设的具体实践中，引导广大学生更深入地了解中国的农村、中国的社会，更深刻地理解中央关于"三农"工作的各项政策的科学性、正确性，更深切地体会党中央坚持发展为了人民、发展依靠人民、发展成果由人民共享的真正涵义。

（2）培训农村人才人才服务现代发展项目是适应农林和农村经济发展的客观要求。近几年，在党中央、国务院一系列强农、支农、惠农政策的扶持下，服务"三农"工作取得了较好成绩。但从日益发展的农林和农村经济来看，现代农林科技人才还远远满足不了需求。当前，要保持和发展农林和农村经济来之不易的好形势，加快发展现代农林，必须加快建设农村人才队伍，培养一大批农村用得上、留得下的实用人才，特别是在提高农民的整体科技素质方面急需好的办法和措施。培养高素质新型农民，可以充分发挥高等农林院校在教育科研能力强、联系面广、社会基层亲和力浓、掌握一手资料多等方面的优势，整合学校各种资源，调动一切积极因素，大力开展农村人才培训工作。通过"科教兴农"网络体系及农林教育与培训2基地，根据农村人才的不同层次、不同要求，以农村人才资源素质培养和能力建设为核心，对广大农村干部和农民进行现代农林科学知识与技术的培训。通过多层次、多渠道、多形式的培训，提高农民素质，是高等农林院校服务社会主义新农村建设的重要形式。

总之，农民是新农村建设的主体。农民的科技文化水平、自我发展能力、伦理道德观念如何，直接关系到社会主义新农村建设的质量和进程。要塑造有文化、懂技术、会经营、守法纪的新型农民，必须不断加大人才服务农村力度、全面提高农民科技文化素质，必须站在战略和全局的高度，深刻认识实施人才服务现代农林的重大意义，进一步增强责任感和紧迫感，把人才服务现代农林的各项工作落到实处。

第二节 高等农林院校是农林科学知识创新的主力

一、农林科学知识创新概述

1. 农林科技创新研究的重点内容

农林技术研发与创新是农林科技创新的基础和重要内容，是农林科技创新的源头和关键。农林技术创新主要分为基础研究和应用研究，基础研究又包括基础技术研究和基础理论研究，根据不同的技术和领域又有不同的分类，具体的农林技术内容丰富，种类繁多，是农林科技发展和进步的基础。环境的改变和生产的变化需要农林技术不断创新，尤其需要农林高新技术的创新。在农林技术研发的基础上，国内专家和学者们从管理、应用和建设发展的角度展开相关的研究，为我国农林技术创新做出一些新的探索。

（1）农林技术创新的基本问题

随着传统农林转型升级，国内外展开了对农林技术创新的理论和实践研究。技术不同于科技，技术是应用到生产中的技能和方法，科技除了包括技术，还包括反映客观规律的知识体系，即更倾向于社会效益的科学知识；农林技术创新包括研发、推广、改进、应用等过程，且每个过程相互依存和融合，最终目的是为了得到更好的社会、经济和生态效益。农林技术创新的基本理论多是从技术创新的理论发展而来，同时结合农林生产的特点加以丰富和延伸。农林技术创新是一个完整的系统，具有难度大、周期长等特点，同时伴随着组织创新，根据创新的对象、性质、方式、阶段、动力和效果的不同，可以分为多种类型。

由于农林技术创新受自然条件的影响，成果应用受地域条件的限制，农林技术推广和转移受农户经营规模、农民的素质和传统观念的限制，导致了农林技术创新的难度比工业技术创新还要大。农林技术创新要有科学的理论做指导，还要理清思路，区分重点。王静认为农林技术创新应从提高农产品质量、开发农产品品种、提高资源利用和转换效率、培育农林可持续发展能力入手，还必须建立一种有利于农林科技成果供给增加和有效扩散的体制。

（2）农林技术创新的供求关系

农林技术创新的关键是通过应用到生产中从而提高综合效益水平，对农林技术供求关系研究就显得很重要。我国农林技术创新供求机制主要由农林技术供给方和需求方组成，二者构成的供给推动力和需求拉动力相互作用，推动农林技术创新不断发展。影响我国农林技术创新供求机制的因素有多种，如体制因素、动力因素、投入因素、市场因素、推广因素、政策因素、收益因素、农户因素、信息因素等。在完善农林技术创新的理论和方法体系基础上，要转变研究视角，技术采用要以需求为中心，同时自下而上的探索研究方法，来提高农林创新的转化和应用能力。

（3）我国农林技术创新实践

农林技术创新过程包含一系列复杂的内容和环节，且周期较长。高启杰在大量案例研究的基础上，从体制、经费、产业发展、科技企业、园区建设、技术推广、组织化、政策等角度，分析了我国农林技术创新存在的问题。裘斌也总结了我国农林技术创新面临的挑战，主要有科研投入不足、技术供给的激励机制不合理、科研成果转化机制不健全以及农民采用科技求稳等。陆彩兰等集中对我国农林技术创新的 R&D(researchanddevelopment) 经费投入进行研究，寻求拓展融资来源，并对农林技术创新投入展开系统研究，在分析农林科技投入强度的内涵、现状及趋势的基础上，对农林科技投入的主体与投入结构进行深入研究，并总结了目前我国农林科技投入不足的原因，最后给出相应的对策建议。实现持续发展的农林技术创新格局也得到了学者的关注，齐晓辉认为完善有效的动力机制是促进可持续农林技术创新的重要前提，通过构建可持续农林技术创新三元协同动力机制分析模型，提出我国应建立计划与市场复合的可持续农林技术创新动力机制模式。

2. 我国农林科技创新体系

农林科技创新体系研究是农林科技创新研究的重要领域，决定了农林科技的创新能力与成果转化能力，是一个具有综合性、系统性的研究领域。国内学者从不同角度切入，对农林科技创新体系进行研究，概括起来有两个研究方向，即从理论基础和实证分析两个大的层面展开。在理论基础上，国内学者从我国农林科技创新的必要性、指导思想、指导原则、目标来探索农林科技创新体系建设的思路，旨在强调农林科技创新体系建设的重要意义和现实必要性；实证研究中，从我国农林科技创新体系建设的实践活动入手，在调研和考察的基础上，对取得的经验、成效、问题进行研究，通过案例分析或借鉴成功经验来总结农林科技创新体系建设的有效方式。

二、中国特色农林现代化进程中的农林科学知识创新的模式

技术创新对于农林发展具有重要推动作用，它有利于减轻农林生产对自然条件和自然资源的依赖，降低各种不利条件的影响；有利于促进生产要素在农林各部门之间进行自由流动，从而推进产业结构调整和优化升级，提高农林发展的质量；有利于改善生物的生长周期和生物性能，提高农林生产率。因此，在建设中国特色农林现代化的过程中，必须充分发挥技术创新的作用，将技术创新作为主要实现路径之一。中国特色农林现代化进程中的技术创新涉及很多方面的内容和工作，需要在统筹兼顾的理念下，全面考虑多种因素，选取科学、合理、有效的实施模式，全方位、多角度地进行推进。实践中，农林技术创新的模式是多种多样的，如政府主导型模式、农户主导型模式、市场主导型模式、农林科技项目区模式、多元化合作创新模式等。综合比较这些模式各自的优势和缺陷，并结合农林技术创新的特点以及我国的实际情况，作者认为，中国农林技术创新应构建政府主导下的多方协同互动模式。

1. 政府主导下多方协同互动模式的含义

农林技术创新包含各级政府、涉农企业、农民、科研机构、高等院校、推广机构等多种主要参与主体。政府主导下的多方协同互动模式是指农林技术创新的多种参与主体在政府发挥主导作用的前提下，按照不同的结构和方式进行组合，以提高农林技术创新能力和效率为目标，相互合作、相互促进、协同互动、有机耦合，从而形成技术创新强大的整体合力和推进效应的一种开放式模式。对于该模式的含义，需要做出以下几点说明：

（1）各级政府虽然也是技术创新的参与主体之一，但是它需要在中间发挥主导作用。这种主导作用并不是说政府要"大包大揽"，从事技术创新的所有工作和活动，而是指政府要利用自身的有利资源和优势，在其中发挥统筹协调和指挥等作用，以便于多种主体在行动上能实现协同，保持创新步伐的基本一致性。

（2）该模式强调市场经济条件下的协同互动，并不否定农户、企业等技术需求者的独立地位。也就是说，该模式虽然是政府主导型，但是是在市场经济条件下的主导，这主要表现为两点：一是尊重市场经济规律，尤其是供求规律。即充分遵循上文所讲的市场需求导向路线，充分了解农民、企业等最终使用者的市

场需求，从而在需求的引导下，发挥政府对技术创新的主导作用。二是综合运用各种作用手段。即不能仅仅采用行政手段，而是要采取以经济手段为主、行政和法律手段为辅的多种方式，引导各种社会资源的合理配置。

（3）多方行为的协同互动包含两层含义：一是使多个参与主体在行为上相互协调配合，共同推进某项具体农林技术的创新和进步；二是使多个主体在分别参与不同单项农林技术创新的过程中，相互依赖，相互配合，共同推进农林技术体系的进步。

（4）多方协同互动的核心在于通力合作。市场经济条件下，各主体之间既有竞争又有合作。但是无论存在哪些主体，无论谁起主导作用，关键问题在于合作。合作的形式有很多种，其中最重要的是在技术创新所需的人、财、物资源投入上的合作以及创新计划和决策上的合作。

5. 在具体实施模式的选择上，应强调各参与主体之间的平等性。在政府主导、多方互动的总体模式下，还存在各种各样的具体合作模式。在具体模式的选取上，不同主体的取向和偏好也不尽相同，如：在现阶段我国高等院校和企业的合作中，多数高等院校倾向于技术成果的直接转让，而很多企业则倾向于长期性的合作开发。因此，在具体模式的选择过程中，要注重建立各主体之间平等合作的伙伴关系，任何一方都不能以从属或支配的角色出现。

2. 政府主导下多方协同互动模式的构建依据

该模式构建的重心集中在两方面：一是强调政府应发挥主导作用；二是突出多元主体的协同互动性。对于这两大重心的构建依据，主要体现在：

（1）农林技术创新的特征决定了政府必须发挥主导作用

首先，农林技术创新具有典型的公共和准公共性。公共经济学基本理论告诉我们，在市场机制自发作用条件下，这些物品是无法完全由私人部门提供的，必须由政府这种公共部门承担必要的责任和投入。其次，农林技术创新具有知识外溢性。它不仅对农林自身发展具有推动作用，而且对其他产业以及整个国民经济也有明显的促进效应。出于追求社会效益目标的考虑，政府应当给予适度支持。回顾世界农林发展史，这些理论已经多次被美国、日本等农林现代化成功推进的实践所证明。对此，速水佑次郎和弗农·拉坦评价道："作为成功地实现技术创新基础的一项重大制度创新是，由公共支持的农林教育与研究体系（该体系在生物科学和技术进步方面尤其重要）的发展。"他们所说的"公共支持"实际上就是政府发挥的重要作用。

（2）政府主导技术创新可以发挥与市场诱导创新相同的资源配置效应

林毅夫对计划经济时期中国杂交水稻技术创新的研究表明，一省的水稻面积规模是决定该省农科院将资源分配到水稻科研上的重要因素，也是影响该省杂交水稻采用率的重要因素。这个结果与格里克斯—施莫克勒、希克斯—速水—拉坦等市场需求诱导创新假说是一致的。这些结果说明，虽然当时的中国农林技术创新主要是由公共机构从事的，在创新决策上也存在很高程度的政府干预，但是对水稻研究资源的分配以及杂交种子的扩散是合乎经济理性的。因此，在一定程度上，我们可以说，政府依据资源禀赋结构特点主导的农林技术创新，具有与市场经济条件下市场诱导技术创新基本相同的资源配置效应，能够促进丰裕要素对稀缺要素的替代。

（3）政府发挥主导作用更容易启动农林技术创新

相对于企业、农民等其他市场主体主导的技术创新而言，政府主导模式更容易启动技术创新。这主要表现为两个方面：一是可以缓解技术创新资金不足的缺点。农林技术创新周期长，所需要的资金量大，尤其是部分重大科技项目，更是需要大量的资金支持，一般的市场主体根本无法承受。而政府通过集中手上的财力、物力以及掌握的有利资源，可以有效地解决这一问题。二是可以有效降低技术创新的风险。农民、企业等主体作为市场经济中的"理性参与者"，其行为决策是理性的。在对新技术获利预期的追求下，他们有参与创新的内在动力。但是在技术创新的行为上，仍然存在很多风险，如价格风险、政策风险、生产风险等，这有可能导致他们直接放弃创新。而政府主导模式对于减少技术创新的信息成本、降低创新风险具有不可替代的作用。此外，相对于农民和企业来说，政府承担创新失败风险的能力也要更强一些。

（4）农林技术创新需要发挥政府和其他主体（即公共部门和私人部门）

协同互动的重要作用政府主导技术创新并不意味着对其他主体的排斥，相反，更需要其他私人部门的积极配合和参与。对此，速水佑次郎等在对美国和日本的经验研究中指出："在生物科学领域强调公共部门的研究，并不意味着私人部门在新技术的研究和开发方面不重要。相反，在美国和日本，改进农林机械和设备以及为化肥和农林化学品的生产提供更有效技术的农林供给厂商的发展，是农林生产率增长的一个重要来源。私人部门研究能力的发展得到了公共部门的研究和培训计划的支持。"此外，众多研究表明，只有在各主体协同互动的基础上实现顺畅的合作，才能有效保证创新过程中所需的各项资源的投入和高效配置以及各项技术创新活动的有效实施。这既是由国际农林技术创新领域的实践与发展趋势决定的，也是由我国农林创新的经验和教训所决定的。但是就实际操作情况看，农林技术创新各主体之间的行为目标、行为准则和行为方式都是各不相同的。这就在很大程度上导致主体之间各自为战，甚至出现很多矛盾和纷争，无法形成创新的整体效应和合力，从而制约了农林技术创新的推进。因此，应通过构建系统、完整的多方互动模式，理清各主体之间的关系，促进农林技术创新的顺利实施。

3. 政府主导下多方协同互动模式的构建途径

（1）明确政府的角色定位及作用手段

在构建的这一模式中，政府是推动技术进步的核心要素和关键力量。因此，应首先对政府的角色定位、作用手段等问题加以明确。总的来讲，政府应在农林技术创新中扮演管理决策者、资金物质主要提供者和其他主体行为协调者三种角色。其发挥协调作用的手段主要有：一是宏观调控。即通过制定农林技术创新政策、法律、法规和发展规划等，从宏观角度对其他主体的技术创新行为进行指导、规范、支持或约束。二是资助诱导。即政府可以通过资助项目的形式，要求各主体进行协同，并且在项目实施过程中，政府还可以制定严格的管理制度和办法，使各主体能够相互合作，按照项目计划完成预定的任务。三是分工协作。即政府可以运用各种强有力的手段，对不同主体的任务进行指导性分工，使他们在不同的技术创新领域发挥不同的作用。如对于公益性较强的项目，应主要由政府资助的公共研究或推广机构完成；对于商业性较强的项目，可直接由营利性的社会机构来完成。

（2）探索丰富多样的协同互动方式

我国多种创新主体在实践中创造出了丰富多样的协同互动方式，如"科研—教学—推广"三结合方式、"科研—开发—推广"联合攻关方式、基地建设与项目带动相结合的互动方式、"科、工、贸"一体化方式等等。但当前，还应在产学研合作方式以及农林科技园区方式上进行重点探索。第一，产学研合作是指以企业、高校和科研机构为核心，以利益共享和优势互补为基本原则，形成某种联盟或独立实体，合作开展技术研发和应用、人才培养、信息获取等活动以及共享仪器设备和技术资源的农林技术创新方式。该方式目前运用较为成熟，对于农林技术创新起到了积极的推动作用。但是在科技成果转化、企业创新积极性、成果共享等方面还存在一些问题，需要在实践中继续探索和完善；第二，农林科技园作为一个科技型经济实体，它具有与科研机构、高等院校类似的研究能力，又是技术的直接转化部门，能够较好地根据市场需求对新技术进行投资研发，并以此为载体实现多种主体的协同互动。但就目前科技园的运行情况看，由于体制的原因，科技园受政府干预较多，不能完全以企业的身份进行技术创新，市场对农林科技园进行技术创新的拉动并不强，这些都需要在以后的工作中加以重视。

（3）构建顺畅的需求传导机制

技术创新的各参与主体只有在市场真实需求的引导下才能真正实现协同互动，实现技术供给和需求的均衡。但在我国目前层级复杂的公共科研体制和多种主体参与的情况下，如何使农民、企业等技术使用者的实际需求顺畅地表达出来，并适时、有效地传导至各个主体，是一个十分关键但是又难以解决的问题。在目前的条件下，比较现实、合理的解决途径是借助已经形成一定规模的农林技术推广网络，通过我国广泛分布的农技推广人员收集农民的真实技术需求，整理各种新技术在实践运用中的经验和教训，并适时地逐级向上反馈，最终形成健全的需求传导机制。因此，当前应在完善以市、县、乡三级农技推广为主要体系的同时，加快建设多种社会推广力量广泛参与的多元化农林技术推广体系[8]，扩大农技推广网络的覆盖范围和对象。

（4）建立有效的风险防范机制

农林技术创新具有较高的风险性，较为常见的风险主要有技术风险、政策风险、生产风险、财务风险、市场风险和管理风险等，其中任何一种风险的产生都可能导致技术创新的失败。而对于多方协同互动的技术创新模式来说，一旦某项风险出现，就可能直接损害各参与主体的切身利益，导致互动链条出现断裂。因此，构建完善的社会风险防范机制对于促进模式的顺畅运行非常重要。目前的途径主要有：加强政府对技术创新的信息指导，建立包含政策法规、技术交流、科技统计、技术咨询等信息在内的统一体系；加大对知识产权的保护力度，维护创新者的合法权益；发展技术创新保险，鼓励企业等主体积极投保，将风险进行适当转嫁；健全技术创新成果转化的各种中介服务机构，如生产力促进中心、创新服务中心、经纪人等。

三、农林高校推进农林科技创新的路径

农林高校在农林科技创新中具有人才、学科、科技、资源等方面的优势，肩负着培养农林科技人才、开展农林科学研究、推广农林科学技术的重要使命。农林高校结合区域农林发展特色和自身学科优势，致力于培养高层次、强技能、复合型等各类农林创新型人才，抓好"项目、团队、平台"三个农林科技创新核心要素建设，着力增强农林科技自主创新能力，完善农林科技推广模式，提高服务农林建设效能，在推进农林科技创新、引领支撑现代农林建设方面发挥着重要作用。

1. 改革创新人才培养模式，致力于培养各类农林人才

农林科技创新人才是科学理论的探索者，是新生产力的推进者，是农林科技知识的拥有者，是农林实用技术的传播者，对农村经济和农林生产的发展具有举足轻重的作用。人才资源是科技创新能力建设的关键，而人才培养是高校的首要社会功能和根本社会价值体现，因此，创新型农林人才的培养是农林高校的核心任务，也是农林科技创新能力建设对农林高校提出的迫切需求。

（1）改革农林高等教育模式，培养复合型农林创新人才

农林高等教育在长期的办学过程中，坚持"科教兴国""科教兴农"战略不动摇，将心系"三农"、服务"三农"理念贯穿于人才培养之中，为农林发展、农村进展、农民增收培养了一大批应用型的农林科技人才。然而，随着经济转型升级、农林现代化发展，单一的应用型专业科技人才已经不能有效满足农林科技创新对人才的需求。为此，面对新形势新挑战，农林高校在原有人才培养模式的基础上，必须更新观念，深化培养模式改革，致力于培养复合型农林科技创新人才。农林高校需把创新的理念始终贯穿于人才培养的全过程，全方位渗透于人才培养的各个领域，积极培育有利于创新型人才培养的文化环境。在人才培养方案设计上，既要注重基础知识的全面性，又要注意专业知识的个性化；既要具备扎实的理论基础，又要突出创新精神和实践能力的培养，尤其是要抓好课程实习、校外实践、学术交流、学位论文等实践环节的教育工作。在教育教学内容的设置上，应基于农林和农村经济发展的需要，积极培养学生发现和解决问题的能力，更新教育教学的内容、方法和手段，增强学生的人文社会素养和创新创业精神，充分挖掘学生的创新潜能。

　　具体来说，可以从以下两方面着手。一方面，加快培养农林科技人才。国家重大人才工程要向农林领域倾斜，继续实施创新人才推进计划和农林科研杰出人才培养计划，加快培养农林科技领军人才和创新团队。进一步完善农林科研人才激励机制、自主流动机制。制定以科研质量、创新能力和成果应用为导向的评价标准。广泛开展基层农技推广人员分层分类定期培训。完善基层农技推广人员职称评定标准，注重工作业绩和推广实效，评聘职数向乡镇和生产一线倾斜。开展农林技术推广服务特岗计划试点，选拔一批大学生到乡镇担任特岗人员。积极发挥农民技术人员示范带动作用，按承担任务量给予相应补助。另一方面，大力培训农村实用人才。以提高科技素质、职业技能、经营能力为核心，大规模开展农村实用人才培训。充分发挥各部门各行业作用，加大各类农村人才培养计划实施力度，扩大培训规模，提高补助标准。加快培养村干部、农民专业合作社负责人、到村任职大学生等农村发展带头人，大力培育新型职业农民，对未升学的农村初高中毕业生免费提供农林技能培训，对符合条件的农村青年务农创业和农民工返乡创业项目给予补助和贷款支持。

　　（2）完善农林教育培训体系，培养强技能农林基层人才

　　农林基层人才位于农林科技创新的一线，应具备较强的技能和实践操作的能力，而当前基层农林科技人才存在层次偏低、人员数量不足、活力不够、发展后劲不足等问题，严重影响和阻碍了农林科技创新的有效推进。高等农林院校除了学历、学位教育之外，还依托农林院校的师资队伍和教学设备资源，承担着对农林干部和农民培训的重任，如举办成人教育学院、农民学院，为国家培养各级各类农林干部和技术人才。根据区域"三农"建设的实际需求，依托政府部门的"百千万农民素质提升工程"的实施，农林高校应坚持农林科技培训和职业技能培训相结合，校内教育与基地培训相结合，以提升农民科技水平、实用科技知识普及力度、农民科技文化素质为目标，逐渐形成继续教育、岗位培训、干部培训、技能培训等多形式、多渠道、多层次的农林教育培训体系。在农林教育培训中，在人员的选择上，要加大技术干部、农林专业合作社负责人、乡土骨干人才、示范户、专业种植大户的培训力度；在培训内容上，以农林实用技术为核心，以农林政策、营销管理、交往礼仪为辅；在培训方式上，应坚持理论学习与实践考察相结合，加强相互交流与合作，不断健全农民培训的长效机制，旨在造就一大批懂技术、懂管理、懂营销的"三懂"新型农民。

（3）完善教师成长成才计划，培养高层次农林领军人才

农林科技创新，关键在于人才，其中核心在于领军人物。农林高校作为农林领域各类人才的输送地，不仅要输送大批量的农林发展需要的应用型科技实用人才和新型农民，更需要着力于培育一批农林科技创新的领军人才，主要在于研发农林领域的新技术。如果没有领军人物对于农林科技的研发，那么成果转化和技术推广，以及创新型的人才培养，农林发展、农村进步、农民增收等都将因缺乏创新驱动力而成为"无源之水、无本之木"。农林高校的教师，并不是专职的技术研究、成果推广人员，而是更多在于结合教学科研的需要开展科技服务，同时有些科研人员想专门从事技术研究、成果推广工作，苦于缺乏政策保障，这对于推进农林科技创新都还存在一定的限制性。因此，农林高校根据区域产业发展需要，为鼓励有志致力于农林科技创新研究、推广，实施教师分类培养、个性成长计划，在职称评定、岗位设置上设立一定比例的"现代农林科技研究型、推广型"岗位，明确岗位职责和考核要求，旨在造就一批农林科技创新领域的领军人才。领军人才，以项目以核心，组建团队积极开展技术创新、技术示范和技术推广工作，使科研成果和技术能够以最快的速度应用于实际生产，尽快被基层一线推广人员所掌握，并在实践中得到检验，力求在农林科技创新中起到引领、示范作用。

2. 立足实际、协同创新，增强农林科技创新能力

农林高校在推进农林科技创新中，除肩负着为农林科技创新培养各类人才的重任以外，还需结合自身的专业优势和区域经济社会发展需求，扎实开展科学研究，为有效推进农林科技创新提供科学技术支撑。农林科技创新是指通过科学研究、发明、创造以及科技成果推广、运用来增强农林生产能力并获得最高效益的运动过程。在农林高校的科技自主创新能力建设中，项目是纽带，团队是主体，平台是支撑，三者共同构成农林科技创新的核心要素。

（1）设计"大项目"，凝练农林科技创新方向

项目是连接科技投入与成果产出的主要纽带，也是实施科学研究、成果转化、技术推广的主要形式，更是农林高校开展农林科技创新能力建设的基本载体。农林高校需立足于自身的专业特色和学科优势，一方面要瞄准国际科技发展前沿和高新技术领域的焦点热点问题；另一方面高度重视技术攻关和技术开发，着力于解决农林发展、农村经济社会发展的重大问题，从区域发展的实际出发，紧紧围绕山区独特的产业或项目来展开，加强"重大项目"的主动设计，凝练农林科技

创新的主攻方向，走符合区域经济社会发展的特色化的科技创新路子。加强"大项目"的科学管理，是农林高校有效提升农林科技创新能力的基础。对于"大项目"的管理，农林高校不仅要在前期的申报上狠下工夫，在项目的结题管理上，也要按时进行验收结题，对照原定的目标对项目进行效益评估，强化项目的成果登记，实现目标管理与过程管理、经费投入与成果产出的有效结合，力争实现"大项目"产出"大成果"的愿景。

（2）组建"大团队"，汇聚农林科技创新力量

当前，科技的发展已经进入了"大科学"的时代，科学研究日益趋向综合化、深层化，再加上现代农林科学研究的深度、广度和复杂性不断增强，尤其是在一些农林重大战略型研究领域，依靠单枪匹马进行孤军作战的研究时代已经不能适应现代农林科技综合化、集成化的发展需求。因此，农林高校集聚高素质的科研力量，组建跨学科、跨领域的研究团队，是有效应对现代农林科技发展提出的新挑战的一种重要组织形式。农林高校科学研究"大团队"的组建上，关键在于选配一名素质好和综合能力强的团队带头人，配置知识结构、年龄梯度、学术层次等均较为合理的团队成员，力争形成智力和知识的合力，实现多学科、跨领域的优势互补，充分发挥团体的整体优势。在"大团队"的运行管理上，应充分调动团队每位成员的积极性，建立健全团队运行和管理机制，力争建立一套能够有效协调各成员的利益激励机制，促进团队健康可持续运行。在"大团队"的组织文化上，团队成员要解放思想、革新观念，摒除仅"挖井"不"造海"的保守观念，开放合作，在纵向"挖井"的同时，加强横向拓展，突破原先单一的、隔离式的研究方式，将众多口"井"连接成一片"海"，旨在形成有助于"大团队"进入良性循环发展的文化氛围。

（3）构筑"大平台"，协同创新破解发展难题

"2011计划"的总体目标，其中一项就是建立一批"2011协同创新中心"，集聚和培养一批拔尖创新人才，取得一批重大标志性成果，成为具有国际重大影响的学术高地、行业产业共性技术的研发基地、区域创新发展的引领阵地和文化传承创新的主力阵营。农林高校以原有的国家和省部级工程中心、重点实验室、科技服务平台为基础，通过进一步整合学科资源，优化"人、财、物"等科技创新要素资源配置，确立符合区域发展特色的相对集中的研究方向，构建特色鲜明、优势突出、结构合理、协调发展的"大平台"。

3.完善农林科技推广模式，提高服务农林建设能力

提高服务农林建设的能力，农林高校应变"供给主导"为"需求主导"的应用研发模式，不断优化农林科技创新链，完善法人、团体、专家等各类科技特派员制度，充分挖掘高校这一创新主体的服务潜力，建立健全高校内部的农林科技推广和成果转让组织体系，提高农林科技服务的组织化程度。

（1）实行"需求导向"研发模式，优化农林科技创新产业链

当前，关于农林科技推广模式，往往强调"产学研"的运行模式，但在实践操作过程中，"学"占据主导，就是高校的科研人员根据自身的兴趣特长或根据有限的需求信息，对已有的研究课题进行整合，导致取得的研究成果处于转化难、产业化更难的困境。"2011计划"实施的基本原则之一便是坚持"需求导向"。所谓需求导向的应用研发模式，就是高校直接从行业、企业和其他技术成果需求者那里获得课题，按照合同要求进行研发，将取得的研发成果交给需求主体去进行转化和产业化。需求导向的研发应用模式，与供给主导的研发应用模式的主要区别，在于将产学研的合作起点前移到研究的出发点与落脚点的统一上，并贯穿于研发的全过程。农林高校在积极培育自主创新成果的同时，应主动出击，瞄准农林产业化发展的新需求，积极对接市场需求，密切与政府、企业、社会组织之间的联系，加强应用研究和技术创新，促进学科与产业、研究与需求的有效对接，从而优化农林科技发展的创新链、产业链、学科链、专业链，最终形成良性的闭合的循环农林科技创新体系。

（2）完善科技特派员制度，挖掘创新力量服务潜力

在服务农林建设过程中，农林高校不应仅停留在单纯的技术指导服务层面上，还应扩展到基层农技人才培养、产业规划、技术服务、文化建设等全方位的服务领域。科技特派员在农林高校服务农林建设过程中，发挥着输送技术成果的桥梁纽带作用，是推进农林科技创新的重要实施主体。科技特派员制度是以科技特派员为主体，以满足"三农"的科技需求为出发点，以市场为导向，在国家政策引导下，由政府选拔下派科技特派员，为农民、涉农企业提供技术咨询、服务和开展科技创业的一项制度。实施科技特派员制度，提高了农林科技成果转化率和科技在农林生产中的贡献率，有力促进了农林生产方式的转型升级。然而，随着社会与高校之间交流合作的深层化发展，农林高校提供单一的技术服务已经不能有效满足农林发展的需求，促使科技特派员从个人或是团队，延伸到一个组织，即

所谓的"法人科技特派员"。作为个人或团队科技特派员，往往以深入基层、走进农村或企业，以项目、技术咨询等形式服务地方农林经济建设发展，缺乏技术的系统性、理论的前瞻性。农林高校作为法人科技特派员，依靠学科、资源、人才等优势，有组织、有计划、有针对性地参与地方合作，会更全面、系统性地推进农林科技创新。

（3）健全农林科技推广组织，增强农林科技服务效能

积极服务地方建设，不仅是高校履行历史使命和承担社会责任的主要举措，也是高校借助社会资源实现自我可持续发展的内在驱动力。随着农林高校服务农林生产发展的规模、领域的不断扩大，除需要有一套激发科技研发人员积极性、规范科技服务行为的长效机制以外，从农林高校自身角度而言，农林院校依托丰富的教育资源和农林科技创新资源优势，结合农林科技创新的需求，应建立健全主要致力于连接高校与地方的枢纽组织，诸如"现代农林科技服务推广中心""现代农林科技信息咨询中心""现代农林技术人才培训中心""现代农林创业管理服务中心""农林高校驻地方的科技合作促进中心"等机构。关于这些中心的运行与管理，应组建专业化的营销团队和管理团队，向校内联系专家、团队，向校外联系企业、农村，主动探索和把握市场规律，及时捕捉农林市场信息，善于将科技成果推向市场，加强双向互动，畅通合作信息，拓宽合作渠道，创新合作模式，深化合作领域，为农林科技推广做好服务工作，为农林科技推广牵线搭桥，促进产学研合作持久深入，继而提高农林科技服务效能。

第三节　高等农林院校是实现"社会主义新农村"的主力军

一、大学生村官在新农村建设中的作用

由于我国长时期工业与农林发展的不平衡，城乡差距逐步拉大，广大农村不仅经济文化落后，农民的整体素质也远远落后于中国的现代化进程，使得农村的发展成为我国实现和谐社会建设和全面奔小康的瓶颈。有组织、有计划地选聘高校优秀毕业生到农村任职，有利于解决村级组织后继乏人，培养有知识有文化的新农村建设带头人的问题；有利于改善村干部队伍的结构，增强农村党组织的凝

聚力、创造力和战斗力，巩固党在农村的执政基础；有利于推广现代农林新技术；有利于引导大学生面向基层和农村就业，缓解社会就业压力，为社会主义新农村建设提供人才支持和组织保证。

二、农林院校大学生村官在新农村建设中的主力军作用

1. 大学生村官在新农村建设中的作用

（1）有利于促进农村传统思想习俗的转变与新观念的传播

长期以来，由于在中国长期存在着城乡两元分割的体制，农村和城市之间存在着很大的差异。在城市经济飞速发展的同时，农村发展相对缓慢，农民的思想观念比较落后，整体文化素质较差。一些封建愚昧的传统风俗习惯在农村还有较大的市场，这些落后的东西，禁锢了农村人的思维，严重阻碍了农村经济的发展。比如："不孝有三，无后为大"的生育观；"知足者常乐"的幸福观；"日出而作，日落而息"的时间观；"父母在，不远游"死守自己一亩三分地的乡土观；财物是"生不带来，死不带走"的财富观念。特别是在一些农村干部的身上，还存在着相当严重的封建落后观念。在这种形势要求下，就有必要选拔那些知识丰富、能力强、素质高、愿意为社会主义新农村建设作贡献的优秀大学生到基层，为农村基层组织增加新鲜血液，全面提高农村基层组织带头人的政治思想、现代科技和文化素质。经过严格选拔的优秀大学生，整体文化素养较高，思想活跃，思想观念先进，接受能力强，掌握新东西快，能给农村带来很多新鲜的东西。事实证明，大学生村官到村后，利用所学知识，身体力行，在倡导文明道德的社会风尚，倡导健康文明的生活方式，倡导积极向上的精神风貌方面确实起到了很大的作用，如积极开展文明村风建设，五星家庭、好媳妇好婆婆，致富能手评比等活动，在村民中引起了不小的反响，在促进农村传统思想的转变与新观念的传播上也收到了一定的效果。

（2）有利于加强农村基层干部队伍建设

近年来，大批中青年农民纷纷外出务工，特别是一些文化程度高、能力强的农民离开农村，更使村级干部队伍建设步入困境。经济落后的农村基层干部现状是整体年龄偏大、文化素质不高，经济头脑陈旧狭隘，处理问题缺乏新观念、新思路、新办法，主要是依靠以往的经验，家族式的管理方法，工作方式简单、作风粗暴，不能按照科学发展观的要求开展工作。他们的政治意识也缺乏现代社会

应有的先进性，对国家政策的理解不透彻，不能满足社会主义新农村建设对基层高素质人才的要求。农村基层干部队伍急需注入新鲜的血液，焕发活力。再加上农村工作琐碎繁杂，棘手问题较多，待遇偏低，能力强的人不愿从事农村基层管理工作，即使在岗，也不能投入全部精力。而大学生村官给农村带来了新的事业观念、新的知识技术、新的工作方式和新的精神面貌，他们有热情、有想法、也有办法，从而增强了基层党组织的创造力、凝聚力、战斗力，较大程度地改变了村级干部年龄老化、文化偏低、能力较弱的状况。

（3）有利于促进农村民主法制建设

当前农民的法制观念相对淡薄，自我保护意识缺乏。大学生村官都是经过高等教育，通过一定程序选拔出来的是其中的佼佼者，具有较高的综合素质，对国家依法、民主和科学执政的理解更深刻，对国家政策、方针和措施的认识更透彻，具有较强的民主法律意识，能够自觉地按照国家有关法律依法办事，注意充分听取广大村民的意见。进村后大学生村官在田间地头展开法制宣传，进行法制教育，对一些和农民利益联系密切的政策法规，制作成宣传单，送到农民手中；成立一些经济协会，保护农民的利益。在他们的宣传影响下，农民的法律意识都有了明显提高。例如铜山县单集镇的粉丝比较有名，但从来没有人想到过要统一销售渠道，统一包装，以申请专利。以大学生村官张天然为例。到村后，专门为此申请了"天然"牌商标，成立了小型包装厂，专门为村里的粉丝做外包装，保护了农民的专有权益，同时提高了产品附加值。他们强烈的法制观念也影响到原先的村组干部，甚至是乡镇干部，促使他们在实际工作中都更多地考虑群众利益，逐渐改进工作方式方法，从而促进农村基层工作的法制化、民主化、科学化，推进农村民主法制建设。

（4）有利于促进农林新技术和新知识的推广与传播。大学生知识丰富、视野开阔，到农村工作正好能充分发挥他们的专业特长，把一些新知识、新技术和新理念带到农村，造福农民。毕业于苏州科技大学的铜山县伊庄镇烈庄村支部副书记张群，利用自己的特长在该村创办了第一家村级农林信息咨询室，利用农村党员干部现代远程教育平台播放科教视频，及时为村民提供法律法规、农林政策、农技知识等方面的信息，努力学习农林新科技。大学生村官若根据实际，积极推动该村的产业结构，推进农林品种的改良，形成带动型农林项目，就能取得良好的经济效益和社会效益。而社会效益更是大于经济效益，使农民开阔视野，改变观念,认识到知识的重要性,从中体会到科学种田的甜头,进而受到村民们的称赞。

2. 影响制约大学生村官发挥作用的主要因素

（1）大学生到农村基层工作有一定的被动性和不稳定性

大学生到农村担任村官,不可否认有相当一部分是出于就业的考虑,是当前就业压力较大和优惠政策引力下的一种无奈选择,并不是出于对农村事业的热爱,缺乏服务农村基层的主动性。一部分大学生村官认为自己不会在农村工作一辈子,只是到农村来过渡一下而已,三年任期期满就会离开农村,不能把全部的精力投入到农村工作中来。还有一部分大学生村官认为自己到农村工作,是大材小用,不能实现自身的价值,因而大事做不来,小事不愿做,最终结果是一事无成。

（2）大学生村官实践经验不足,缺乏引领农村社会发展的实际知识技能

由于大部分大学生村官没有农村生活的经历,再加上农村的人际关系较为复杂,利益纠葛较多,工作繁杂琐碎,一时难以适应,许多大学生村官到下面后都面临工作难以"深入"的问题。因此,大学生村官到村后首先应尽快地了解农村,融入农村,与群众"打成一片";其次,大部分大学生村官都是从学校直接到工作一线,工作经验缺乏,书本知识丰富,解决实际问题的能力不足;最后,大学生村官比较单纯,缺乏足够的人际沟通能力、协调能力。另外,农村环境复杂,工作繁琐,面对困难和挫折,大学生村官要有良好的心理素质和意志品质,提高自我激励的能力。如何弥补自身存在的不足,完善知识结构,将理论知识尽快转化为实际工作能力,也是影响大学生发挥作用的一个因素。

（3）农村条件差,缺乏吸引力

农村的基本条件差,特别是在一些经济贫困地区,条件更差。地处偏僻、交通不便、办公设施落后和生活条件都很艰苦,对于那些从小生活在都市的独生子女来说,这实在令他们难以满意。另外,大多数村民对大学生村官也不看好,认为他们只是过渡一下,到村里来是一个跳板,不会真的留下来工作,与他们的相处也保有一定的距离。原有村官对大学生也存在一种矛盾的心态,一方面盼望有个得力助手,另一方面大学生具备的优势又使他们感到"害怕"。大学生村官多是以"助理"的身份开展工作,对于村里的具体工作没有实权,也没有分工,甚至有些大学生村官被抽调到镇政府协助工作,到村里的时间很少。在这种情况下,积极性受到打击,觉得自己是英雄无用武之地,使他们颇感精神上的孤独。因此,他们中的很多人在释放完激情后,就带着所期望的优惠政策等待重新踏上城市的

旅途，开始新的生活。

（4）制度保障不力影响了大学生村官的工作积极性

国家和各级政府为鼓励优秀的大学生到农村任职，相继出台了一系列保障制度和激励措施，并且形成了规范化的制度。应该说，这些制度、措施的制定，对于就业压力不断增大的大学生来说，还是颇具吸引力的；对于把城市的优秀人才、先进科技引入农村，给新农村建设提供优秀人才和先进科技资源支撑起了重大作用。但就目前执行情况来看，落实得不是很到位，没有完全达到预期的效果。

3. 实例分析：大学生村官落实"四个现代"在新农村建设中发挥突出作用

2007年7月，张天然刚到洪楼村时，村里正笼罩着一片阴沉的气氛。村民们产调种植了近百亩大蒜，市场行情仅1毛钱斤，有不少就烂在了地里。村民们一个个唉声叹气，愁眉不展，感到致富的路很迷茫，对村干部也失去信任。面对这种困局，我一方面向镇农技员请教村里土壤的适应性，一方面在网上大量搜览信息。在反复比较论证后，张天然积极向村里建议发展黄瓜制种业，并主动与天津绿丰公司驻徐办事处取得联系，与该公司达成出资盖棚、技术全程指导、黄瓜制种回收的协议。经过逐一上门说服、村干部带头示范，村里群众的投资热情才逐渐恢复。为确保村里黄瓜制种户的收益，我多次从县农林、科技部门请来技术员，手把手教给制种户病虫害防治办法，为每家每户备好应急药品。经过悉心的培育，我们村每亩黄瓜大棚的纯收入超过4000元，村民人均增收600多元。

黄瓜制种项目的成功让村民们对张天然刮目相看，也让张天然感到农村的改革发展需要大量有知识有文化的大学生，大学生村干部在新农村建设中大有可为。为让村里传统的小作坊式的粉丝生产走向规模生产和品牌经营，张天然利用县委设立的大学生村干部创业基金，成立了铜山县婵河农林科技有限公司，注册了天然牌粉丝商标，现在包装一新的天然牌粉丝已打入徐州市数十家大中型超市；为让村民学到更多创业致富的本领，张天然多次邀请县张集职业中学的专业老师，在村里举办了电焊和面点培训班；为用文化引领乡风文明，改变村民们打牌赌博等不良行为，我向县文化局、科技局等单位协调争取了5万元资金，购进了3000多册实用书籍，办起了农民书屋。同时利用村里的远程教育设备，为村民们播放科技种养、卫生保健等电教片……

张天然担任村支部书记后，感到自己带民发展的责任更重，需要克服的问题和困难更多，急需进行知识的更新和理论的提升。在农林部组织的2008年第二期"大学生村官"培训班上，张天然聆听了专家对十七届三中全会精神的解读，观看了北京市新农村建设示范点韩村河村。这些都让张天然倍感振奋，让张天然对江苏省委书记梁保华提出的"用现代工业装备农林，用现代科技改造农林，用现代经营方式革新农林，用现代知识武装农民"有了新认识，让我对大学生村干部在新农村建设中应发挥的作用有了新思考。

大学生村干部在要做到用现代工业装备农林，应通过多种方式来发展现代企业。一是要通过招商引资和自主创业，建设农林产业化龙头企业，带动农村群众大力发展农产品加工业，实现农产品增值，促进农林产业结构的优化，带动包装、贮藏、运输、通讯等非农产业的发展。为鼓励大学生村干部带头创业，各地除设立大学生村干部创业基金、大学生村干部创业专项贷款外，还应制定大学生村干部创业优惠政策，在项目审批、企业注册、场地安排、环保评估、办理证照方面给予优先优惠，为大学生村干部创业创造宽松的环境。农林、农林、科技等部门还应组织专家服务团，采取举办培训班、巡回讲课、现场指导等方式，有针对性地为大学生村干部提供项目论证、技术指导和市场信息等系列化服务，提高创业项目的科技含量，降低创业风险。二是要积极争取政策支持和资金扶持，引导和鼓励农村群众购买农林机械，抓好农田水利、耕地质量建设，用先进装备来改善农林生产条件，促进农林生产的规模化和标准化。在大力发展现代企业的同时，引导各类型的企业返哺农村、农林和农民，加大投入，切实抓好农民最急需的饮水、道路、能源、电力和环境卫生等基础设施建设，改善人居环境，使农村基础设施建设滞后的局面获得明显改观，加快农村工业化和城镇化进程。

大学生村干部要做到用现代科技改造农林，应重视对现代农林科技知识的学习和应用。只有在熟练掌握现代农林科技知识后，才能对这些推动农林、农村发展的重要知识进行灵活应用，才会大力推广受群众欢迎、能促进产业发展的先进实用技术。同时还要努力争取县、镇农林、科技部门的支持、扶持，深入实施"农林科技入户"工程，实现科技人员直接到户、良种良法直接到田、技术要领直接到人。此外，应加快对农村实用人才的开发、培养和使用力度，充分激发其创造活力和带动作用，促进农村经济发展。再有就是要通过报刊杂志、广播电视、网络等媒体，积极搜寻符合当地实际，能够真正给农民带来实际效益的新品种、新技术、新设备、新农艺，邀请专家给予专门辅导，通过示范引导、典型带动，提高农林科技成果的转化应用水平。

大学生村干部要做到用现代经营方式革新农林，应结合自身实际灵活发展村级经济。在发展村级经济时要坚持规划先行、实效第一的原则，宜农则农、宜商则商、宜工则工，不能一刀切。大学生村干部可寻找与本村资源、规模相似的先进村，组织群众到发展先进村观摩学习，并结合本村的实际发展特色产业。为提高村民参与发展的积极行和组织化程度，可引导村民组建产业协会、营销协会、经济合作社、土地合作社等合作经济组织，以实现规模养殖、种植发展，提升农林生产效益。还可采用"公司＋基地＋协会＋农户"的模式，大力发展农产品加工企业和农林产业化龙头企业，以降低农产品生产与进入市场的成本，化解市场风险。

大学生村干部要做到用现代知识武装农民，应充分发挥自身的文化优势。到村任职大学生可利用自己知识丰富、接受新鲜事物较快的优势，利用科技文化下乡、建设科技文化超市、举办科技知识培训班、党员现代远程教育等多种载体，着力提高农民的政治思想素质、科技文化水平和遵法守法意识。可组织村民积极开展"十星级文明户"、"十佳好儿媳"、"十佳好公婆"等文明评选活动，大力宣传社会主义荣辱观和核心价值观，倡导健康文明的生活方式，让农村群众自觉抵制封建迷信活动和不良文化的侵蚀，树立社会主义文明新风尚。

大学生村干部能不能在新农村建设中发挥突出作用，除了自身的积极努力外，还需各级党委政府为大学生村干部的健康成长创造良好环境。一是大学生村干部任职村应明确其具体的分管工作，大胆放手地让他们参与村级事务的管理，创造让他们独当一面的锻炼机会。通过这种逐步参与、不断成长的渐进式培养，使更多的大学生村干部更好地发挥出自己的聪明才智，在广阔农村找到实现人生价值的舞台。二是应强化对大学生村干部的教育培训，可采取专题培训、外出参观学习等方式，使大学生村干部不断开阔视野和思路，对国家政策、产业形势等宏观知识有系统的了解，对农村实用技术、村级事务管理有深入的把握，从而更好地担当其新农村建设和农村改革发展的时代重任。

三、高等农林院校大学生"准村官"培养机制

地方农林院校培养大学生村官，在政策保障支持、生源基础、办学条件和社会资本等方面优势明显。地方农林高校在培养学生的科技知识的同时，还要注重"全人"的培养，在道德建设、社会责任、实践能力、调查研究、群众工作等方

面统筹规划，要着眼于学生知识、能力、素质的协调发展，以更好地适应基层农村的用人。

1. 农林院校开展大学生"准村官"培养的现实意义

农林院校实施大学生"准村官"培养，无论是对于完成自身肩负的特定历史使命，还是在促进自身办学模式创新、服务学生更好成长成才等方面，都具有十分重要的意义。

（1）服务"三农"历史使命的要求

解决"三农"问题是中国现代化建设的重要工作任务，也是建设事业成败的关键，关系到我国经济和社会发展全局。2012年中央《关于加快推进农林科技创新，持续增强农产品供给保障能力的若干意见》指出："实现农林持续稳定发展、长期确保农产品有效供给，根本出路在科技"。可见，要切实推进农村发展，全面实现小康社会，科技是关键。而要把科技带到农村，让农民得实惠，就要靠人才。人才是科学发展的第一资源，新农村建设最重要的是要突破农村人才缺乏的瓶颈。大学生村官有知识、有文化、有激情，恰恰最适合在农村传播和推广现代化的农林科学技术和先进的农林生产经营管理理念，提高农林产业在市场经济中的竞争力。因此，在农林科技和人才培养方面具备优势的高等农林院校，应责无旁贷地肩负起为建设社会主义新农村提供强大的智力支持和人才支持、服务"三农"、促进农村生产力的提高和发展的历史使命，这也正是农林院校开展大学生"准村官"培养的首要意义所在。

（2）创新人才培养模式的需要

我国重要领导人在《庆祝清华大学建校100周年大会上的讲话》中就指出："高等教育的根本任务是人才培养。"因此，高等农林院校必须要把培养和输送大批优秀的大学生人才作为根本的任务。目前大学生村官的在村工作在总体上已初具成效，但与社会主义新农村建设的要求仍然存在一定的差距。因此，高等农林院校就应顺势改变创新人才培养的模式，以培养面对农村基层的人才为核心，紧密结合农村基层工作的特点，建立起适合农村经济与社会发展的农村基层人才培养新模式，使青年大学生能更坚定、更自信地投身农村基层并建功立业。通过农村基层锻炼，使大学生能深入了解基本国情和社会现状，端正他们的入职动机；通过系统的通识教育和专业培训，去完善他们将来从容应对基层工作所需的知识结构；通过广泛的社会实践和体验锻炼，以提高他们的实践操作能力。以一整套系统的"准村官"培养新模式的塑造，大学生就能在思想认识、知识素养和技能水平等方面得到充分地锤炼和提高，从而为今后能更好、更快地进入"村官"这一特殊而又复杂的角色奠定坚实的基础。

（3）拓宽学生就业渠道的需求

随着经济的发展和社会的进步，越来越专业化的社会分工使得社会对大学毕业生的要求越来越严格。另外，我国的大学教育从传统的精英化教育逐步向大众化教育的转变，使大学生人数逐年激增，就业形势十分严峻，就业问题也随之愈发凸显。现在一些农林院校的大学生在毕业择业时，为了能留在城市，宁愿放弃自己学习了 4 年的专业，也不选择到农村基层去就业、创业。这恰恰体现了高校教育体系中对大学生农村基层就业指导环节的缺失。在这样的社会背景下，高等农林院校应把握时代发展的形势，营造"准村官"培养模式教育，帮助大学生进一步树立正确的就业择业观，形成农林类毕业生面向农村基层就业创业的良好氛围。特别是引导大学生到农村基层一线去担任大学生村官，让他们尽情地在农村基层的广阔空间去释放激情、去施展才华、去实现抱负。与此同时，也缓解了农林类院校大学毕业生的就业压力，拓宽了毕业生的就业渠道，更为大学生的职业生涯选择开辟了新的思路。

2. 农林院校开展大学生"准村官"培养的独特优势

近年来，在党和国家的持续重视和关心下，高等农林院校得以迅速发展，并逐步形成了独具特色的办学模式并扩大了社会影响，这些都成为农林院校实施大学生"准村官"培养工程所具有的特有优势。

（1）明确的制度要求，为"准村官"培养提供了坚强的保障

为了切实推动大学生村官计划的深入实施，近几年中央及地方相继出台了一系列文件，进行了明确的部署，其中也指明了高等院校（特别是农林院校）在大学生村官计划实施过程中的职责和工作要求。在中央组织部等部门下发的《关于建立选聘高校毕业生到村任职工作长效机制的意见》中就要求"高等院校特别是农林院校，要结合大学生'村官'特点和工作需要，开展继续教育和研究生同等学力教育"、在扶持自主创业方面，"高等院校要积极开展创业教育和实践活动"。在《关于做好大学生"村官"有序流动工作的意见》中要求"鼓励高等院校加强适合大学生'村官'继续学习的本科专业点、硕士学位点建设，为大学生'村官'期满后继续学习深造创造条件"、"结合实际，整合教育培训资源，积极开辟多

种渠道，支持大学生'村官'继续学习"。这一系列的制度要求，对高等农林院校开展"准村官"培养提供了根本性和长期性的政策依据和保障。

（2）鲜明的学科特色，为"准村官"培养提供了有利的条件

高等农林院校具备培养优秀大学生村官所必需的专业学科资源。以福建农林大学为例，作为一所具有 76 年办学历史的高等农林院校和福建省重点高校，该校现有 8 个博士后科研流动站、11 个一级学科博士点、23 个一级学科硕士点和 72 个本科专业，形成了以农林学科为主，涵盖农学、工学、理学、法学、经济学、管理学等十大学科门类的教学科研型综合类高校。其中在省内具有独特优势的农林类学科资源，十分便于对大学生"准村官"进行具有针对性的农林科学及农村经济、社会管理等教育教学，为大学生"准村官"培养提供强而有力的智力和技术支持。2011 年，福建农林大学抓住第 9 届"6·18"中国海峡项目成果交易会这一契机，与长乐市正式签订了"校地合作框架协议"，共同建立了福建省首个"大学生村官培训基地"。培训基地积极发挥农林高校的学科优势，在长乐市开设了一系列村官培训课程，得到地方政府以及在职大学生村官的一致好评。同时组织大学生"准村官"带着特定的课题深入农村开展调查研究、社会实践等，收效良好。可见，高等农林院校利用自身鲜明的学科优势开展"准村官"培养，不仅可能，而且可行。

（3）特殊的"三农"情缘，为"准村官"培养提供了充足的资源

长期以来，高等农林院校立足"三农"问题，服务农林、服务农村、服务农民，在"三农"领域积淀了十分浓厚的情缘关系，形成了对"准村官"培养工作十分有利的独特优势。一方面，农林院校长期以来为"三农"建设培养和输送了大批的毕业生，他们作为高素质的农林科技人才，广泛分布于"三农"工作中各行各业的第一线，他们十分熟悉"三农"工作的方方面面、点点滴滴，可以有效地服务于"准村官"培养工作。另一方面，农林院校在长期的办学历程中，通过与涉农社会职能部门的广泛合作以及与广大农民朋友面对面真诚的接触，已普遍与他们之间建立起了良好的互通互信关系，这使得农林院校的"准村官"培养工作容易得到当地政府职能部门和农民朋友的认同和支持。这一系列特有的"三农"情缘优势，使农林院校具备了广泛良好的社会关系基础。在农村各方因素的支持下，"准村官"培养工作势必会得到很好的推进和发展。

3. 农林院校大学生"准村官"培养机制的构建

大学生"准村官"培养是一项全面的系统工程，农林院校应根据实际情况，积极发挥自身优势，优化整合各类有利资源，创新大学生村官人才培养新模式。即按照村官特定的培养目标，开展多层次的专业培养，同时建立相对稳定的课程和实践体系以及专业化、多元化的师资队伍，探索性地构建大学生"准村官"培养新机制，为新农村建设输送一大批优秀的大学生村官人才。

（1）制定鲜明的"准村官"人才培养目标

培养目标是教育培养工作的风向标，是整个培养体系的前提和基础。为此，农林高校在大学生"准村官"培养上，更应突出以农村基层工作需求为核心，紧紧围绕中央对大学生村官"下得去、干得好、留得住、流得动"的要求，把培养社会主义新农村建设的生力军、服务基层农民群众的自家人、中国特色社会主义建设事业的接班人作为大学生"准村官"培养的主要目标。具体要求如下：第一，要具有良好的思想政治素质，富有建设社会主义新农村的使命感和责任感，有理想、有抱负，热爱"三农"，真正愿意把人生发展与农村建设联系在一起，并当成一项人生事业去做；第二，要具有较强的组织协调能力，能组织、会管理、重沟通、善交流，同时具备独立获取知识、处理信息和创新能力，能独立开展调查研究，并具有良好的口头与文字表达能力；第三，要具有合理的理论知识结构，熟悉并掌握国家的法律政策，特别是涉及"三农"的农村政策法规，熟悉农村基本情况，同时要有现代化的思想观念和一定的专业知识，具备农村经济、农村管理以及农林科技等方面的基本知识和技能，做到懂技术、会经营；第四，要具有一定的农村基层实践经验。真实了解农村一线基层的实际情况，能将理论知识与基层民情实际相融合来思考问题；第五，要具有健康良好的身心，能够适应农村相对艰苦的工作和生活条件，同时具备较强的自我心理调适能力和心理承受能力，拥有健康正确的村官职业认知。

（2）设置具有层次性的"准村官"相关专业

近年来，河南农林大学率先开设了全国首个大学生村官专业———农村发展与管理专业。实践证明，将大学生村官这一特定职业进行专业化培养，能使大学生村官在学校得到更加系统、专业的村官素质培养，造就了一批适应国家实施新农村建设战略需要的农村新型人才，也为其他农林院校大学生村官预培养模式提供了有益的经验借鉴。但同时，可能由于担心生源以及就业等问题，对设立"村官"专业这种类似"定向培养"性质的培养模式，各农林高校大多持谨慎的态度，使得"村官"专业"叫好不叫座"。随着国家对大学生村官计划的日益重视，对大学生村官无论是质上还是量上无疑都提出更高的要求。因此，为保证将来大学生村官能迅速融入农村、适应角色，目前比较稳妥的村官专业设置方式是在各农林高校现有的涉农相关专业（如农林经济管理、农村区域规划等）的基础上设立村官方向，优化和整合人才培养资源，采取本科专业教育、双学位教育和研究生教育等多层次的村官专业体系。

①开设"准村官"方向的本科层次教育

通过适当降低录取分数线、减免部分学费、设立专门的奖学金等优惠政策，鼓励和吸引有志于将来服务农村的应届高考生报考农林经济管理、农村区域规划等现有村官方向的涉农专业，或到大学二年级时再让其选择是否转入村官方向专业。这种方式的好处是使得这些大学生从大学低年级开始就对自己未来的村官职业规划有了较清晰的认识，从而在大学4年的学习、生活中有针对性和目的性地进行知识学习和社会实践，以使将来能学以致用。

②开展大学生"准村官"第二学位教育

作为村官方向本科教育的有益补充，扩大培养范围，同时也能让更多的志愿将来到农村担任村官的非农专业的大学生提供系统专业的培养，在条件允许的情况下，可打破学科专业的界限，甚至制定相应的鼓励措施，鼓励和支持更多的大学一至三年级学生来修读村官方向专业的第二学位，使更多优秀的大学生加入到"准村官"队伍中来。

③开展研究生层次的"准村官"教育

随着就业压力、个人情感因素等主客观条件的影响，硕士研究生报考大学生村官的例子已屡见不鲜。为提高村官的学历层次和研究水平，有条件的农林院校可依托涉农学科的硕士学位点开设村官方向，开展应用型专业硕士研究生教育。既可以在应届本科毕业生中招生，又可以从在职大学生村官中选拔。通过研究生层次的村官教育，势必能进一步提高"准村官"的研究水平和工作视野，以便能更好地服务新农村建设。

（3）开设富有实用特色的"准村官"课程

合理的课程设置有利于大学生"准村官"将所学的知识最大程度地转化利用，是整个培养模式创新中的关键环节。因此，高等农林院校应在"准村官"培养过程中，针对村官方向专业的特殊性，加大教学改革的力度，打破原有的院系、专业限制，整合课程资源，设置适合村官工作的课程，尤其是涉及农村基层管理、农村政策研究、新农村建设等与农村基层工作相关的实用型村官课程。同时在此基础上，尽快开发出适合国情、乡情、民情的的村官培养教材，并及时对新政策、新技术、新情况等进行教学内容更新，保持课程教学环节的时效性和针对性，在激发"准村官"学习兴趣的同时，极大地实现社会基层现状与课堂教学学习之间的真实有效对接。按照实用性的原则，高等农林院校在针对大学生村官方向专业的课程设置上，应该充分重视理论与实践之间的紧密联系，尤其是要重视可以直接积累农村基层经验的实践学习环节。这正是村官方向专业有别于其他现有专业的特色课程。设置的课程体系大致可以分为3类，即公共课程、专业课程、选修课程。

①公共课程的设置旨在培养"准村官"全面的基本素质与能力，应包含必要的语言表达、数理统计、政治经济、法律法规、人文历史及外语、计算机等基础知识。

②专业课程的设置旨在培养"准村官"将来从事农村基层一线工作所需的涉及政治、经济、法律、管理、农林等方面的实用专业知识，它在公共课程基础上更加深入地学习，因此更为专业、更为实际、更能用于实际的工作，如农林经济、农林法规、农村社会学、土地管理、农村区域规划等课程。

③选修课程则侧重于进一步拓展"准村官"的能力素质和工作视野，使其进一步了解和学习更多的涉农知识，如农村公共关系、农村保险、农林机械、农产品品质、动物医学、环境保护、水土保持、园林果树、作物栽培、农村游憩等。

（4）开展具有实战性的"准村官"挂职实践

因传统宗亲、风俗习惯等因素，农村往往存在着相当复杂的人际关系和利益纠纷，并形成农村基层所特有的处世观念和行为准则。不少大学生村官，特别在入职之初，由于对这种现实情况的不了解、不适应，造成工作施展不开、屡屡受挫，进而影响了工作积极性。因此，农林院校在大学生"准村官"培养过程中，应突出实践环节。让"准村官"深入农村基层一线通过一定时间的身体力行，真正了解和掌握农村的现实状况和农民的真实生活，培养与"三农"的亲近感和认同感，为将来的村官工作奠定坚实的感情和能力基础。

要实现情感上的认同和能力上的提高，仅仅依靠传统的短期"走马观花"式的参观实践，往往收效甚微。究其根本原因，就是这样的实践活动往往是在既定的时间、既定的地点，实践既定的内容，实践者往往因为缺乏足够的自主性而形成责任感缺失，进而表现为实践活动"讲形式，走过场"。为破解这一问题，福建农林大学借助校地共建的大学生村官培训基地，挑选有志将来到村工作的在校大学生组建大学生"村官助理"实践队，深入长乐市鹤上镇所辖部分村担任村官助理，协助在职村官开展日常工作，收效显著。这一成功的实验模式，为农林院校"准村官"培养中的实践环节提供一定的借鉴。即农林院校发挥自身特有的优势，与地方开展合作，共建实践基地，并借助基地平台，创造锻炼条件，开展"准村官"的"挂职"锻炼实践。把就读村官方向专业的大学生安排到在职村官身边担任村官助理，与他们同吃、同住、同工作，让"准村官"提前进入村官角色，并在与农民的广泛接触交流中，使"准村官"真实感受农村生活，培养服务农村的感情，了解农村生活常识，使学习到的理论与农村实践有效对接，实现实践环节与将来工作的零距离接触。

（5）建设多元化的"准村官"培养教学团队

人才培养的效果如何，很大程度上取决于师资是否达到最优化。同样地，在大学生"准村官"培养过程中，将有限的师资打造成一支优质的村官培养教学团队，无疑能为村官人才的预培养提供坚实的基础。新时期的新农村建设需要一大批复合型村官人才。所谓复合型，就是要求村官能通晓有关农村工作方方面面的知识，既要有农林相关的知识背景，又要懂得经济发展的规律和法律法规基础，也要具备一定的社会管理能力、沟通协调能力、心理分析能力等。这些课程的教学任务远远不是单个或几个系或学院能够独立承担的。因此，为更好地承担起"准村官"的培养教学任务，农林院校应针对村官工作的复杂性，优化整合校内外各方师资资源和结构，打造一支"宽口径、多元化"的村官预培养教学团队。这支教学团队包括校内和校外2部分。校内部分是指农林院校内部的师资力量。包括：第一，各相关学科的优秀教师，主要负责专业理论知识的讲授；第二，校内多年从事"三农"工作的各级管理干部以及教职员工中曾有农村基层挂职锻炼经验的人员，主要负责传授农村工作经验和心得；第三，从事毕业生就业创业指导工作的教学、管理人员，负责帮助"准村官"确立正确的就业观和职业生涯规划；第四，从事大学生心理健康教育的人员，负责对"准村官"的心理进行培训，并使他们能具备一定的心理分析工作能力，以备将来工作之需。校外部分是指来自本校之外的师资资源。包括：第一，聘请其他兄弟高校（包括农林类和非农林类）长期从事农村问题研究的专家学者来弥补本校某些专业师资的不足；第二，聘请多年从事"三农"工作的各级职能部门工作人员，特别是农村基层一线的干部和技术推广工作人员，来对"准村官"进行村官实务辅导；第三，聘请优秀的在职大学生村官来为"准村官"现身教学，讲授大学生村官工作的真情实感；第四，聘请在农村成功创业的优秀农民企业家来对"准村官"细说农村创业心得。

四、高等农林院校大学生村官任职情况的实例调查

高等农林大学生村官政策的实施不仅在一定程度上缓解了人才市场供大于求的状况，拓宽了大学毕业生就业渠道，还有助于改善农村干部队伍的人才结构，提高村干部的整体素质，拓宽培养选拔干部的新途径。然而，现如今的这些天之骄子们到村任职的情况不容乐观，大多数对以后的职业规划不明确，案例中就延安市安塞县沿河湾镇的大学生村官到村任职情况作以分析。

1. 环境现状调查与分析

（1）镇况调查

延安市安塞县沿河湾镇，位于安塞县东南部，延河两岸，距县城 15 千米。面积 210.64 平方千米，人口约 4 万人。辖 1 个居委会，27 个行政村，102 个村民小组。2008 年起开始面向全省招收大学生村官，至今为止已有 7 名大学生村官任职于 7 个不同的行政村。

（2）大学生村官到村任职动机

现如今城市竞争大、就业难已成为一个不争的事实，大学生选择到村任职无疑是一个一举多得的好事。不仅可以锻炼自身，为家乡做贡献，也可以充分解决农村人才资源匮乏的问题。80 后是最需要锻炼的一代，并且农村的舞台也非常地大，是大学生村官施展抱负的良好平台。

（3）大学生村官工作情况

从职位上来看，一般担任村书记助理、村主任助理、村信息员、气象信息发布员、农家书屋管理员、村网站建设管理员、妇女主任等职，兼职的情况比较多，如村书记助理兼任农家书屋管理员或气象信息发布员或妇女主任，多而杂，大多数不对口，能做的都做，普遍积极热心，比较喜欢现在的工作。但有人埋怨大学生村官没有得到应有的重视。

被访大学生村官出勤时间多为每星期 5 天，少数为 6 天，还有的连续工作不休。从工作年限上来看，在被访者中除一人 2009 年 9 月到村后任党支部副书记，2011 年被破格提拔为沿河湾镇的副镇长，享受公务员级别待遇外，其余 6 人均留在原村，职务不变。

（4）大学生村官待遇情况

陕北煤炭资源发达，工资水平普遍比较高。这些村官的基本工资在每月 1750 元，针对边远山区，每年还享有 1000 元的生活补贴，其养老保险、医疗卡也都由单位统一缴纳，满三年可以续签合同。

对于基本为当地人的大学生村官，这样的工资待遇在整个陕西地区算中等水平，并且由于村官工作时间不固定，闲暇时间可以自主创业，如存储一些农副产品到冷库，等物价上涨再来出售或承包土地等。

（5）大学生村官工作中的困难

在这 7 名村官中，大部分都是安塞县的人，属于土生土长的，因此很轻易的就从天之骄子转换到地地道道的农民身份，熟悉的生活环境，使他们各个方面都能够适应。

近年来，中共中央办公厅、国务院办公厅联合发文《关于引导和鼓励高校毕业生面向基层就业的意见》，提出要在 3~5 年时间内基本实现全国每个村至少有 1 名高校毕业生的目标。但这只局限于党中央的高度重视，往下一级一级的只起到宣传作用，从县里的完全不重视到乡上认识不到大学生村官的重要性，这也是大学生村官工作难以开展的一个重要方面。让这些村官难以开展工作的还有村民的不理解，让人费解的是村民看不起村官，认为他们如同签了三年合同的临时工一样，三年后何去何从，都无从知晓，不如下乡干部稳定。村官毕竟不是"官"，很难听命于你。

（6）大学生村官对未来的打算

从 2012 年国家公务员招生考试不难看出，大部分的职位倾向于有两年以上基层工作经验，这里的基层工作经验就包括了大学生村官。陕北地区的神华集团、邮政、事业单位、农林银行的招聘要求的必要条件也是针对大学生村官，这些无疑给这些大学生村官未来职业的发展增加了机会。

（7）大学生村官工作的实绩及感受。这些大学生村官驻村后确实为村上做了许多实绩，如为侯沟门村注册了"侯沟门"黄瓜品牌，并建立侯沟门村网站

www.hougoumen.com，收集侯门沟村 6 个村民小组 128 人手机号码，建立 QQ、短信、飞信平台；种植紫苏、蓖麻等驱赶鼢鼠取得新成效；收集村妇女剪纸、农民画、十字绣、鞋垫、布帖等设立橱窗对外销售；为高家峁村争取了县上水利局的支持项目，彻底解决部分村民生活和生产上存在的饮水困难问题；搞好方塔村新农村建设旧村改造工作，新建文化休闲广场，新建了 1 个公厕和 1 个垃圾屋；为茶坊村建设了第五代阳光温室大棚 13 座，新建果园 300 亩及改造老化线路 2.5 公里，新增 50 安变压器一个等一些惠民工程。

在谈到感受时，大部分的村官认为这些工作他们能做并且能够做好，但是想要做的更好，必须顶住压力。大学生村官也有压力，无论是心里的还是思想上的，所以只有拥有强大的心里素质才能造就真正的村官。在同样的条件下，想要出类拔萃，就要失去许多休闲娱乐的时间，真正把艰苦奋斗，一心一意为群众办实事的精神落到实处。

2. 出现大学生村官到村任职难的原因

（1）党中央局限于"培养"。1969 年至 1975 年期间，习近平同志曾在延安市延川县文安驿镇梁家河村插队 7 年，并担任党支部书记，把人生最美好的青春时光留在了这里。由一个涉世不深的少年，历练成一位业绩突出的村支书，他深知只有基层的历练，才能锻造出火一样的意志。2010 年 12 月 22 日，中共中央政治局常委、中央书记处书记、国家副主席习近平主持召开大学生"村官"代表座谈会并作重要讲话。他强调，大学生"村官"是加强党的基层组织建设和推进社会主义新农村建设的重要力量，也是党政机关培养和储备来自工农一线后备人才的重要来源。各级党组织和有关部门要认真贯彻落实胡锦涛同志关于大学生"村官"的重要批示，切实关心大学生"村官"的成长成才，着力构建大学生"村官"工作长效机制，努力使大学生"村官"下得去、待得住、干得好、流得动。

（2）地方上"放任自流"

地方干部没有认真理解和领会中央新农村建设的战略构想，导致对政策的理解和执行错位。地方干部的主要思路还是招商引资、发展经济，对于这些初出茅庐的大学生村官们，他们刚刚走出校门，无论对农村情况的了解，还是工作经验和人际交往能力，都有个锻炼提高的过程，还需要更多的培养和关怀。没有足够的指导培训，甚至无人管无人问，出了问题不知道找谁。长此以往，许多大学生村官不免悲观失望，只得另辟蹊径。

（3）大学生村官身份界定模糊

大学生村官既不是农民，又不是正式的干部。因为《村民委员会组织法》规定："任何组织或者个人不得指定、委派或者撤换村民委员会成员。"沿河湾镇的大学生村官角色的模糊使他们陷入对自身角色的困惑，非常不利于他们在农村开展工作，加之县里镇上的严重忽视，村民的不认可，如果没有积极的政策引导和法律保障，必然会使他们失去在农村工作的热情。

3. 解决大学生村官到村任职难的对策

（1）过硬的心理素质

从大学生村官自身来说，个人的素质一定要过硬，才能够当村官。首先，对于大学生村官中的相当一部分人是迫于在城里找工作难的压力，力图通过应聘村官寻找就业出路，但对农村艰苦生活条件思想准备不足，到了农村后才发现，理想和现实之间存在巨大差距，若在工作中再遇到挫折，思想便动摇了。其次，就沿河湾镇的这些村官来看，他们均属于本乡本土，熟悉的村情民俗使得其思想很容易被同化，在加之对未来的许多不确定因素，使得他们难以开展工作，不敢放开提出自己的想法意见，这在一定程度上严重的阻碍了工作的进行。

（2）官管不如直管

党中央的高度重视使得大量的大学生通过招考、面试等竞聘的方式到农村任职，当初文件说得好，大学生也是热血沸腾。但是一旦录用了就会发现，除了文件外，其他的东西都没有了，下到基层后就处于放羊状态。基层的不重视，"走过场"式的完成任务，完全没有起到党中央推行大学生村官计划的初衷。因此，对于这样一大批优秀人才，党中央应当亲自监管，有专人负责，大学生村官隶属于国家，县乡镇级别辅助培养，对于那些不愿或弄虚作假对大学生村官工作进行指导帮助的乡镇干部、村干部予以降职或免职处分，切实把大学生村官计划落到实处。

（3）配套政策的实施

要保障干出成绩的能上得去。不搞暗箱操作，不弄虚作假，公平竞争，切实履行党中央关于大学生村官到村任职的工作政策。要认识到大学生"村官"是一项战略工程，一方面处于战略位置的新农村建设需要人才作为支撑，另一方面需要缓解大学生就业压力。所以，现在要逐步完善相应的配套措施，保证这些大学生来到村里后更加热血沸腾，回来后就会带动几万几十万的大学毕业生支援农村甚至落户农村。这样他们也会感觉有所收获，不会感到虚度几年光阴。

（4）村官职业化

党的农村基层组织建设日趋老龄化，这是基层执政能力建设必须克服的问题之一，农村基层组织急需新鲜血液来补充。大学生村官的到来无疑解决了这样的现状。但是对于不能纳入国家公务员体系却吃着国家财政的饭，却又与地方村干部不同的这样一个群体来说，国家应当出台政策，将村官职业化，使村官成为一种职业，择优录取，干得好留，干不好走的趋势。

第四节　农林高校发展与新农村建设互动机制

多年来，城市与农村一直保持着"二元"经济结构，由于发展的割裂，城乡之间无法形成互补，这不仅对城乡发展造成不利影响，尤其不利于农村的发展。而当前在推进社会主义新农村建设中所实行的工业反哺农林、城市支持农村、以工促农、以城带乡、城乡互动的政策，则体现了统筹城乡发展的理念，并且使工业链延伸到了农村，城市和农村形成了互动发展的态势，推动了城乡一体化进程，改变着城乡经济的"二元"结构。在这场引发农林、农村、农民全方位触动的社会变革中，有一支不可忽视的力量——农林高校。伴随着社会主义新农村建设的开展，农林高校与新农村建设的互动关系基本形成并产生了较好的效应，但是同时也存在着一些问题，因此有必要建立一种农林高校发展与新农村建设互动机制，从而使这种互动关系向着良性循环的方向发展。

一、农林高校和新农村建设互动的基本情况

1. 农林高校对于化解三农问题的历史贡献

统计表明，1979 年至 2001 年全国取得农林科技成果近 5 万项，其中获部委级以上重大科技成果奖 9319 项，已培育并推广各种作物新品种、新组合 1600 多个，主要农作物品种已更换 2 至 3 次，每次更换都使单产增加 10% 以上。目前我国水稻、小麦、玉米的单产分别比世界平均水平高 60%、40% 和 10%，特别是杂交优势利用技术的重大突破，带来了水稻种植的新飞跃。而这些对我国农林生产起决定性作用的科技成果中，有近 80% 来自各农林高校。除此之外，农林高等院校还

为农林生产输送了大批的农林科技人才，积极参加农林科研、教学、生产、推广，为推动我国农林现代化进程做出了突出贡献。

2. 三农发展对农林高校发展的促进

"三农"问题的化解也促进了农林高校事业的发展。农林高校的重大农林科技成果都是在解决我国农林生产中的现实困难中取得的。国家最高科学技术奖获得者袁隆平研究的杂交水稻技术 10a 全国累计种植杂交稻面积 8400 万 hm2，累计增产稻谷 1 亿 t 以上，增加总产值 280 亿元，为 20 世纪 70、80 年代我国早日实现小康目标作出了突出贡献。另一位国家最高科学技术奖获得者李振声研究的小麦远源杂交技术则极大的缓解了本世纪初我国粮食减产的困难局面，为我国粮食产量稳步提高作出了巨大贡献。由此可见，农林高校的科技成果与三农问题的现实需要是分不开的，农林高校的科技工作者正是因为心怀三农才使得农林高校不断发展壮大。

二、新农村建设对农林高校事业的促进

1. 对科学研究的促进

在建设新农村过程中，产生了许多前所未有的新问题，大量问题需要农林高校通过科学研究予以解决。比如，在新农村建设过程中，其他国家的乡村发展模式和农村发展理论是否适合我国国情。从国内情况来讲，虽然中央提出了新农村建设的政策方针，但对新农村建设具有重要理论支撑作用的乡村地理学研究及其成果储备尚有欠缺，迫切需要地理学者群体面向国家战略需求、紧密结合国内实际并与地方配合，开展新农村建设的区域差异、长效机制与区域模式的系统研究，进而提出国家层面具有指导意义的政策建议，充分发挥地理学服务"三农"的决策思想库作用。

2. 对实践教学的促进

新农村建设中出现了大量的新成果、新经验，这些新成果、新经验有的是农民与高校科研人员共同开发，有的是农民自己研究出来的。这些宝贵的成果、经验成了农林院校进行实践教学的主要案例。目前全国各级农林高校均已实现农林本专科学生到农村进行教学实习，提高学生的实践能力。近年来广大农民为了解决在农林生产中遇到的实际问题，也积极投入到农林院校的专业知识及实践教学的课程学习中。与此同时，农林高校也经常邀请农村致富能手和基层管理者来为

高校学生进行实践教学辅导。

3. 对学生就业的促进

为解决大学生人才资源的闲置与农村基层组织对人才需求的矛盾，全国许多省市都尝试推行"大学生村干部计划"。近年来新农村建设的深入开展为广大农林高校毕业生提供了广阔舞台，让他们学有所用，同时也带动了广大村民共同致富。由共青团中央、教育部根据国务院有关要求共同组织实施的大学生志愿服务西部，按照公开招募、自愿报名、组织选拔、集中派遣的方式，每年招募一定数量的普通高等院校应届毕业生，以志愿服务的方式到西部贫困县的乡镇从事为期1~2a的教育、卫生、农技、扶贫以及青年中心建设和管理等方面的工作。动员大学生到西部去，对于促进西部贫困地区教育、卫生、农技、扶贫等社会事业的发展，培养和造就一大批即有现代科学文化知识、又有基层工作经验和深入了解我国国情的优秀青年人才，推动经济社会持续快速健康发展，都具有非常重要的作用和意义。

三、农林高校发展对新农村建设事业的促进

近年来，农林高校在我国高等教育事业整体迅猛发展的背景下，办学水平和办学规模都获得了长足发展，极大地促进了新农村建设。

1. 农林科技成果

农林高校对新农村建设的支持莫过于创造更多的农林科技成果，同时适时的将农林科技成果通过各种方式转化为农林生产力。

以河北农林大学为例。党的十一届三中全会以来，河北农林大学发扬优良传统，几代师生走出校门，走向农村，走近农民，坚持服务"三农"的办学方向，积极推进教学、科研与生产相结合，走出了一条具有自身特色的"太行山道路"，培育形成了"艰苦奋斗，甘于奉献，求真务实，爱国为民"的"太行山精神"。坚持"太行山道路"，弘扬"太行山精神"，整合人才培养、科学研究、社会服务三大功能，追求兴校、育人、富民目标成为学校鲜明的办学特色。

（1）矢志服务"三农"开创"太行山道路"

重视理论与实践相结合是河北农林大学的优良传统。1979年春，学校以承担河北省科委"太行山区开发研究"项目为契机，拉开了开创"太行山道路"的序幕。1986年，"太行山区开发研究"项目通过鉴定。学校的做法和经验被国

家科委肯定为"太行山道路"，被国家教委肯定为社会主义办学方向。20多年的实践证明，"太行山道路"是学校推进教育教学改革，服务地方经济社会发展的有效途径。它的基本内涵是：教育、科技与经济建设相结合的科教兴农之路；教学、科研与生产相结合的教育改革之路；教师、学生与工农群众相结合的人才健康成长之路；物质文明、政治文明、精神文明建设相结合的促进农村经济社会和谐发展之路。

（2）适应"三农"发展需要不断深化"太行山道路"

坚持"太行山道路"，使学校找准了作为地方农林院校的位置，找准了自身教育教学改革的方向，找准了发挥自身优势促进地方经济社会发展的结合点。近年来，学校适应"三农"发展的需要，与时俱进地深化"太行山道路"，形成了"两个渗透，一个结合"的基本思路：一是通过教育和培训，把知识和技术渗透到劳动者身上，提高劳动者素质；二是通过科技创新，把科技渗透到劳动资料和劳动对象之中，提高生产力中物的因素的科技含量；三是通过机制创新，把具有较高素质的人与具有高科技含量的物相结合，提高社会生产力。

（3）构建立体培训体系，为服务"三农"提供人才保证

学校充分发挥多科性农林大学的综合优势，适应农村经济社会发展需要，构建"311"人才培养模式、"1+3+N"课程体系和"一个中心、两个循环、三个层次"的实践教学体系，致力于培养具有创新创业精神和实践能力的现代农林人才。同时从校内到校外，采取"走出去，请进来"的方式，加大对农村干部、农民技术骨干的培训力度，构建起了一个多层次、多形式的立体现代农林人才培养、培训体系。

首先，实施"一村一名大学生工程"，为农村培养留得住、用得上、懂技术、会经营、高素质的组织者和带头人。2002年，经教育部批准，学校经过单独组织考试、招生，开始实施"一村一名大学生工程"。为此，学校专门成立了农村发展学院，采取全新的培养方式，根据生源地的实际需要，因地制宜，设置专业，安排教学计划，编写适用教材，配备实践经验丰富的教师，加强实践教学环节，突出培养学生的实践技能。同时，建立毕业生跟踪服务网络，及时帮助他们解决工作中遇到的难题。我校"一村一名大学生工程"的提出和实施，引起了一些兄弟省市的关注，并通过类似形式为农村培养各种实用人才；其次，坚持"请进来"，建立农村基层干部、技术骨干和重点示范户的培训网络。充分利用学校教育资源

优势，积极开展各类农林实用人才的培训。10 年来，主动承担农村"三级干部"培训任务，有针对性地开展绿色证书培训，举办女状元、女能手大专班，为西部地区培训农林管理和技术人才等等，累计达 1.2 万多人次；最后，坚持"走出去"，把专家案头连到农民地头，对农民进行现场培训和指导。充分发挥学校智力优势，依托学校"三结合"基地和辐射点，组织专家教授开展各种类型的现场培训。10 年来，学校共派出专家教授科技服务团、科技小分队 8000 多人次，举办各种不同类型的现场培训班 1500 多期，累计培训各级各类人员 30 多万人次。

（4）构建科技创新平台，提升服务"三农"的能力和层次

①整合学科优势，形成多层次的科技创新平台。学校先后建立了牛羊胚胎工程技术研究中心、农作物病虫害生物防治工程技术研究中心、作物种质资源实验室、山区农林工程技术研究中心等 10 个省级重点实验室（工程中心）和 16 个跨学院、跨学科、跨专业的校级研究机构，重点实验室数占到河北省高校的 1/4。同时，以 11 个省、部级重点学科为基础整合建成了作物学、植物保护学、园艺学、林学 4 个河北省优势特色学科群，实现了学科交叉、渗透与融合。

②加强创新团队建设，提高科技队伍组织化程度。学校建立了科技将帅选拔培养体系，目前已培养不同研究领域的首席专家 11 名，骨干专家 25 名，并为首席专家配备专职助手、研究梯队、实验室和专项经费，促使形成"集聚效应"。实践证明，科技将帅已成为我校承担国家级重大项目和争创省部级以上科技创新平台的核心力量。如：学校主持承担的"河北小麦玉米两熟丰产高效技术集成研究与示范"是"十五"国家重大科技攻关专项课题之一，在全省建立了 100 万亩示范区和 1000 万亩辐射区，项目区 2004 年和 2005 年连续两年突破小麦单产纪录，合计增产粮食 130.7 万吨，增加经济效益 17.5 亿元。

③强化激励机制，调动各类人员的创新积极性。学校先后实施了非行政兼职拔尖科技人员奖励办法，专利和新品种管理办法，重点实验室管理办法，科研发展基金实施办法等等。学校在积极争取校外科技项目的同时，加大校内扶持力度，2005 年就投入 1000 多万元用于科技创新，鼓励广大科研人员把精力投入到农林科技新成果、新技术的研究上来，目前全校参加科学研究的教师已达到 908 人。

创新平台的构建，创新团队的整合，激励机制的完善，有力促进了学校科技创新工作的发展，为深化"太行山道路"提供了有力支撑。"十五"期间，学校承担了包括国家"863"、"973"专题在内的各类科研项目 1239 项，承担国家

级和省部级项目数分别较"九五"时期增加了49.1%和83.6%，科研经费连续5年保持30%以上的增长率。作为第一完成单位共获得包括国家技术发明二等奖、国家科技进步二等奖等省部级以上科研成果奖励103项，奖励等级、数量和获奖率连续五年位居河北高校前两名。

（5）创新机制，为服务"三农"提供可靠保证

①成立专门机构，组建专职推广队伍

早在1991年学校就成立了科教兴农中心，作为正处级单位，配备30个专职推广编制，兼职人员100多人，每年投入经费200多万元，长期从事科教兴农、科教扶贫工作。培养出一批批农村技术骨干，扶植起了数以千计的重点专业示范户，建立了46个校级重点示范基地，帮扶了30多个重点贫困县。

②加强制度建设，使学校服务"三农"工作制度化、规范化

学校先后制定了《进一步坚持"太行山道路"，弘扬"太行山精神"的意见》、《坚持教学、科研、生产三结合和科教兴农工作的有关规定》、《进一步加强"三结合"基地建设的意见》、《关于青年教师、干部参加社会实践锻炼的规定》等等，从政策上、制度上强化服务社会职能，保证服务"三农"的各项工作制度化、规范化。

③加强校地合作，加大服务"三农"力度

通过实施校县联姻、校企联姻等方式，加强与地方政府和涉农企业的横向联系，实现双方的共同发展、合作互赢。如：由学校倡导、省政府组织实施的"一县一业一园农林科技示范工程"，学校承担了首批45个产业示范县中25个县的技术支撑工作。同时学校还先后与临漳、献县等10余个县签订了校县合作整体推进县域经济发展协议。

④构建"三农"问题研究平台，为农村经济社会发展提供政策理论服务

学校结合"太行山道路"的具体实践，坚持"理论、应用、效果"相统一的原则，就农村经济社会发展中的关键问题进行理论和实践研究，为拓展"太行山道路"和各级政府部门提供政策性建议。2004年，学校整合经贸、商学、人文、农村区域发展等学科优势，成立了"河北省'三农'社科精品研究基地"。十六届五中全会后，学校成立了"新农村建设研究院"。

（6）拓展实践途径，强化服务"三农"效果

①加强"三结合"基地建设，培植区域特色产业

近 10 年来，学校先后在全省建立 170 多个"三结合"基地，辐射点 200 多个，这些基地既是实践教学的实习场，又是新成果、新技术、新产品的产出地、孵化器、辐射源。学校 70% 以上的科技项目在"三结合"基地完成，并以此为辐射源转化为现实生产力，形成了一批区域特色产业。如：坝上张北试区"三结合"基地，先后承担了 20 多项农林科技攻关课题，获得包括"科技兴冀省长特别奖"在内的省部级以上奖励 18 项。由试区研究推广的错季喜凉蔬菜技术，使蔬菜生产成为坝上地区脱贫致富的主导产业，累计应用面积达到 111.3 万亩，新增纯经济效益 6.3 亿元。

②创建农民合作经济组织，拓宽科技传播新途径

以学校专家为核心，以技术传播为纽带，以服务产、供、销为目的，建立各种专业技术协会，形成专家→协会骨干→会员的技术传播网络，为农林产业化发展提供全面服务。如：清苑县农林高优合作社以科技服务为纽带将分散的 800 多户农民组织起来，统一农资供应，统一技术管理，统一产品销售，提高了农林生产的组织化程度和抵御市场风险的能力。2003 年，被农林部评为"农民专业合作经济组织"先进单位。

③建立适应市场经济规律的村域经济运行模式

学校从 1996 年开始在内丘县岗底村进行"公司＋科技＋品牌"的村域经济运行模式的探索，改村域管理为股份制公司化运作，成立集生产、服务、销售为一体的富岗集团公司，培植"富岗"苹果品牌。经过 10 年的实践，富岗公司现在已发展连锁基地 33 个，富岗品牌和技术通过连锁基地辐射到周围 300 多个村，富岗公司成为冀中南优质苹果生产带的龙头企业。目前，类似模式的公司化基地达到 10 多家，都取得了良好的经济效益和社会效益。

④坚持"两个文明"捆绑进村，促进农村经济社会和谐发展

学校在帮助农民创造物质财富的同时，致力于改善生态环境，改变村容村貌，倡导文明新风，促进物质文明和精神文明协调发展。易县柴厂村"三结合"基地是学校促进经济社会全面发展的示范基地。通过教育、科技、文化、卫生下乡，开展技术培训、举办法律讲座，倡导移风易俗，评选"文明庭院"、"星级文明户"，建立农民夜校、村图书室，进行村域规划，整治村容村貌。经过几年努力，村民们的物质生活和精神面貌都发生了深刻变化，成为全县第一个小康建设示范村，河北省首批文明生态村。

⑤建市场、办网站、成立专家工作站，不断丰富服务"三农"的实践形式

1988 年创办的"河北农大科技市场"，近 10 年来已经发展成为集农资供应、成果展示、技术咨询服务、短期培训、农产品交易为一体的专业化市场；近年来，学校选择具有代表性的经济类型区，与当地涉农部门联合建立"专家工作站"，作为学校伸向"三农"前沿的"桥头堡"。

（7）坚持"太行山道路"的体会

20 多年的实践证明，"太行山道路"符合认识规律和实践规律，符合高等农林教育改革的发展要求，符合学校人才培养和服务面向定位，符合建设社会主义新农村的实际需要。我们的体会是：

①"太行山精神"是深化和拓展"太行山道路"的持久动力。

农林是艰苦行业，农民是弱势群体，城乡还存在差距，在这种情况下，高等院校服务"三农"不仅要尊重市场经济规律，更需要发扬艰苦奋斗、甘于奉献的精神，增强责任感和使命感。学校坚持把"太行山精神"作为兴校育人富民的宝贵财富，专门建立了"太行山道路"展览馆、碑廊和文化园，作为对师生进行思想政治教育的基地；充分发挥优秀教师群体的榜样作用，由这些教师组成报告团，让他们现身说法，言传身教；充分利用学校"三结合"基地，广泛开展校外社会实践活动，让青年教师、学生在实践中锻炼成长。

②四个平台是深化和拓展"太行山道路"的有力支撑。

俗话说，"打铁还需自身硬"。学校在大力推进教育教学改革，全面提升办学层次和水平的基础上，整合校内资源，构建起了现代农林人才培养、农林科技创新、科技成果转化与技术推广、"三农"问题研究四个平台，大大提升了学校为建设社会主义新农村服务的能力和水平，为深化和拓展"太行山道路"奠定了坚实基础。

③四个"三结合"为深化和拓展"太行山道路"创新了实践途径。

教育、科技与经济建设相结合，拓展了科教兴农的实践途径；教学、科研与生产实践相结合拓展了教育教学改革的实践途径；广大教师、学生与工农群众相结合拓展了知识分子健康成长的实践途径；物质文明、政治文明、精神文明建设相结合拓展了促进农村经济社会和谐发展的实践途径。

④各级党委、政府和社会各界的广泛支持为深化和拓展"太行山道路"营造了良好环境。

　　"太行山道路"的深化和拓展始终得到了各级各部门和社会各界的大力支持与充分肯定。党和国家领导人先后多次对"太行山道路"的经验和做法给予肯定。学校通过走"太行山道路"，传播了科学知识、科学精神，传播了精神文明，提高了农林生产力，促进了农林发展、农民富裕，为改变农村面貌做出了贡献。

　　2. 农林推广

　　农林高校设有专门的农林推广人员，主要任务是推广农林科技新品种、解答农林生产中的现实问题。

　　以西北农林科技大学为例，该大学在陕西白水县设立了苹果试验站，科技人员集成了果园间伐、改形修剪、穴施肥水、果园覆盖、高接换种、壁蜂受粉、病虫防治等关键技术，形成了优质苹果生产技术规程，促进了苹果产业的升级。西北农林科技大学苹果试验站创建于 2005 年，是目前国内唯一的苹果专业试验场站，担负研究、教学实习、科技示范与人才培养四大任务，旨在为中国苹果优势产业的发展提供技术支撑和技术服务。苹果试验站占地 7.5 公顷，包括综合办公楼、种质资源区、品种选育区、栽培试验区、新品种及栽培新技术示范展示区和技术服务中心等，总投资 1000 余万元。苹果试验站聚集了西北农林科技大学苹果学及相关学科（育种、栽培、植保、土肥、贮藏、加工等）的骨干技术力量 20 余名，其中 80%以上具有高级技术职务。按照学科交叉、国际高水平的目标，集成果树学、食品科学、植物保护、资源环境等学科优势，构建科技创新平台，围绕我国苹果业可持续发展的重大理论和关键技术问题，凝练形成种质资源与遗传育种、砧木选育、优质高效栽培、质量安全等研究方向，促进苹果学成为国际一流学科，为西北农林科技大学向世界知名的高水平研究型大学迈进作出贡献。苹果试验站与国内外多家科研单位、大学建立了业务交流关系，接待了来自日本、新西兰、美国等国和山东、辽宁等省份苹果专家、学者和苹果种植者，派出人员赴日本、美国考察和学习交流，聘请日本弘前大学盐崎雄之辅、荒川修教授为客座教授。苹果试验站瞄准国内外一流试验场站的发展目标，将建成为陕西乃至全国的苹果科研、试验示范和技术转移中心。围绕区域苹果主导产业的发展，西北农林科技大学与白水县政府联合实施"白水苹果产业化科技示范与科技入户工程"，西北农林科技大学 20 余名专家和白水县行政、技术干部密切协作，以示范园建设为突破口，以技术培训为手段，以人才培养为重点，示范推广关键实用技术，显著提高了白水苹果产业科技含量和产业化水平。在全县的 14 个乡镇，每个示范乡镇确定1个村作为示范村,建立100亩以上的中心示范园,重点抓5个核心示范户,辐射建立1000-1500亩的示范区,全县共抓1500亩中心示范园、50个核心示范户。2009年苹果试验站重点抓"1乡2村5点",即收水乡的有机苹果示范;尧禾镇丰乐村的"公司+农户"示范点,北井头乡上徐村渭南市市长示范点;5个点分别是苹果试验站附近的杜康石狮点、林皋乡可仙点、杜康镇冯家塬点、冯雷耀卓点、雷牙乡东方城点。苹果试验站服务全省苹果产业,继续进行苹果基地县果农技术骨干的培训。以苹果试验站为支撑平台,科技人员深入生产一线,积极探索以大学为依托的农林科技推广新模式,为促进社会主义新农村的发展做出应有的贡献。

3. 农技服务

农林高校的科技人员定时到农林生产一线为广大农户解答生产难题,提高农户的农林技术水平。

如南京农林大学在江苏省连云港市开展的"百名教授兴百村"活动,学校为此成立专家咨询团,出台相关政策,把"百名教授兴百村"活动作为考核师生和干部的重要内容。连云港市科协结合自身特点与农林产业现状,从2003年开始,开展了"自名教授科教兴百村小康工程"。由连云港巾委组织部、市科协、南京农人学、江苏省淡水水产研究所、江苏省海洋水产研究所、中科院蚕桑研究所、淮海工学院等单化牵头组纵。以村为基本单位,从五所科研院所选派自百名热心科普工作,具有相理论和实践经验的农林科技专家担全市百村的科技经济发展顾问,为当地农林产业结构调整、农林技术推广、品种更新、农副产品深加工以及产品竞力的提升提供可靠的技术保证。经过五年来的认真实施,成效显著,在全市广大农村培育了大批科技与经济紧密结合的典型,为连云港市发展现代农林和全面实现农村小康起到了,良好的带动、师范作用。

（1）科技传播取得的成效

①连云港市农林概况

连云港市位于江苏省东北部,土地总面积7444km2,水域面积1759.4km2,耕地面积37.98km2,约占土地总面积的51%。由于整个境内平原、海洋、高山齐观,河湖、丘陵、滩涂俱备,南北过渡的气候条件,使连港市成为兼具南北特性的植物种群体系。近海水域和内陆水域主要生产对虾、海带及淡水鱼类。陆上动物主要为人工饲养的畜禽品种,达12科、18属、90多个品种。近年来,现代农林体系不断构建，特色农林域化布局逐步优化，全市农林综合效益稳步提高。

②科技必农成效显著

从 2003 年开始，百名教授科教兴百村小康工程取得了良好的效果：全市参与"小康工程"107 个乡（镇）普遍清理了工作思路，明晰了产业方向，制定发展规划：海淡水育苗、寄禽养殖、蔬果化卉及药材、茶桑栽培等类示范地被广泛地建立和扩展，产业技术升级和科研公关取得一定的进展，农民素质提升工程开展顺利，农民学习、运用、依靠科技致富的能力不断增强，参与活动的农民人均收入高于全市农村人均增幅 10 个百分点。

a. 以拓展科教项目为重点，促进农林产业结构进一步优化

市科协坚持以项目为载体开展"百名教授兴百村"活动，将这些优秀的专家与有潜力的项目进行"无缝"对接，使一批项目得到良好的发展，促进了当地产业结构的优化，带动了农民的增收致富。至今为止，全市新增项目 189 个，总投入 3．6 亿元。灌云县金刚集团引进南农大技术建立 400hm2 洋葱出口基地；南岗乡岗北村、陡沟乡许巷村引进省农科院甘薯、芦蒿新品种，建立万亩甘薯、芦蒿基地。连云区引进南林人楸树引花试种项目，已获成功，解决楸树开花难、结籽难的问题，填补了国内空白。灌南县在南农专家指导下，重点实施獭兔扩种项目，繁育种兔万余只、苗兔十万只，兔业链条越拉越长。东海县黄川草莓基地，引进专家开展脱毒苗培育已获成功，有望解决草莓品质和产量逐年下降难题。据测算，黄川镇草莓全部更新换代后，亩产可提高 20% ~ 50%，亩均增收 2000元，这样黄川镇草在不扩大种植面积情况下，年可增收近亿元，节约草莓苗用地 200hm2，使老产业焕发新生机。

b. 以开展科技培训为基础，促进农民的综合素质进一步提高

坚持"实际、实用、实效"原则，充分发挥合作院校、科研院所优势，依托农村已有的培训场所，针对农村党员、干部、科技示范户、留守人员等不同对象，开展分层次、分门类、多形式的培训，全市每年培训各类人员达 7 万多人次。目前，全市已建成各类培训基地 200 余个，建立了由科技人员组成的专兼职教师队伍 3000 余人，编写了符合本市农林生产实际的实用技术丛书，免费向基层农户发放。

c. 以充实专家队伍为手段，科教兴村的覆盖面进一步扩大

市科协采取外聘内选并举、"洋专家"与"土秀才"相结合的办法，使科教

兴村的专家队伍和覆盖面有了数倍的扩大。在原有基础上，又新增了江苏省农科院、南京农林人学、扬州大学、中科院海洋研究所、黄海水产研究所、国家海洋局一所等6个单位、45位专家参与"百名教授兴村"工作，进一步满足了农村对各类科技专家的需求。同时，精选了400名有一定专业特长的本地农林技术人才参与此项目。科技人员定点帮扶面达全市行政村的三分之一。

（2）百名教授兴百村活动的基本经验

①调查摸底，了解需求，做好专家教授与有关方面对接工作

对各乡镇村的实际情况进行认真的摸底调查，根据经济发展状况、主要产业和农民需求，组织相应专业的专家教授进行对接，并具体细化对接：一是专家与行政村对接；二是专家与生产项目对接；三是专家与市科协及经济能人对接；四是培养一批基层专业技术骨干队伍。进一步扩入科教兴村的覆盖面，拓展服务领域，提升服务层次。

②科技培训，普及新品种、新技术的应用

围绕科教兴村工作的开展，每个参与村以各级培训机构、各类农村专业技术协会为依托，建立完善农民夜校和教学实践基地，以专家教授、本地科技人员为主要师资力量，采取讲座、咨询、办班、远程教育等多种厅式，做好各类培训工作。一是结合农林结构调整、发展特色农林和生产实际需要，大力开展针对性强、务实有效、通俗易懂的实用技能培训；二是开展技术能手培训，培训各类技术能手和农林纪人，努力把他们培养成当地的"土专家"、科教兴村的"二传手"；三是与各高校联合开办农林技术推广专业进修高级班，进一步提升农村党员干部或后备干部的学历教育。

③打造项目平台，促进科研成果的转化

以发展现代农林、带动农民致富为根本目的，千方百计搞好专家与项目的对接，确保每个专家都能实施1—2个项目。对辖区内所有龙头企业，建立一个专家组与其对接，帮助他们搞规划，搞技术改造，开发项目，提升品质，开拓产品市场。广泛地组织专家教授根据各乡情况，因地制宜、因户制宜指导农民开展一些投资小、见效快的"短、平、快"种养项目，在活动中，通过品种、技术上的更新改造、升级换代，成为现代农林生产的"样板田"，教学科研成果的孵化器，优良品种推广的生产基地，并辐射周边各村、镇，形成区域经济。

○4筹建专家工作站，探索科技服务长效机制。

近年来，全市建立了若干所专家工作站。每个专家工作站都有一名或几名长期服务的专家，并为之落实办公用房、配置必要的工作设备和科研仪器、科研基地。同时，为了发挥专家工作站整合科技人才资源，开展集约服务、实时服务的优势，提高科教兴村的效益。又从合作高校和院所聘请十名年轻专家到该市十个乡镇挂职副乡(镇)长或副书记，选任一批大学生村官，加强科技协调和服务能力。

⑤解决资金难题，探索多方共赢机制

市科协通过市政府的支持，在全市及各县落实了财政专项资金，并做到专款专用。通过"科普惠农兴村计划"、"送科技下乡，促农民增收"等活动，为"百名教授兴百村"项目争取更多的资金投入。运用政府有关城市反哺农村的政策导向，争取社会资金对"百名教授兴百村"工作的投入。并研究建立"科技兴村发展资金"，探讨通过社会募集的手段，为广大农户、示范基地、农产品加工项目提供帮助的新途径。

⑥完善工作机制，加大督导力度

百名教授兴百村小康工程涉及面广，工程量大，是个社会的系统工程。各级科协争取各级党委、政府对活动的支持，全力组织实施。成立领导小组，并设立办公室，进行专人负责，并定期将工作开展情况向领导小组和分管领导汇报。加强与有关方面的联系和协调，搞好具体工作的衔接。同时，制定完善汇报制度、会议制度、联系制度、检查制度和评比奖励制度，努力实现"百名教授兴百村"活动的经常化、规范化、制度化。

4. 人才培养

农林高校在为新农村建设固定培养大量的应届毕业生支援基层农村生产能力的同时，还不定时的抽调高校内部的学术骨干力量支援新农村建设。

如浙江大学农学院为了鼓励、支持学院的教师服务"三农"，出台了科教兴农条例，组成相对固定的服务"三农"的科教兴农骨干教师队伍。同时设立科教兴农基金，每年奖励科教兴农工作成绩突出的教师，并规定对科教兴农成绩突出的教师在职称评定、业绩考核等方面给以政策倾斜。学院还选派富有实践经验的年青骨干教师，奔赴景宁、磐安、青田等欠发达乡镇担任特派员，他们运用丰富的科研实践经验，通过对乡镇干部和农民在观念、思想、科技上的扶贫，改变了他们中不少人对农林的传统观念，得到了当地干部和群众的信赖，为科技扶贫的顺利实现打下了良好的群众基础。

四、农林高校与新农村建设互动中存在的问题

1. 农村方面的问题

新农村建设的核心因素是人的因素，国家的财政支持、科研院所的科技成果推广都只能从外在上为农民增收提供便利，农民科学文化素质的提高才能从根本上解决问题。目前我国农民整体文化科技素质偏低，平均受教育年限仅达到小学 6 年级水平，此外农村人力资源积累太少，使农林科技成果转化率仅达到 20%~25%，远远低于发达国家 80% 的农林科技成果转化率，这是长久以来农民增收难的根本原因。

2. 高校方面的问题

近年来我国农林高校的规模在不断扩大，但在农林类高校与新农村建设的结合度上却不容乐观。由农林类高校向综合型大学的转型而导致的农林高等教育受到削弱以及由农林类职业技术学院的专科升本科热潮而导致的农林职业技术教育受到影响，使得我国农学教育整体上有缩减的趋势。根据教育部统计，在全国 1553 所普通高校中，独立设置的农林（含农林）本科院校 37 所，占总数的 2.38%；设有农林学科专业的本科院校 21 所，占 1.35%；农林（含农林）高职高专院校 36 所，占 2.32%，所有涉农（含农林）高校占高校总数的 6.05%。而英国的 90 所综合性大学中就有 15 所设有农林、环境、食品等相关的院系，此外，还有 42 所农学院。由此可见，我国在高等农林教育上与发达国家存在的差距。

3. 政府方面的问题

农林高校与新农村建设的紧密结合需要政府的支持与协调。从现有的政府工作机制上看，各级人民政府对于新农村建设的支持是多方面的，但仅限于政府与具体农户的联系。政府、农林高校、农户三者之间之间没有形成或没有完全形成稳定的互动关系。农林类高校服务于农户是由于其科学研究的需要，并不是处于某种利益需要，这样就很难在农林高校与农林生产者之间形成稳定的关系，也很难实现有效的帮扶。而农户作为农林科技成果的接受者，如果缺少了农林高校的主动援助，由于缺少相应的利益结合是很难直接求助于高校科研工作者，因此政府需要积极发挥其牵线搭桥的作用。

4. 促进农林高校发展与新农村建设互动机制的对策

（1）提高农民科学文化素质，造就本土科技人才

从政府、农林高校、农民三者的互动关系上看，农民的主动性远小于其它二者，原因在于农民的科学文化素质较低，不能与其它二者形成有效的互动关系。因此，应大力提高农民的科学文化素质，在大力普及九年制义务教育和扩大高等职业技术教育的同时，着重培养农民对科学文化知识的实际接受能力。农林高校的农林科技人员不仅要传播知识、答疑解惑，还要提高农民的科学文化素质，培养本土科技人才，让"土专家"及时有效的与普通农户的交流。因此造就大量的本土科技人才对于新农村建设中的农林科技推广工作有十分积极的意义。

（2）促进高校产学研结合，打造应用型大学

目前我国的农林高校在产学研上的成功结合大多属于高校的科研力量与社会生产力的有机结合。高校科研人员虽然能够带来新农村建设中的局部效应，但相对于全国 8 亿农民的急切需求是远远不够的。相对于高校科技人员的忙碌奔走，作为高校主体的在校学生却面临着巨大的就业压力，他们没有被视作农林科技人才的一部分。原因在于高校在校生既没有学到应用型的农林技术，也没有施展他们所学知识的空间，在受教育过程中他们始终没有感受到作为一名未来农林科技工作者的有用性，既而导致农科毕业生的水土不服与大量转行。故在探索产学研紧密结合的道路上，不仅要为现有的农林科技专家提供服务场所，同时要有意识的培养农科在校学生成为潜在的农林科技工作者，还要借鉴国外应用型大学办学的成功经验，打造真正的农林应用型大学。

（3）实现服务型政府

各级人民政府作为新农村建设的领路人，起着为农林生产者和农林高校牵线搭桥的作用。在科学发展观的指引下，我国政府正在努力向服务型政府方向迈进，各级人民政府在积极贯彻中央人民政府办事精神的基础上，重在将支农为农的政策细节化，减小每年的三农政策上的变动性，使得农林高校与农民作为互动关系方在共建新农村的过程中有政策、有依据、有动力，从而实现政府、农林高校与农林生产者三方多赢局面。

第四章　建设社会主义新农村对高等农林院校的要求与途径

第一节　牢固树立为社会主义新农村建设服务的思想观念

一、毛泽东"三农"思想及其对社会主义新农村建设的启示

农林、农村和农民（简称"三农"）问题始终是关系到党和国家发展的一个根本性问题。毛泽东非常重视"三农"问题，在中国革命和社会主义建设的各个历史阶段都对此问题提出了重要论述。毛泽东的"三农"思想，不仅对于中国革命获得胜利具有指导意义，而且对于当前我国社会主义新农村的建设，也具有重要的现实意义。

1. 毛泽东"三农"思想的主要内容

在新民主主义革命时期，毛泽东结合中国农民占中国人口的 80%，并且长期受到地主阶级的压迫等具体国情，提出了实行工农武装割据、农村包围城市、武装夺取政权的道路。这一时期，毛泽东主要从事农民问题和革命道路的研究。在新中国成立后，毛泽东把重点转移到研究生产关系的变革和农村生产力的解放和发展中，通过对生产关系的变革，促进中国经济的发展。

（1）提出农民问题是民主革命的基本问题，是中国革命的主力军

毛泽东在领导革命的实践中，对农民问题进行了详细的调查和研究。并于1925年12月发表了《中国社会各阶级分析》，在这篇文章中，毛泽东深刻分析了中国的农民阶级，肯定了农民运动的重要性。毛泽东在《湖南农民运动考察报告》中指出："很短的时间内，将有几万万农民从中国中部、南部和北部各省起来，其势如暴风骤雨迅猛异常，无论什么大的力量都将压抑不住。他们将冲决一切束缚他们的罗网，朝着解放的路上迅跑"充分肯定了农民的革命性，明确指出农民阶级是民主革命的主力军。毛泽东在《中国革命和中国共产党》中指出："中国的贫农，连同雇农在内，约占农村人口百分之七十。贫农是没有土地或土地不足的广大的农民群众，是农村中的半无产阶级，是中国革命的最广大的动力，是无产阶级的天然的和最可靠的同盟者，是中国革命队伍的主力军。"

（2）提出农村包围城市，武装夺取政权的革命道路

土地革命战争时期，毛泽东在总结大革命失败的经验教训的同时，根据中国政治经济发展不平衡的特殊国情，开辟了一条以农村包围城市，武装夺取政权的革命道路。秋收起义失败后，毛泽东主张建立农村革命根据地，在1928年毛泽东发表的《中国的红色政权为什么能够存在？》和《井冈山的斗争》提出了"工农武装割据"的思想，并在1930年的《星星之火，可以燎原》一文中，向我们阐述："红军、游击队和红色区域的建立和发展，是半殖民地农民斗争发展的必然结果；并且无疑义地是促进全国革命高潮的最重要因素。"在抗日战争时期，毛泽东深入农村，进行实地调查研究，运用土地革命时期的武装斗争的经验，积极探索新的革命道路。在这一时期，毛泽东先后发表了《抗日游击战争的战略问题》、《战争和战略问题》、《＜共产党人＞发刊词》以及《中国革命和中国共产党》等报告。毛泽东在《＜共产党人＞发刊词》中指出，在抗日战争时期，我们党要同资产阶级建立民族统一战线并且规定了中国革命斗争的主要形式是武装斗争。

（3）提出要进行土地改革，实现农民土地所有制

新中国成立后，我国面临国民经济水平落后以及农民生活困苦两大难题。毛泽东认为，要继续推行土地制度的改革，完全消除封建土地所有制，提高农民的生产积极性。在1950年6月颁布的《中华人民共和国土地改革法》中规定："废除地主阶级封建剥削的土地所有制，实行农民的土地所有制，借以解放农村生产

力，发展农林生产"。并且在三十条明文规定："土地改革完成后，由人民政府发给土地所有证，并承认一切土地所有者自由经营、买卖及出租其土地的权利。"这就极大的保证了农民土地所有制，土地改革的完成，废除了封建剥削制度，消灭了地主阶级，使农民成为国家的主人，为社会主义的改造和社会主义的建设创造了有利条件。

（4）提出对农林进行社会主义改造，领导农民走上合作化道路

在土地改革完成后，我国农村出现了小农经济的泛滥。基于对这些问题的考察，毛泽东提出了要领导农民走合作化的道路。在《关于农林合作化问题》中指出："要克服分散落后的小农经济的局限性，就必要有步骤的进行农林社会主义改造，动员农民，组织起来，坚定不移地走合作化的道路。"⑤毛泽东坚持采取"自愿互利，典型示范"的原则，由临时互助组发展半社会主义性质的初级农林合作社，再到社会主义性质的高级农林社的由低到高的过渡方式，领导农民走上集体化的道路。到 1956 年底，我国基本完成了对农林的社会主义改造，促进了我国农林生产的发展，解放和发展了农村生产力，使农民走上了共同富裕的道路。

（5）提出农林是国民经济的基础

我国是一个农林大国，人口多、底子薄、经济发展落后，农民占到我国人口的百分之八十，基于这样的国情，毛泽东提出农林是国民经济基础的思想。《论十大关系》中在论述重工业、轻工业和农林的关系时，提出要用"多发展一些农林、轻工业的办法来发展重工业。"在《关于正确处理人民内部矛盾的问题》的"中国工业化道路"这一节明确指出："发展工业必须和发展农林同时并举"，在肯定我国经济建设要以重工业为中心的基础上，"必须充分注意发展农林和轻工业"。这就将农林提高至国民经济发展的首要位置。毛泽东在社会主义建设时期，一直重视农林的发展，把农林作为经济发展的首位，大力解放和发展社会生产力，为今后"三农"问题的解决奠定了良好的基础。

（6）主张变革生产关系，以促进经济的发展

毛泽东非常注重生产关系的变革问题，他试图通过对生产关系的变革找到适合我国发展的共产主义的道路。毛泽东进行了大胆的尝试和探索，在中国大范围内掀起的人民公社化运动。违背了生产关系与生产力要相适应的原则，浪费了大量的资源，严重挫伤了农民的生产积极性，由此对社会主义的建设造成了极大的破坏。直到 1958 年中共中央工作会议后，毛泽东开始逐步纠正在人民公社化运

动中所犯的错误。在社会主义新农村建设的过程中，要吸取人民公社化运动的经验和教训，变革生产关系要使生产力与生产关系相适应，不能单方面的只追求经济的发展而不顾全面发展。

2. 毛泽东"三农"思想的特征

（1）深入调查研究，遵循农村经济客观规律

毛泽东在解决"三农"问题上，进行了大量的调查研究，正确认识到农民的重要地位，制定了正确的方针政策。在新民主主义革命时期，毛泽东深入农村，深入群众，发表了《湖南农民运动考察报告》等文章，认识到农民是中国革命的主力军，并且通过对农村的调查研究，找到了农村包围城市，武装夺取政权的中国革命道路。在社会主义革命时期，毛泽东通过对农村阶级关系和土地关系的调查，继续推行土地改革。全面建设时期，毛泽东依然非常重视调查研究，他为了挽救人民公社化运动所造成的灾害，前往各地的农村，深入调查，修订农林政策，提高了农民的生产积极性和革命热情。通过调查研究，把握住事物的本质，掌握事物发展的规律和特点，制定相应的政策促进经济发展。

（2）坚持群众观点和群众路线，发挥农民主体性

中国是一个农林大国，农民人口是我国总人口的百分之八十左右，农民在我国占有重要地位。毛泽东早在新民主主义革命时期，就认识到农民的重要性，他认为，农民不仅是革命的主力军，同时也是生产的主力军。毛泽东正是认清了农民的重要性，进行了各种有利于农民的改革，充分发挥农民的主体性，调动农民的革命热情和生产积极性，为革命取得胜利奠定了基础。

（3）关注农民的切身利益，调动农民积极性

只有将保护农民的切身利益放在解决"三农"问题的核心位置，才能保证农村和经济的发展。党的十八届三中全会中强调："要加快构建新型农林经营体系，赋予农民更多财产权利，完善城镇化健康发展体制机制。"毛泽东在早期就意识到，要想调动农民的革命热情，必须从经济和生产上出发进行一系列的改革，保障农民的利益。在社会主义改造时期，毛泽东对农林进行社会主义改造，并且带领农民走上合作化的道路。通过实行合作化，保证农民的切身利益，解放和发展了农村生产力。

3. 毛泽东"三农"思想对社会主义新农村建设的启示

毛泽东在他的一生中都非常重视"三农"问题，在不断的探索和实践中形成

了"三农"思想。这一思想不仅是中国革命胜利的保障，也是我国进行社会主义建设的经验来源。在现阶段，"三农"问题依旧是一个根本性的问题，党在进行社会主义新农村建设的同时，要深刻总结中国革命和建设的经验，发挥毛泽东"三农"思想对于建设社会主义新农村的指导作用。

（1）加强农林的基础地位，重视和促进农林发展

在现阶段，我国仍面临农林生产落后以及劳动生产率低的问题。要想加快社会主义新农村建设的进程，就必须要重视和促进农林的发展。毛泽东在建设国民经济的过程中就认识到"农林是国民经济的基础"，作为一个现阶段是农林大国的我们来讲，农林依然处于基础地位。从农林对人类的重要性来说，农林是人类的衣食之源，生存之本；从农林的发展历史来看，农林将直接影响整个国民经济的发展。因此，我们要坚持农林的基础性地位，加大对农林的扶持，推动相关新兴产业的发展，统筹城乡发展，缩小城乡之间的差距，促进农林的高效发展。

（2）多渠道减轻农民负担，增加农民收入

农民的收入问题，关系到农村的整个发展，只有多渠道的减轻农民负担，增加农民收入，才能调动农民的生产积极性，促进农村生产力的发展。毛泽东早在《论十大关系》中指出："除了遇到特大自然灾害以外，我们必须在增加农林生产的基础上，争取百分之九十的社员每年的收入比前一年有所增加，百分之十的社员的收入能够不增不减，如有减少，也要及早想办法加以解决。"⑧毛泽东试图通过多种渠道，发展农村生产力，增加农民的收入，调动农民的生产积极性。在现阶段，虽然我国生产力有了很大的提高，但是城乡差距仍然过大，农民收入水平依然不高。党和政府要继续多渠道减轻农民负担，加大对农林的投入，促进农林发展，增加农民收入，为社会主义新农村建设奠定物质基础。

（3）深化农村经济体制改革，推动农村进步

要想早日实现社会主义新农村，必须要在建设的过程中深化农村的经济体制改革，建立与社会主义市场经济相适应的农村经济体制，让农村生产力得到充分的发展，农民的生活水平提高，从而推动农村的进步。毛泽东在社会主义改造时期提出的对农林进行社会主义改造以及领导农民走合作化道路的思想，促进了我国农村生产力的发展。在社会主义建设初期，毛泽东提出通过对生产关系的变革找到适合我国发展的共产主义的道路这个思想。但是毛泽东在实践中，没有遵循"生产关系一定要适应生产力发展"的这一原则，最终导致高指标、浮夸风和左

倾错误在中国共产党内严重泛滥。因此，在当今我们进行农村经济体制改革的时候，要吸取人民公社化运动的教训，采取积极引导、稳步推进的方针调整农村的生产关系，适应生产力的发展。

（4）发展农村教育，培育新型农民

在社会主义新农村建设的进程中，我们不仅要重视农民的物质生活水平，而且也要着重注意农民的思想文化水平。毛泽东早在社会主义建设初期就认识到农民教育的重要性，他大力倡导普及文化知识，扫除农村文盲，大大提高了农民的思想文化素质。在现阶段，我们仍然要重视对农民的教育问题。发展农村教育，全面提高农民素质，是新农村建设的根本途径和重要保证。不仅要使农村适龄人群全部接受受教育的权利，而且要多形式的开展培训，向农民传授基础的职业技能，提高农民思想道德素质。

二、高等农林院校学生思想状况分析

1. 农林院校大学生思想状况的主要倾向

（1）思想政治状况主流积极健康

调查表明，西北农林科技大学大学生的思想政治状况主流呈现积极健康的良好态势。政治热情不断提高，政治观点正确，政治态度积极向上，对我国当前的政治经济形势持乐观态度，对三个代表重要思想、科学发展观、构建社会主义和谐社会、建设社会主义新农村认同度高，对以胡锦涛同志为总书记的党中央集体领导充满信心。在价值观取向方面，价值观主流积极向上，与爱国主义、集体主义和社会主义思想教育的主旋律基本一致，与建立社会主义核心价值体系的基本要求一致。在问卷调查中，有78.6%的学生对邓小平理论和三个代表重要思想表示很了解或比较了解；有94.7%的学生对坚持用科学发展观统领经济社会发展表示赞同；大多数学生认为我国政局稳定，经济发展又好又快，对我国经济持续健康发展和社会全面进步和谐很有信心。他们拥护党的领导，支持党的改革开放政策，关注国内外政治经济形势，关心和支持高等教育改革和发展。

（2）积极要求进步，对我国经济社会关系国计民生的国内外大事关心，体现了当代大学生心系民族发展和国家振兴的社会责任感和历史使命感

调查表明，大学生在入党方面表现了很高的热情，80%以上学生递交了入党申请书。希望为国家作贡献、实现共产主义崇高理想的学生占38.9%，认为入党

是提高个人能力、提高个人素质的学生占 28.3%；在对思想道德素质在大学生中的地位的回答中，有 94.15% 大学生选择重要和非常重要。在对三农问题的看法上，有 56.3% 的学生认为三农问题始终是我国革命、建设、改革的根本问题，是全面建设小康社会进程中的关键问题。22.8% 的学生认为解决

三农问题是全党工作重中之重，迫在眉睫，必须解决。从以上数据可以看出，大多数学生对国内外政治局势和社会热点问题持积极关注态度，并能站在国家大局的高度上理智分析，对我国社会发展前景持乐观态度。

（3）积极支持高等教育改革，关心育人环境的建设。具有积极向上的人生态度和科学的人生价值观，能认识到社会发展对大学生提出的素质要求

在调查中，大学生普遍对有利于自身发展和提高自己社会竞争力的教育、教学改革和发展持赞同态度，同时寄予很高的期望。对西北农林科技大学顺利通过教育部 2005 年本科教学工作水平的评估并获得优秀，广大学生感到由衷高兴，并认为通过评估西北农林科技大学教学及管理工作取得明显成效。有 81.6% 的学生对学校辅导员和班主任工作满意或比较满意。在对教师队伍素质的总体评价上，有 88.6% 的学生对教师的道德品质表示满意或比较满意；有 86.3% 的学生对教师的教书育人表示满意或比较满意。

在调查中发现大学生具有积极向上的生活态度和科学的人生观、价值观，认同社会发展对大学生提出的素质要求。有 89.3% 的学生同意或基本同意大学生应成为三个代表重要思想的实践者；有 84.7% 学生认为诚信是一个人最重要的品质之一；有 83.9% 学生认为当代大学生应放眼世界，胸怀祖国，服务人民；有 91.7% 学生不同程度地觉得自己需要提高创新能力和实践能力、外语水平和相关知识和身心素质。

（4）对来自经济、学习和就业方面的压力的承受能力逐步增强，对自身素质要求逐渐提高，希望继续学习的愿望强烈

学生在校期间存在经济、学习、就业等方面的压力，其中就业压力是普遍的。问你的学习动力主要来自哪里时，有 38.17% 的学生回答是自我发展需要，有 47.37% 的学生回答是谋求理想工作。在问及你对目前大学生就业状况所持态度时，有 55.97% 的学生认为竞争激烈，有 61.76% 的学生认为现实严峻，有 85.5% 的学生认为不容乐观。可见学生就业压力很大。大部分学生解决压力的办法是通过自己的勤奋学习，辅修有关专业和选修技能课程，并注重通过培训和考试获得

外语四、六级证书，计算机等级考试证书和相关专业技能证书等来提高自己的竞争力，绝大部分学生准备继续考研深造。在经济压力方面，大部分特困生和困难学生对待经济压力的思想是既不埋怨国家的收费政策，也不埋怨家庭，而是依靠学校和家庭的助学贷款，依靠自己通过课余时间打工、带家教、勤工助学等途径来解决，不想给家长增添负担。在就业方面，通过学校和学院的就业指导，最终使毕业生对待就业期望值比较务实，对就业压力方面的承受能力逐步增强。

三、高等农林学校大学生"学农爱农"思想教育研究

我国是农林大国，历来重视"三农"问题。农林高职院校肩负着培养农林科技人才的重任。上海农林职业技术学院是上海地区唯一一所农林高职院校，目前全院 20 个涉农专业，1306 名农学专业学生，占全院学生总人数的 43%，承担着向上海各郊县乃至全国其他省市地区输送合格、优秀的掌握服务"三农"技能人才的重担。但是由于多种原因，目前农林院校涉农专业学生存在"学农不爱农"、看不起"三农"职业、就业选择倾向于城市等思想现状，导致学生缺乏学习积极主动性、农林专业人才的流失等问题。这不仅造成专业人才的浪费，还影响了农林现代化进程，因此，在农林高职院校进行"学农爱农"思想教育的研究和实践有待重视和加强。通过对以上海农林职业技术学院学生为例进行调查分析，并对学生教育管理工作进行探索，切实进行学生"学农爱农"思想教育。

1. 学生思想现状及特点

（1）思想特点

调查显示，上海农林职业技术学院学生思想积极向上，具有主流、健康的人生观、价值观及社会责任感。但存在功利性、追求虚荣、相互攀比等不良风气。

（2）心理特点

存在消极情绪和自卑心理，缺乏社会经验，自我管理能力较差。

（3）学习特点

因招生所限，上海农林职业技术学院学生文化素质稍差，学习能力不强，但易于接受新鲜事物、喜欢动手操作、乐于实践。在对学院 2012 级新生"实践操作时间"的调查中发现，29% 的学生希望与课程教学相配套的实践操作时间平均每周不少于 5 小时，28% 的学生希望不少于 4 小时，24% 的学生希望不少于 6 小时，2% 的学生希望在 7 小时以上。在"4 小时""5 小时""6 小时"这 3 个选项上，

相比非涉农专业，涉农专业新生所期待的实践操作时间均较高。

（4）专业思想特点

专业思想不稳定，主要表现为"学农不爱农"，轻视农林职业，就业选择倾向于城市。究其原因主要表现在以下几方面：第一，社会上轻视甚至鄙视农林从业者，工作环境艰苦、收入低是人们一贯的看法，城市学生不了解农村，来自农村的学生毕业后不想回到农村。调查显示，上海农林职业技术学院2012级新生中，49%是上海生源，51%是非上海生源；56%是城镇户口，44%是农村户口；第二，对专业了解不够，对专业的认同度不能等同于对对应行业的认同度。虽然大部分学生对专业感兴趣，但是毕业后从事其他行业的比例仍较高。调查显示，学院2012级新生中，46%就读于涉农专业，54%就读于非涉农专业。在择校理由调查中，涉农专业学生在填报志愿时30%的新生选择"享受国家优惠政策，学费低"，25%的选择"有志于将来从事相关工作"，23%的选择"兴趣爱好"，22%的选择"就业去向稳定"。可见，稳固学生专业思想的工作具有潜力。解决这些矛盾，要依靠农林院校教育实践、学术氛围、素质教育的成效，感染和影响大学生价值观、人生观、世界观的形成。只有使农林院校培养的学生牢固树立"学农爱农"、为"三农"服务的思想，才能促使其成为社会主义新农村建设中"留得住、用得上"的农林科技人才。

2. 重视各个教育环节，强化"学农爱农"意识教育

（1）以入学教育为契机，激发"学农爱农"情感

入学教育是加强"学农爱农"思想教育，帮助新生牢固树立专业信心，激发农林学生"学农爱农"兴趣的最佳时机。据调查，在上海农林职业技术学院2012级新生中，有13%的新生曾经想过退学。在"曾经想过退学"的学生中，32%的退学原因是"想复读考本科"，29%的原因是"不适应本专业的学习"，12%的原因是认为"就业前景不佳"，11%的原因是"家庭经济困难"，10%的原因是"受同学或家长的影响"，6%的原因是"离家远"。可见，入校后大部分学生对自己目前的状态不满意或者对未来表示迷茫。

鉴于此，抓住入学教育的契机，对学生详细介绍专业内容、课程设置、行业发展，并邀请行业专家、优秀校友、资深教授，通过知识讲座、汇报交流、参观展示、走访企业等多种形式，引导学生对专业、行业形成初步认识和探索兴趣，引发学生对所学专业和将来发展的思考。进而引导其明确学习目标，了解基本专

业技能，应具备的专业素质，如何造就过硬的实践本领、塑造良好的人格修养和职业素养等，解决学生"为什么要学农"、"怎么样学农"、"学农有何用"、"将来有何为"的迷茫和疑虑，切实为大学生的大学学习生活奠定良好的基础。

（2）以形式多样的实践活动为手段，增强"学农爱农"意识

社会实践是大学生了解社会、认识社会的有效途径。而农林院校的社会实践要围绕了解农林、了解农村、了解农民，从而达到热爱农林科学、热爱农村、热爱农民的教学目的。

①可以通过参观学习了解农林、了解农村，认识农民，感受新农村建设成果、新型农民的精神风貌。学院近50%的学生来自城市，对农村的印象停留在经济落后、陈设破旧的旧时代，来自农村的学生对于现代农村的新时尚、新风貌尤其是新技术也知之甚少。带领学生参观新农村建设典型对农学专业学生是一次很好的"学农爱农"思想教育，有利于促使学生正确认识我国国情，了解我国农林发展现状和前景，树立为农献身的理想信念。如学生处组织学生参观华西村等一些教育活动，使学生对"三农"形成新认识，并增强为"三农"事业作贡献的责任感和使命感。

②通过引导组建专业学生社团，并以此为平台让学生学以致用，服务社会。如上海农林职业技术学院动物医学专业的"宠物之家"、园林专业的"插花社"、环境专业的"绿色家园"等社团组织学生用专业所学服务社会，使学生感受到了专业技能服务社会的价值，增强了专业学习的兴趣和"学农爱农"的情感。再次，在学院和实训基地为学生提供勤工助学岗位，让学生在专业实践岗位付出辛勤劳动，磨练学生吃苦耐劳的品质，承受学农为农的艰苦，在教师指导下进一步提高了自身的专业技能。

③充分利用在大学期间的教学实习、生产实习、毕业实习及寒暑假的社会实践活动

活动之前制订详细计划，活动期间教师进行监督检查。大量的社会实践中学生与农民建立了深厚的感情，使学生发现自己的人生价值。

（3）以职业规划为引领，坚定为农决心职业生涯规划

教育的目的是通过认知自己、认知社会确立职业发展目标。职业生涯规划对解决各阶段学生在专业学习和发展方面产生的困惑和迷惑有很好的指引作用…。大学作为大学生职业生涯规划的开始，可运用科学合理的方法和途径对他们的职

业生涯规划进行指导。针对新生可塑性强的特点，适应性教育期间要唤醒他们对职业的谋划，激发他们对未来的思考与期望。首先，引导学生初步了解自己未来想从事的职业或与自己所学专业对口的职业；其次，学生通过测评工具进行自我评估和寻求职业目标，认清自身的不足，制订学习目标，合理规划大学生活。其次，学校组织新生参观实习基地，了解未来工作的基本条件，并组织新生与高年级学生座谈，听取高年级学生在学习和就业方面的建议和经验。最后，也可邀请相关专家举办大学生职业生涯规划讲座，通过权威介绍，加强新生对职业生涯规划重要性的认识。

（4）学习为平台，树立"爱农"思想，练就为农技能

首先，课程学习以专业思想教育为导向，渲染"学农爱农"思想。专业课程教学能够调动学生的学习兴趣，对稳定学生"学农爱农"的思想发挥着重要作用。而对于其他基础课程，要注重在课程定位、选择课程内容、转变教学方式等方面与专业课作好衔接，使其更好地完成"基础课程"的角色，向学生渗透"学农爱农"意识，为后续专业课的学习奠定基础。其次，增加实践学习课时比例，改善学习实践条件。结合学生的学习特点，进一步合理分配理论和实践比例，理论学习保证基础知识的教授，注重强化实验实训部分，提升学生的学习兴趣。实践教学基地是确保实践教学质量和效率的重要条件。加强实训实习基地建设，改善农学专业的实验设施、实训条件，为学生提供更多学以致用的平台，加强所学和所用的对接，将"学农爱农"内化、具体化，锻炼为农技能和本领。最后，以专业教师为榜样。教师的科学态度、科研精神对学生的专业学习是最好的榜样。教学活动中教师对学生的影响是长期的、潜移默化的。在授课中教育学生热爱所学专业，既是知识的传授又是"学农爱农"思想的传递。

3.提供更多有利环境，深化"学农爱农"思想教育

（1）加强"校企合作"，突出实践教学

"校企合作"是将在校学习与企业实践相结合，注重学校与企业资源、信息共享的一种"双赢"模式。采取这种与企业合作的方式，有针对性地为企业培养人才，提高了人才的实用性与实效性，进一步做到了应社会所需与市场接轨。同时，与企业合作，实践与理论相结合的农林教育理念，也能为学生提供更多的实践平台，更好地锻炼专业技能、接触社会、接触企业，对提高人才培养质量至关重要。上海农林职业技术学院积极广泛地拓展各专业"校企合作"，在纵深度加

强校企联合，如"五四班""光明班""城超班"等模式为后续教学实践提供了很好的案例。

（2）开设适应现代农林发展的专业

适应市场需求设置专业是保证就业优势的基础，否则即使优越的教学条件和高质量的教学水平也难以培养出"用得上"的人才。随着社会的发展，学校大农学专业不断被细化和更新，在就业中找准农林高职学生的位置使"学农爱农"、具有专业技能的学生实现自我价值、服务"三农"的愿望。如上海农林职业技术学院勇于革新，开设农机、质检、生态、观光及农产品物流与营销、农村财务管理等专业方向。这些变革使专业学习与现代农林发展更为贴近，提高人才培养的针对性。

（3）提高社会对农行职业的认同度，营造良好的社会环境

随着教育事业的发展，各类专业人才将陆续走向工作岗位，各级组织要在人事上保证将这些专门人才安排到所学专业岗位，逐渐调离那些占农林技术编制而不懂农林的人员。对分配到乡级工作的毕业生实行优惠政策，使一部分农林院校的毕业生自愿到第一线工作。同时，上海市将对在涉农领域就业的农学专业毕业生给予学费补偿和贷款代偿的政策，这将对学生到涉农领域工作具有推动作用。对学生进行"学农爱农"思想教育是农林高职院校思想教育的重要内容，不仅关系到学生当前的学习，还关系到培养的人才流向，更关系到国家现代农林科学发展的进程。教育效果的体现是一个相对漫长的过程，以多领域、多环节结合综合渗透为手段，坚持不懈地对学生进行"学农爱农"教育，将对学院发展、"三农"发展有深远的意义。作为一线的学生工作者，将配合学院开展"学农爱农"教育，调动学生的学农兴趣，增强他们的爱农意识，使其具备务农技能，立志扎根农村、服务农林、做新型农民，为祖国的"三农"发展贡献力量。

第二节　建立和完善现代高等农林教育、教学制度

一、对建立和完善高等农林院校制度的认识

我国高等农林教育具有高等教育和农林教育双重属性。高等农林教育作为高等教育阶段的职业学校教育，以高等学校的学历教育框架为基础，它在我国经济社会发展和转型中具有不可替代的作用。因此，建立和完善现代高等农林院校制度体系是建设现代大学制度的重要内容。

1. 什么是现代大学制度

现代大学制度，是学校根据国家法律法规为适应学校发展环境、发展理念、发展方式的变化要求，在政府的宏观调控下，面向社会依法自主办学、实施民主管理、全面落实学校法人实体和办学主体所应具有的权利和责任相统一的管理制度，是学校与政府和社会关系的制度规范和行为准则。我国现代大学制度是调节政府、社会和学校内部各种关系的总和，是大学管理与运行的规则体系，是学校治理法治化、科学化的载体。它不是单一的规范或单一的制度，而是一个制度体系。其内涵和基本架构包括两个层次三个方面，即国家层次和学校层次，以及政府、社会、学校三个方面。界定好政府与大学、社会与大学的关系，明确大学的治理结构，并以规范性的章程保证，是现代大学制度建设的基本内涵。

中国特色现代大学制度主要是用来规范政府、社会与学校三者之间的关系，目标是落实和规范学校办学自主权，形成政府依法管理学校、学校依法自主办学、教师依法执教、社会依法支持和参与学校管理的格局。这其中涉及大学与政府的关系、大学与社会的关系的宏观制度应由国家顶层设计。学校层面的现代大学制度包括内部治理结构，由学校依据国家相关法律法规来设计，主要是依法制定具有自身特色的学校章程和健全学校依法办学自主管理的制度体系，以及完善学校内部治理结构。目标是构建科学规范的"党委领导、校长负责、教授治学、民主管理"的高校内部管理体制，使学校更好地适应经济社会发展的新要求履行好大学的使命。因此，我们讨论的现代大学制度主要是微观制度，是大学内部制度建

设，也就是完善现代高等职业院校制度体系建设的思考。

2. 为什么要建立现代大学制度

从大学的自身发展看，我国经济社会发展进入了新的历史时期，现行的大学制度的弊端凸显，破解大学制度与提高教育教学质量水平之间的矛盾，使学校科学发展、健康发展、可持续发展，都必须建立在完善的现代大学制度体系的基础上，才能得以保障。学校外部关系的明晰，有助于学校成为自主办学的实体，也有助于在减少行政干预的前提下满足政府预期；学校内部治理结构的清晰，可以使学校的决策和运行有章可循，有助于提高办学效益和完善自我约束机制。现代大学制度为大学的发展提供制度设置，为大学的运行提供了制度保障，为大学的工作提供了基本依据。建设中国特色现代大学制度，是现代大学科学发展的内在要求，是我国高等教育体制改革的重要内容，也是高等学校内部体制改革面临的基本任务。

3. 如何建设现代大学制度

现代大学制度是在市场经济体系下，处理大学与外部同时也包括学校内部各种关系的一种规范体系。建立这种制度体系，就应该按照国家《全面推进依法治校实施纲要》提出的"要依据法律和章程的原则与要求，制定并完善教学、科研、学生、人事、资产与财务、后勤、安全、对外合作等方面的管理制度，建立健全各种办事程序、内部机构组织规则、议事规则等，形成健全、规范、统一的制度体系。"因此，现代大学制度的载体和内容应该是，以学校章程为核心、以规制学校权利运行为重点的系统、全面的学校自主管理的制度体系。它要遵循以下五个原则：

（1）遵循原则。在学校的制度体系建设中应当遵循四项原则：一是遵循教育规律和组织学原理，具有一定的科学性；二是符合中国的国情和法规，具有充分的可行性；三是借鉴高职示范性院校的成功经验，具有前瞻和先进性；四是要紧密结合区域要求和学校实际，具有现实针对性。

（2）适应国情。学校的制度体系建设要符合国情和区域发展要求，要与当今政治、经济、社会、文化发展相适应，与学校的发展实际和长远可持续发展相适应。使制度体系建设既具有鲜明的中国特色、显著的时代特征，又符合职业院校的本质和高等教育发展规律。促进现代高等农林教育理念落实，以保证人才培养、学术研究、社会服务以及引领社会发展的现代大学功能的实现。

（3）不断完善。从《国家中长期教育改革和发展规划纲要（2010—2020年）》（简称"《纲要》"）和我国教育政策的前后连贯性看，建设和完善现代大学制度，并不是创立一套新的制度，而是以运行中的现行学校制度为基础，按照建立现代大学制度体系的新理念、新要求，对学校制度体系进行深刻反思与全面改进。是适应经济社会发展新情况，按照科学发展观和教育改革发展的新形势、新任务、新要求对制度不断完善的过程。

（4）依据法律。制定和完善学校的规章制度，要以国家法律法规为依据。建立现代大学制度要以国家《教育法》《教师法》《高等教育法》《农林教育法》等为依据，制订和完善可行的学校规章制度，清理过时的和不符合国家法律法规的规章制度。

（5）突出重点。学校的制度体系建设，要以提高学校章程及制度建设质量、规范和制约管理权力运行、推动民主建设、健全权利保障和救济机制为重点，正确处理好学校政治权力、行政权力、学术权力、民主权利之间的关系，形成学校制度体系和与之相匹配的学校管理运行机制，切实落实师生主体地位，实现建设民主校园、和谐校园、生态校园、平安校园的目标。

4. 现代大学制度建设的重点和难点

（1）科学决策体系。学校制度体系的核心是在政府的宏观调控下，大学依法自主办学，实行民主决策和管理。学校要适应现代大学制度的要求，就要规范科学决策程序和民主决策方式，落实党委领导下的校长负责制度、教职工大会监督审议制度、决策风险评估机制度，重大事项集体决策制度，以及岗位责任制和责任追究制度。通过校务公开等形式，扩大决策民主性，强化制度约束，避免决策主观片面和随意性。

（2）高效执行体系。学校的职能部门在学校内部运行机制诸要素中处于承上启下、连接左右的位置，是内部管理运行中的基本要素与环节，要把学校的各项工作落到实处，必须发挥职能部门作用。因此，要建立内部运行的协调机制，目标考核机制，正负激励机制，部门之间的牵制和协同机制，实行岗位职责问责制。同时，建立干部退出制度，让想干事、能干事、干成事的优秀人才脱颖而出，使学校的决策在人才培养、教学科研、服务社会等大学的各项功能中有序落实。

（3）监督评价体系。监督评价机制是学校制度体系中必不可少的组成部分，是学校内部管理落实学校制度的重要保证。要重视推进专业评估，探索构建主体多元、形式多样、内外评价、以外促内的评价体系，建立第三方评价制度。对学院重大决策、内部管理、运行质量和效率的监督评价，要坚持全面监督评价与重点监督评价相结合、定期监督评价与随机监督评价相结合、内部监督评价和外部监督评价相结合，建立专家咨询评价机制，落实校务公开。保障和发挥教授治学的学术权力和群团组织以及全体师生员工民主监督的民主权利，对学校事务的全面监督和客观评价，实现监督评价理念、制度、方式、信息等方面的创新。

二、高等农林本科教育实践教学体系的构建——以北京农林院校为例

实践教学是高职教育发展的关键，是巩固理论知识、培养具有创新意识的高素质专业技能型人才的重要环节。目前农林院校实践教学体系优化不够、资源配置不合理、管理体制不完善，缺乏分类指导和因材施教，急需创新实践教学模式、充实教学内容、改善教学形式、优化师资队伍、强化实践教学过程。

1. 北京农林院校高职教育发展现状及分析

（1）在京农林院校高职教育发展现状

①高等院校高职教育的招生计划执行情况。历年来高等院校在京的招生计划执行情况，高职教育招生规模逐年减少，尤其是近两年更是大规模锐减。2007-2011年，高等院校在京的高职教育招生规模从29984人减少为15145人，减少了近50%，其中市属市管院校的招生规模从24743人减少为12663人，减少了49%。这是由高等教育发展趋势、北京考生规模变化趋势、北京产业发展及农林发展对人才需求等诸多原因共同造成的。受高等教育快速发展及扩招的影响，加上北京考生规模急剧减少，致使高职教育招生范围及招生人数急剧减少。在城市化快速推进下，北京主导产业和都市现代农林也都在快速发展，人才需求层次与结构也发生了诸多变化。上述因素导致高职教育受到极大的挤兑，其招生范围和招生规模都在急剧减少。历年来农林院校在京高职招生计划中处于劣势。近几年，农林院校在京高职招生数量仅占在京高职招生总量的2%左右。而且随着高职教育在京招生规模的锐减，农林院校高职教育在京的招生规模也随之减少，主要农林院校在京的高职招生规模从2009年的379人减少到2011年的317人。

②农林院校高职教育的招生专业结构。在高职教育招生中，农林院校高职教育招生一直处于劣势，专业结构不断调整。农林院校在京招生的高职教育专业构成涉及到自然科学、人文社科及理工类专业。其中招生人数较多的专业主要是经

济管理与文秘类专业，其就业率相对较低，而畜牧兽医、园林工程技术、机械化与自动化等技能性强的专业，就业率相对较高。

（2）农林院校高职教育中实践教学需求分析

实践教学理论研究和实践探索相对薄弱，高职院校实践教学滞后，学生实践能力不高，成为制约高职教育持续发展的瓶颈，也成为高职毕业生就业难的关键。高职院校实训基地建设滞缓，校内实验设备设施不足，缺乏实训条件，使高职技能教育的物质基础薄弱；缺乏"双师型"教师和高效的教学计划管理方案，实训科目不能满足学生技能需求，实际操作能力弱化。这与高职教育应用型人才的培养目标形成极大反差。

农林院校高职教育招生专业不断调整，新增招生专业主要倾向于技能性较强的专业，而通用性较强、技能性缺乏的专业的招生规模却在不断减少。从北京农林院校高职教育招生来看，2010年减少招生的专业主要是计算机应用技术、机械制造与自动化、建筑工程技术、经济信息管理等专业，新增专业主要是园艺技术、水务管理、绿色食品生产与检验、嵌入式技术与应用等实用技能专业；2011年继续减少招生的专业包括经济管理、经济信息管理、文秘商务、机械制造与自动化以及建筑装饰工程技术等，新增专业主要是嵌入式技术与应用、园艺技术、水利工程施工技术、市场营销、食品加工技术、畜牧兽医、绿色食品生产与检验等。

2. 农林院校高职教育实践教学体系框架的构建

（1）农林院校高职教育实践教学体系框架

以北京农学院高职教育实践教学体系为例，分析如何构建北京农林院校高职教育实践教学体系框架。北京农学院高职教育实践教学体系由五个部分构成，分别是实习实训体系、校内外实习实训基地、订单式的校企合作、专业讲座提升实习实训与以科研活动促教学实习效果等。

①实习实训体系

包括四种方式：课堂案例分析、模拟仿真实验、市场调查、岗位实习等，以主干课程为载体，在责任老师的组织下，围绕相关主题进行专题讨论；在实验室进行模拟实验；组建学生科研训练团队，进行农产品市场调查分析，撰写调研报告；将各专业学生成批送入相关单位顶岗实习，有认知实习、专项实习、综合实习、毕业实习等，其中认知实习是大一学生深入实习基地加强专业认知；专项实习是课程实习；综合实习是第五学期结合专业及部分课程的综合实训；毕业实习是毕业前学生深入实习单位、运用理论知识完成工作任务的基本能力训练。

②校内外实习实训基地

北京农学院建立校内实习实训基地,包括温室大棚、花卉温室、畜牧场等;在京郊、广东、杭州等地相继建立了 31 家校外实习基地,如广州佛山花卉大世界、物美超市等,每年安排百余学生京外实习;境外有 16 家校外实习基地,如美国爱荷华州的 lowa 果园、荷兰的 Dhr.M.L.Pieterse 果蔬公司等。各专业学生通过校内外实习实训基地的学习实践,有效地加深了学生对专业知识的理解和掌握,提高学生的动手实践能力。

③"订单式"校企合作

北京农学院城乡发展学院与北京、广东、云南等地多家企业进行长期合作,不仅成批送学生定岗实习积累就业经验和能力,并借此方式成功推荐部分毕业生成功就业。

④专业讲座

借助名师讲堂、专业讲座、就业讲座等形式,让校外知名教授、专业精英或企业经营管理者走进学生课堂,提升实习实训效果,并积累就业经验和能力。

⑤科研活动

以相关科研项目为依托,组织学生参与科研活动,增强学生对专业知识的理解与应用以及实践能力,最终促进教学实习效果。

(2) 农林院校高职教育实践教学体系的运行机制

①制订具有高职教育特色的教学计划,拓展实践教学空间。教学计划是人才培养的"纲"。高职教育人才培养主要突出学生的能力培养、实践操作和技能训练。因此,北京农学院在教学体系中更突出实践教学的作用,把"校企合作,校校合作"充分融入教学计划,塑造独具特色的高职教育"2+1"培养模式。以校企合作基地的企业为依托,把课堂搬进企业,送学生深入企业"顶岗实习"。同时,北京农学院积极拓展实践教学空间,搭建与国际先进教学体系接轨、充分利用国外高校优质教学资源的平台,通过"送出去、请进来"模式为高职学生开阔眼界、提升能力,已与美国贝尔维尤学院、美国波坎学院、荷兰瓦赫宁根大学、日本札幌大学等进行合作交流,派遣学生进行境外农林实习和研修。

②培养和储备"双师型"教师,保障实践教学有效进行。高职教育的教师应为"双师型"教师,同时具备教师和应用型人才的素质,同时拥有教师系列和工

程技术系列的职称，并具备教育教学能力，包括教学认知能力、教学设计能力、教材加工能力、课堂组织管理能力、应变能力、科学研究能力、教学监控能力等，尤其应具备丰富的实践经验和熟练的系统操作技能、具备解决实际问题以及技术开发和技术创新的能力。北京农学院高度重视"双师型"教师的培养和储备。

③加强实践教学硬件设施建设，增加学生动手实践机会。教学场所及有关仪器设备建设，是高职教育实践教学所必需的硬件设施条件。为适应高职教育教学改革的需求，在调整改进教学软件的同时，也要积极完善教学硬件的配套建设，为实践教学开展创造有利的环境条件。北京农学院积极建设多种形式的实习实训基地，依靠学校及本科专业的力量建设校内实验基地、校企合作基地、境外研修基地等，进一步加强学生实践动手能力的培养。

④提高实践教学比重，建立多模块相辅相成的实践教学体系。北京农学院已形成成熟的多模块实践教学体系，实践教学与课堂教学学时比一般超过2:1，其中实践教学包括随堂实验、实习实训、实训课程、参观学习、专业综合实习和毕业实习等诸多形式，在分项训练基础上进行综合训练，辅以专题讲座和科研训练，充分培养学生的综合运用和实践操作技能，打造出北京农学院高职教育的特色。

3.加强高职教育实践教学的对策

纵观全国各地的高职教育教学改革，积极探讨通过"校企合作，校校合作"促进实用技能人才培养，实现实践教学多样化发展，但其实际成效差距显著且极不平衡。

(1 加大"校企合作，校校合作"的工作力度

"校企合作，校校合作"是"高职教育发展的唯一出路"，是可有效地解决学生实习、校内生产性实训和学生就业出口等诸多问题。实际上北京农林院校高职教育研究和实践经验充分表明，"校企合作，校校合作"的办学模式决定了高职院校的人才培养模式，决定了高校人才培养目标定位是否符合社会需求，也决定了高职院校的发展前景及其人才培养质量。

(2 加强校内外实训基地建设

以双向选择为基础，以"优势互补、产权清晰、互惠互利"为原则，根据生产流程和岗位职业的要求，通过投资主体多元化、运行机制市场化，全方位地共建共享"生产与实训合一、教学与技术服务合一"的校内生产性实训基地、校校之间共享实训基地和校企之间的校外实习基地，包括本地区、外地区甚至国外的

合作实习基地，充分开发实习基地的多专业实训功能，召开实习基地工作协调会，完善实习过程的制度化建设，并结合人才培养模式改革，推进双师型师资团队建设，积极为提高学生实践动手能力创造有利条件

①建立校企和校校之间的长效合作机制。高职院校应成立统筹全校的校企合作和校校合作工作的专门机构，配备专门的任职人员，为引进校企合作和校校合作搭建平台，规范其合作运行机制，明确其合作利益目标，探讨合作途径与模式的多样化，为学校利用人力与设备资源、服务社会创造良好的环境与条件。

②建立与完善管理制度、激励政策与考核措施。农林院校应逐步建立与完善与现代高职教育理念相适应的各项管理制度、激励政策和考核措施。具体包括：高技能教师的培养与引进制度，校内教师参与生产实践与技术服务的管理办法，新的教学质量评价方案，以教学改革为主导的科研及论文奖励办法，工学结合模式下的学生管理措施，以专业建设、课程建设等高职教育教学改革为核心的部门绩效考核体系等。

(3) 贯彻培训及认证制度

农林院校应积极探索和完善"双证书"培训工作，成立职业技能资格管理办公室，开创毕业生双证书毕业就业的新局面。通过职业资格证书的考取加强了学生对实践操作的力度，从而为学生将来的就业奠定良好的基础。"双证书"具体可包括：景观设计师、造价员培训及认证、园林专业开展《花卉园艺工（绿化工）》证书认证、观光农林开展《花卉园艺工（花卉工）》证书认证、旅游管理专业开展导游证培训和认证、会展策划与管理专业开展《会展职业经理人》证书认证等等。

(4) 建立"双师型"的师资团队

在"校企结合，校校合作"的人才培养模式中，"双师"素质的教师培养和"双师结构"的教学团队建设是实施学校、企业结合人才培养模式的基础和起点。没有生产实践经验和解决实际生产问题的能力、不了解企业生产技术及管理的教师，就不可能真正了解高职毕业生的就业现状和生产企业对毕业生的能力和职业素质的需求。因此，制定高职教育专业人才培养方案，应准确定位专业培养目标，合理设置教学内容及实施方案，打造"2+1"专业人才培养模式。"双师"素质的教师培养和"双师"结构的教学团队建设，都要通过校企的深度合作，使校内专业教师能持续参与企业生产活动，企业实践人员也能参与学校教学。

第三节　推进适应现代农林发展的教育教学改革创新

一、现代农林概述

现代农林是我国农林发展的趋势与方向。为了把我国的现代农林发展好，首先，我们必须对现代农林的内涵、特点与发展动力有一个更为清醒的认识与理解。

1. 现代农林的内涵与特点

（1）现代农林的内涵

农林是我国的基础产业。目前，我国农林正处在由传统农林向现代农林的转型期。但是，由于各国的国情条件、农林科技水平与农林发展状态的诸多差异，各国对现代农林的认识与理解也略有不同。我国对现代农林的认识大致经历了两个发展阶段，一个是改革开放前，一个是改革开放后。综合国内外建设现代农林的经验，我国把现代农林定义为：现代农林是以保障农产品供给、增加农民收入、促进可持续发展为目标，以提高劳动生产率和商品率为途径，以现代科技和装备为支撑，在家庭承包经营基础上，在市场机制与政府调控的综合作用下，农工贸紧密衔接，产加销融为一体，构成多元化的产业形态和多功能的产业体系。

（2）现代农林的特点

与以往的农林发展形态相比，现代农林呈现出以下五个方面的显著特点：第一，产业结构由传统的小农经济向规模农林经济方向转变。现代农林不仅包括第一产业，而且还包括农产品生产、加工流通、农村工业、社会服务、文化产业等多种产业集群。它已经不再是人们通常所说的第一产业，而是真正意义上的产业链系统；第二，产业目标由数量型向质量效益型转变。传统农林以满足人的食物需求为目标，追求数量增长。现代农林则在保障必要的数量平衡的基础上，追求质量、效益，以增强农林产品的市场竞争力；第三，产业功能由单一生产功能向生产经营一体化方向转变。现代农林除了从事初级农产品供给和原料生产外，还具有原料供给、就业增收、生态保护、观光休闲、文化传承等多种功能，实现了种养加、产供销、贸工农一体化；第四，生产要素投入由粗放型向集约型方向转变。现代农林注重集约投入生产要素，比如，资金、技术、土地、装备、管理等，以此提高生产要素的配置效率。而粗放型农林主要是以增加资源和劳动力的投入为主，其土地产出率、资源利用率和农林劳动生产率都比较低；第五，生产动力从人力、自然力向科技力方向转变。现代农林发展的原动力主要来自科技进步与创新，其整个生产过程实质上就是用现代农林科技及装备改造传统农林的过程，是用现代农林科技知识培养和造就新型农民的过程。它在生产、加工、运销等各个环节都采用先进的科学技术。农林生产普遍实现了机械化，而且部分实现了现代化。

2. 现代农林的发展动力

通过对现代农林的内涵和特点的分析，我们不难看出，从本质上讲，现代农林就是一种高科技产业，科技的发展与进步才是现代农林的真正动力。但是，在实际工作中，怎样才能使科技成为现代农林发展的真正动力？

（1）以科技创新引领现代农林

科学技术是第一生产力，也是现代农林发展的第一动力。当前，我国应大幅度增加农林科研投入，加强国家基地、区域性农林科研中心创新能力建设。启动农林行业科研专项，支持农林科技项目。着力扶持对现代农林建设有重要支撑作用的技术研发，继续安排农林科技成果转化资金和国外先进农林技术引进资金。深化农林科研体制改革，建立新型农林科技创新体系。采取综合措施，优化农林科技资源，努力提高与现代农林相关的原始创新、集成创新、引进消化吸收再创新这三大能力。建立鼓励科研人员科技创新的激励机制。充分发挥大专院校在农林科技研究中的作用。引导涉农企业开展技术创新活动，鼓励企业与科研单位进行农林技术合作，向基地农户推广农林新品种、新技术。

（2）建设农林信息化工程

现代社会是一个信息社会，信息技术对农林发展意义深远。当前，各有关部门应建立健全农林信息收集和发布制度，整合涉农信息资源，推动农林信息数据收集与整理工作。加强农林信息服务平台建设，深入实施"金农"工程，建立国家、省、市、县四级农林信息网络互联中心。加快建设一批标准统一、实用性强的公用农林数据库。加强农村一体化的信息基础设施建设，创新服务模式，启动农村信息化示范工程，为农民、农村和农林发展提供多种实用技术。

（3）推进农林科技进村入户

积极探索农林科技成果进村入户的有效机制和办法，形成以技术指导员为纽带，以示范户为核心，连接周边农户的技术传播网络。继续加强基层农林技术推广体系建设，健全公益性职能经费保障机制，改善推广条件，提高人员素质。推进农科教结合，发挥农林院校在农林技术推广中的积极作用。增大国家富民强县科技专项资金规模，提高基层农林科技成果转化能力。继续支持重大农林技术推广，加快实施科技入户工程，着力培育科技大户。

（4）普及农林机械装备

农林机械装备是大规模提升农林生产力的前提与基础。当前，应率先改善农机装备结构，提升农机装备水平，走符合国情、符合各地实际的农林机械化发展道路。各地要因地制宜地拓展农林机械化的作业和服务领域，在重点农时季节组织开展跨区域的机耕、机播、机收作业服务。鼓励农林生产经营者共同使用、合作经营农林机械，积极培育和发展农机大户和农机专业服务组织，推进农机服务市场化、产业化。

（5）推广资源节约型农林技术。积极开发运用各种节约型农林技术，提高农林资源和投入品的使用效率。大力普及节水灌溉技术，启动旱作节水农林示范工程。扩大测土配方施肥的实施范围和补贴规模，进一步推广诊断施肥、精准施肥等先进施肥技术。改革农林耕作制度和种植方式，开展免耕栽培技术推广补贴试点，加快普及农作物精量半精量播种技术。积极推广集约、高效、生态畜禽水产养殖技术，降低饲料和能源消耗。

二、现代农林的专业人才培养标准

国务院在颁布实施的《国家中长期教育改革和发展规划纲要（2010—2020年）》中明确提出了"树立科学的教育质量观，把促进人的全面发展、适应社会需要作为衡量教育质量的根本标准"。因此，制定农学专业人才培养校级标准，进一步深化农学专业教学改革，提高人才培养质量，对于规范农学本科专业教育，推进教育教学改革，实质性提升农学本科人才培养质量具有重要的现实意义。以华南农林大学为例，该校农学专业具有悠久的历史，迄今已超过100年的办学历史。经过几代人的努力，本专业的办学条件不断改善，师资队伍结构趋于合理，教学质量不断提高，现已逐步形成了鲜明的热带、亚热带地区特色。为了适应当前社会经济和现代农林发展的需求，2001年，华南农林大学率先在农学专业下设立了农林生物技术、农林信息技术以及农产品标准化和贸易等方向，并保留大农学专业方向，使本专业得以显著发展。2008年、2011年、2012年分别成为教育部批准的国家特色专业、广东省重点专业、广东省高等学校本科专业的改革试点专业，并开设了农学创新班（即农学丁颖创新班）。2014年，入选国家教育部的农林卓越人才培养计划。本专业改革取得成效，为制定农学本科专业培养标准奠定了坚实的基础。

1. 人才培养目标

农学专业旨在培养基于物联网技术下的精细农林，具备作物生产、作物遗传育种等方面的基本理论、基本知识和基本技能，在作物生产或育种方面了解学科前沿和发展趋势，熟悉作物生产特点，具备一定的创新能力和生产实践能力，能在农林教育、农林科研、农林行政、涉农企业及其他相关的部门或单位从事与农学有关的教学与科研、技术与设计、开发与推广、经营与管理等工作的高素质复合型人才。

2. 人才培养标准

（1）人才培养规格

①学制。学制4年。优秀的学生如在3年内修满学分并完成其他的教学环节，可提前1年毕业。未能在4年内修满学分并完成其他的教学环节的学生，可延长学制最多达2年。

②授予学位。授予农学学士学位。

③学分。本专业总学分160学分，其中学科基础知识和专业知识类课程学分比例不低于50%，专业类实践课程学分比例不低于学科基础知识和专业知识类课程学分的30%，选修课程学分比例不低于30%。鼓励学生学习跨学科门类选修课程。

（2）人才培养基本要求及知识结构

本专业学生必须掌握农学专业的基本理论和基本知识，能够系统进行应用研究和基础研究方面的科学思维训练和实验实习操作训练，具有一定的教学、科研和管理能力和良好的科学素养。知识要求：第一，具备较强的生物学基础知识，掌握农作物与环境因子的互作关系、作物生长发育规律、作物产量与品质形成规律、作物遗传特性与性状分析等基础理论；第二，掌握作物遗传育种、作物栽培学与耕作学、植物营养学、植物病理学、农林昆虫学、现代农林技术等方面的试验设计、研究与分析方法及实验技能；第三，具备一定的政治学、文学、哲学、法学、艺术、历史、思想道德、心理学等方面的知识；第四，掌握 1 门外语，能阅读本专业外文资料，具有运用现代信息技术获取相关信息及文献检索的基本能力，具备科技论文写作基本能力。

（3）人才培养能力和素质要求

①能力要求：第一，获取知识的能力。具有良好的自学习惯和自我更新知识的能力，有较好的表达交流能力，具有一定的计算机及信息技术应用能力；第二，运用知识的能力。具备洞察问题，综合解决问题，能够熟练从事本专业领域的生产应用操作及其相关领域研究和开发等综合能力；第三，创新思维的能力。养成独立思考、创新思维的习惯，具有进取意识和探索精神，拥有良好的创新能力、创业能力和科学研究能力。

②素质要求：第一，思想政治和德育素质。热爱祖国，拥护宪法，坚定正确的政治方向，树立正确的世界观、人生观、价值观，遵守职业道德，具有良好的社会传统道德，遵纪守法，诚实守信，富于进取，具有团队意识和协作精神；第二，人文和科学素质。掌握一定的人文社科基础知识，具有较好的人文修养；注重人文精神、法制观念、公民意识和科学态度；具有国际化视野和健康的人际交往能力；第三，专业素质。了解基于物联网技术下的现代精细农林的理论前沿、应用前景、发展动态和行业需求。能够利用所学专业知识分析解决农林生产中存在的问题；第四，身心素质。具有良好的生活习惯、健康的体魄和良好的心理品质；具有较强的适应能力、承受能力和组织管理能力以及良好的团队协作精神。

3. 师资队伍

依据教育部《普通高等学校基本办学条件指标（试行）》（教发〔2004〕2 号）[7] 规定的合格标准，整体师资结构满足本专业教学需要；具有农学学历教育背景、正高级专业技术职称、学术造诣较高的专业负责人；重要专业课程，包括遗传学、作物栽培学和作物育种学等课程每门至少有 1 名具有农学学历教育背景教授职称的课程负责人。

（1）专任教师的要求

专任教师学历的最低要求是具有硕士学位，具有博士学位的教师比例不低于 70%。

本专业主讲教师必须具有中级及以上专业技术职务或者具有相关专业硕士及以上本学科专业教育和研究背景，通过岗前培训并取得教师资格证书或者得到教育部行政主管部门认可的教学资质。教师队伍中具有海外学习经历的数量占专任教师总数的比重不低于 30%。实验技术人员应具有农学或相关专业硕士及以上学历。

（2）师资规模和结构

本专业专任教师人数不少于 20 人，当在校本科生超过 150 人时，每增加 20 名学生，至少相应增加专任全职教师 1 名，且本专业生师比应低于 18∶1。兼职教师人数比例不应低于总人数的 20%。每 5000 人实验教学人时数至少配备 1 名实技术人员。每个校级以上生产实习基地至少配备 1 名生产实践指导教师。教师队伍中具有教授职称的数量占专任教师总量的比例不低于 1/5，具有农林一线生产实践经验教师比例不低于 1/5，具有副教授以上职称的数量占专任教师总数的比例不低于 1/2。

（3）教师发展制度

具有青年教师岗前培训制度、助教制度、任课试讲制度和进修制度；具有教师发展机制，开展专业培训、半年及以上的生产实践培训，开展教育理念、教学方法、教学技术培训，不断提高教师水平和教学能力；具有教学评价和反馈机制，每学期结束前集中进行学生评教并及时反馈结果，不断提高教学质量；具有教学交流机制，开展包括专业主任在内的同行听课活动，定期组织教学观摩活动，并进行研讨与总结；具有学术研究机制，定期举行学术报告，开展学术交流活动，鼓励青年教师进行学术、科研活动。

4. 人才培养教学条件

（1）教学设施要求

农学专业的基本办学条件参照教育部《普通高等学校基本办学条件指标（试行）》（教发〔2004〕2 号）规定的合格标准执行。专业知识体系包括通识教育知识、专业教育知识和拓展教育知识。课程体系包括理论教学课程和实践教学课程。

①专业教学实验室

应设立专业基础实验平台和专业实验平台，其中专业基础实验平台应包括遗传学、试验统计学、农林气象学等农学专业实验教学中心；专业实验平台应包括作物栽培学和作物育种学，以及作物栽培与耕作和遗传育种相关的实验室等。实验室建设规范、配置合理、设施完善，拥有用于本科教学的高新仪器设备，能够满足农学专业的教学需求，其中生均教学科研仪器设备值不应低于 1 万元。

有良好的设备管理、维护和更新机制，近 5 年年均新增或更新仪器设备不应低于 10%，现有仪器设备完好率不应低于 95%。实验室应提供开放服务，满足本专业及相关专业学生课内外学习、科研需求，周开放总学时不应低于 40h，并作好记录。实验教学管理规范、实验教学计划、教学大纲、实验指导等资料齐全，并制订有长远建设规划和近期工作计划。开设综合性实验和设计性实验，鼓励学生创新思维，培养学生动手能力，要求开设综合性、设计性实验的课程占实验课程的比例不应低于 80%[8]。

②实习基地

根据农学专业人才培养目标和学科特色，实施产学研结合的人才培养模式，与生产企业、科研院所等联合，建立稳定的实习基地，依据企业需求进行教学，培养学生的生产实验技能和创新能力。围绕校企合作培养专业人才的主题，因地制宜建设校内外实验基地，满足学生实践教学环节的需求，其中稳定的校外实习基地数量不应低于 5 个，每个实习基地至少容纳 30 人 / 次，且应建有省级以上大学生校外实践教育基地。除学校实习导师外，还应在每个校外基地聘请实习教学指导教师，对学生的实习内容和实习过程等进行全面跟踪和指导。

（2）信息资源要求

依据专业培养目标建设农学专业课程体系，着重学生知识、能力和素质的协调发展。同时，通过手册或者网站等形式，提供教学基本信息（本专业的培养方案、课程体系信息、课程教学大纲、选课指导、考核要求、毕业审核要求等）。

①教材及参考资料

专业教学需选用符合专业规范的教材，基础课程和专业课程的教材应为国内外正式出版的教材，专业课程应使用最新出版的国家规划教材。鼓励专业教师依据专业进展与学科前沿自编特色教材。除教材和讲义外，专业基础课、专业必修课和专业选修课应推荐必要的教学参考资料。

②教学信息资源

本专业建设省级以上精品资源共享课程或者精品视频公开课或者双语教学示范课，并开通课程网站，课程录像全程上网，课程内容持续更新；建设专业基础课、专业必修课课程网站，提供必要的网络教学资源。

（3）教学经费要求

年生均教学运行费不低于教育部《普通高等学校本科教学工作合格评估指标

体系》（教高厅〔2011〕2号）的要求，且随着教育事业经费的增长而稳步增长，满足培养学生的需要。

设备完好充足，拥有用于本科教学的高新仪器设备，能够满足农学专业的教学需求，其中，在校生生均实验教学仪器设备值不应低于1万元。有良好的设备管理、维护和更新机制，近5年年均新增或更新仪器设备不应低于10%，现有仪器设备完好率不应低于95%，年均仪器设备维护费不低于10万元或已有仪器设备总值的1%。

5. 人才培养质量保障体系

（1）专业培养目标修订机制

本专业拥有专业办公室专门负责教学管理文件和各类档案文件的管理工作。具有定期修订专业培养目标机制，一般每4年对培养目标和培养方案进行研讨和全面修订。修订工作应有校外专家、用人单位、毕业生参与，并综合考虑各方反馈意见和专业发展情况，确保专业培养目标适应社会发展、生产实践和学生的需要。

（2）教学运行管理机制

建立了系统的教学运行管理规章制度，对主要教学环节如课堂教学、课程考核、实验与实习、毕业论文（设计）等，有明确的质量标准和全面有效的制度保障，能够保证教学工作的顺利开展。

实验室管理规章制度系统、可行，有实验室开放制度，仪器设备完好且使用效率高。

（3）教学过程监控与效果评价机制

本专业建立完善的学生评教、教学督导和同行听课制度，对日常教学工作进行检查、监督和指导，及时了解、反馈和处理教学中出现的问题。

有专业学情调查和分析评价机制，有效测评学生的学习过程、学习效果和综合发展，确保理论、实验与其他实践教学环节的考核制度合理，提高学生的学习效果和学习目标达成度。有针对应届生就业情况的年度分析制度，有针对毕业生职业发展的跟踪评价机制，有学校内部、第三方评价机构及社会有关方面参与的综合评价机制，并建立完善的反馈机制，使评价信息有效用于指导专业人才培养质量的不断提高。

（4）持续改进机制

本专业每4年开展一次教学质量的内部评估，包括用人单位、教师、毕业校友、在校学生共同参与的教学质量评估委员会，征求对专业培养目标和方案、课程设置、教学内容与方法的意见和建议，有效推进专业建设水平和人才培养质量的持续改进。每年对人才培养质量取得的成效和进一步改进措施进行分析、评价和总结，形成本专业的本科教学质量报告，确保教学和人才培养质量的持续改进。

三、服务现代农林的创新型农林信息化人才培养模式

进入 21 世纪，我国传统农林正在加快向现代农林转型，以计算机技术为载体的信息农林、智能农林、都市型农林日趋成熟，智慧农林成为现代农林未来发展的趋势。加快推进农林信息化，将有利于建设现代农林，逐步改变城乡二元结构，提高现代科学技术在农村的普及和推广应用水平，对促进农村经济具有极其重要的现实意义和广阔的发展前景。"十二五"期间，北京郊区新农村信息化建设工作蓬勃开展，展现快速发展势头。作为北京地区唯一的市属农科院校，北京农学院不仅具备浓厚的传统学科的科研氛围，而且拥有一批优秀的计算机专业教师和学生，这为农林信息化的实现创造了得天独厚的条件。将传统农林与现代计算机有机结合的知识创新势必成为推动科学技术成果向现实生产力转化的重要力量；而具有农林背景的计算机专业科技创新型人才，不仅是地方农林新科技致富的带头人，也将是建设社会主义新农村、推动农林现代化发展的主力军。

1. 加强学生在科研创新实践的能力培养

目前北京农学院计算机信息与工程学院计算机专业有嵌入式和网络 2 个培养方向，本课题主要以嵌入式方向为例，探讨学生在科研创新实践能力的培养。

（1）专业课程实践教学突出农林应用

计算机专业嵌入式方向专业课程的实践教学内容繁多，但是如何突出农林应用，发挥服务农林的功能，让学生明白所学知识与现代农林之间的关系和具体应用却是值得深思的一个问题。如在嵌入式程序设计课程实践教学中，教师可提供一些农林类信息系统实现或者农林专家系统开发等题目，学生以系统开发为主线，依照模块化程序设计思想，最终完成农林信息化小课题；嵌入式底层硬件课程实践教学部分，任课教师则提供一些农林测控系统实现的题目，以系统仿真为基础，着重掌握测控技术的农林化，在此教学过程中不仅培养了学生综合运用专业知识解决农林领域问题的能力，也使学生对科研创新实践的主体有更感性的认识。

（2）实施层次化实验实践教学模式

如何通过课程实验实践环节培养学生的实际动手能力始终是关注点。传统的课程实践教学层次进度已经不能满足现代化信息的变化，因此在教学过程中也会时刻追踪最新的专业前沿知识，课程设计实践教学内容也随之调整。目前，计算机专业嵌入式方向实验室选用 UP-Magic6410 嵌入式实验开发平台，着重培养学生在该平台下进行嵌入式 Linux 程序开发的相关环境搭建与软件设计方法的能力。针对各模块以及嵌入式系统的应用背景，按照由浅入深，不同课程层次对应不同实验项目等原则，分别组织设计了嵌入式导论的基础性实验、嵌入式程序设计基础的实操性实验、设计嵌入式高级编程的提高性实验 3 个层次的实验，循序渐进，逐步提高，以满足不同阶段的实验和实践需求，其中基础性实验多以理论验证为主，在于学习方法；综合性实验和提高性实验则多以应用为主，在于提高能力。3 个层次的实验教学内容，提高了学生动手能力，为进一步的实践开发和毕业设计打下了良好的基础。

（3）通过综合性实验教学，培养巩固学生创新能力

在设计综合课程等综合性实验时，依托教师实际的科研或工程项目，在强调基础性知识掌握的同时，鼓励学生创新的综合设计。教师在实验课程实施时，可以按照模块化将综合实验分解，综合实验的内容强调培养严谨的科学态度和工程概念，体现从基本动手能力、对实验数据的处理和规范撰写实验报告的能力过渡到能综合运用所学知识、实验方法和实验技能，提高分析和解决问题的能力，综合实验内容的选定可以采取 2 种办法：学生自主选择课程设计题目或者在教师给定的题目中选择，充分给学生自主权，满足不同程度学生的学习需要，组织上按照"自由组合、自主选题"的原则，从较简单的嵌入式基础应用电路开始，要求每组学生完成数个难度递增的嵌入式程序开发设计、编程与调试，并写出详细总结报告。在制作训练过程中，鼓励学生用不同的方案和技术，锻炼学生思维的广阔性，充分发挥学生的主动性和创造力，培养学生团队合作精神，完成学生由单元设计向系统设计的过渡，并通过系统的实验实践训练，使学生掌握独立设计并实现较完整的嵌入式系统能力，为进行今后的科研创新活动打下了坚实的基础。

教师要放手让学生尝试，鼓励学生在实践之前先查阅相关文献资料，提出和发现问题所在，有的放矢地思考问题、寻求答案，教师与学生可以以座谈的形式交流沟通，创造条件让学生多动手、多动脑，充分发挥学生的主观能动性，积极

学习。

（4）鼓励学生参与各类科研项目

目前学生参与的科研项目包括北京市大学生科研计划和教师的课题项目，通过具体的项目实践来锻炼和提高学生动手能力是非常重要的。

近年来，北京市加大了学生课外科技活动开展的力度，鼓励学生参与科研创新活动。计算机信息与工程学院实行导师制指导学生，学生在参与教师的家禽食品安全追溯系统的嵌入式系统应用课题项目的过程中，指导教师负责学生在整个科研期间从理论到具体操作的各个环节的指导工作，同学以兴趣小组的形式，直接参与到前沿课题和项目中去，将食品安全追溯系统按照生产链的6个环节分解成若干子题目，交由各兴趣小组，模拟项目的形式实践开发，真正做到"在学中做，在做中学"，以务实的项目培养学生的实践科研能力。

2. 鼓励措施

（1）建立学生激励制度

制定切实可行的评估体系，细化考核层次，建立完善的激励制度。如为了鼓励更多的学生参与科技创新活动，将科研训练、社会实践的考核纳入学生综合测评，对在科研创新中完成的学时和理论知识经过笔试考试和综合答辩后，给予相应的学分。今后可以考虑将学生公开发表的论文、著作、发明、科技开发等创新成果或者在创新教学活动中进行的新知识学习与培训用学分进行考核，激励学生的创新意识，鼓励学生参与创新型教学活动，营造多创新、创好新的良好氛围。

（2）建立健全工作量考核机制

目前，绝大多数高校对教师的考核主要包括教学工作量和科研成果，年轻教师主要以教学工作量为考核指标，指导创新活动的教师往往以年轻教师居多，教师指导学生进行开放性实验、学科竞赛均以尽义务形式无偿加班，这就使得教师在培养学生的过程中有所顾虑，担心自身的教学工作量是否能够保质保量的完成，因此建立指导教师的鼓励体系尤为重要。如果教师在指导学生进行开放性实验、学科竞赛、科学研究、社会实践等实践性教学工作时能将其计算为教学工作量，当学生的成果取得科学发明、申报专利、论文获奖或获学科竞赛奖等也给予指导教师计算相应的教学工作量，这样将会极大地提高教师对承担实践性教学工作积极性，促进学生创新实践活动的更好发展。

（3）立足于京郊，服务于京郊

本着"立足于京郊,服务于京郊"的办学宗旨,加强和北京地区的农产品企业实习实践教学和技术合作。北京农学院校的实践教学基地基本在京郊地区,以这些实习实践基地为依托,为其所在周边地区提供科技服务和技术人员培训,也确保学生科技创新活动有所做、有所依、有所为,真正做到立足于京郊,服务于京郊。在教学中大力开展与京郊农产品企业的合作,切实为京郊农林信息化服务,一方面使得这些农产品用人单位在与学校合作办学和技术合作的过程中也为自己培养了急需的技术人才;另一方面学生在实践农林信息化工程项目中综合能力得到极大的提升,知识面得到极大的拓展,避免出现"懂农林不懂信息化,懂信息化不懂农林"的农林信息化人才培养的尴尬局面。

"培养创新型农林科技人才,服务京郊农林"是农林院校计算机专业农林信息化人才培养的目标。要不断拓展学生科技创新能力培养的思路和途径,积极解决问题,应对现代农林对高素质、高水平的创新型科技人才的要求,切实提高"三农"服务的质量和效果,为建设社会主义新农村做出应有的贡献。

四、实例分析:农林院校农学专业卓越农林人才培养方案的改革

石河子大学农学专业始建于 1959 年,经过 56 年的发展,农学专业已成为石河子大学优势特色专业。专业发展在一定程度上存在专业人才培养与行业人才需求不吻合、实践教学模式与现代农林发展不符合、学生实践能力和创新创业意识不足等问题。2014 年,石河子大学农学专业申报了教育部质量工程项目——农学专业卓越农林人才教育培养计划改革试点项目(复合应用型),并于同年 9 月获批。围绕卓越农林人才教育培养计划对人才培养的总体要求,结合学校总体办学定位和人才培养总目标,制定了个性化的人才培养方案。

1. 目前石河子大学农学专业培养方案存在的问题

石河子大学农学专业本科教学计划课程体系包括三方面内容:通识课程体系、专业课程体系、集中实践性教学环节。其中,通识课程体系、专业课程体系存在着高度的一致性,很难满足学生进行创新创业培养的要求,缺乏灵活性的培养。此外,通识课程体系占了相当学分,使得专业基础课和专业课的比例被压缩得越来越小,因而,借助选修课的设置,满足学生的个性化需求,完善学生的知识结构,但由于师资及教室等硬件设施的不足,导致学生主观自愿想学习的课程选不上,很多时候只能被动地接受安排的专业选修课程。实践性教学、创新创业教育

环节在内容和时间上也表现出弱化现象，由于实践实习经费、创新创业教育经费不足及缺乏对实践教学和创新创业教育有效的管理和评价，导致实践教学和创新创业教学内容不充实，过程简化，教学效果不佳。农学专业是一种实践性很强的专业，如果学生缺乏专业实践技能和创新创业技能的培训和训练，将会失去自身存在的价值，就更没办法实现卓越农艺师的培养。

2. 制订个性化的人才培养方案

（1）原则

一是坚持教育的个性与共性相结合的原则，既要按照大学生成才的普遍规律安排全班授课，同时根据学生的实际情况和特点，以学生的自主定位和发展需要确定学习内容和学习方式；二是坚持课堂教育与课外创新创业教育相结合的原则，注重组织学生参加各类社会实践活动，在实践中增长才干，经受锻炼，提高素质；三是坚持学校教育与自我教育相结合的原则，充分发挥课外教育，激发学生的积极性和主动性，引导学生自我学习和自我发展。

四是坚持阶段性教育与长期教育相结合的原则，突出人才培养的连续性，既要针对不同阶段学生的不同特点进行阶段性培养，同时又要坚持四年创新创业教育贯穿始终，在创新创业教育的全过程中进行全面培养。

（2）实施方案

①建立分类培养的课程体系

根据"3+1+2""3+1+3"创新人才和"3+1"创业人才培养模式的要求，制定了"两阶段—三平台—模块化"课程体系。其中"两阶段"是指学科通识教育阶段和专业教育阶段；"三平台"是指专业通识教育平台、专业教育平台、创新创业教育平台；"模块化"是指针对三个不同的平台设置模块课程，学生按照综合测评、英语成绩、兴趣、能力和职业规划进行分类培养。

在课程体系设置上三种培养模式均做到了：第一，打通公共基础课程和专业基础课程，增加认知实践课，适当前移专业基础课程，达到拓宽口径、了解专业、稳定专业思想、明确目标的目的；第二，缩减学时，按照"小型化""综合化"和"精简理论、强化实践"的原则，重点解决以专业教育为主的传统培养模式中存在的课程内容重复过多、划分过细以及内容陈旧等弊端；第三，按照创新与创业两类方向设置选修课程，增加选修课门数，取消限选课，规定选修学分，加大学生选课的自由度，保证学生知识和能力结构的合理性；（4）实践强化，通过增加实践学分和实习时数，独立设置实践课程，提高学生动手能力和解决问题能力。

②实施小学期制，建设专业"三位一体"的实践教学模式

小学期是指在二年级第四学期、三年级第五、第六学期18—19教学周设置三期小学期，分别开设作物生理学研究法、作物栽培学研究法、作物育种学研究法和耕作学研究法。

根据实践教学"系统性、整体性、循序性、全程性、平衡性"的特点，以培养"专业认知"+"专业实践"+"创新素质"+"创业精神"过程为主体框架，构建了实验教学中心—学科研究室—农科教合作人才培养基地"三位一体"的协同培养人才机制，建立了农学专业"三位一体"的协同培养人才的实践教学新模式。在实验教学中心重点培养学生的基本操作技能，在学科研究室重点培养学生的创新能力，在农科教合作人才培养基地、大型企业重点培养学生的实践和创业能力。同时，从组织、标准、制度和反馈四方面全程监控实践教学效果，建立实践教学监控评价标准，规范专业实践教学，做到专业实践教学内容与形式的统一。

（3）构建创新创业教育体系。开设分层次、多学科交叉的创新课程，从新生研讨、专题研讨到专题创新选修课程，为学生提供创新必须的知识和技能培训；通过课外研学项目、各类竞赛、创新训练项目、创新作品展等实践项目，为学生提供多样化的创新实践途径；依托专业教学实验室、学科实验室以及"双创"实训基地，学生接受指南颁布、选题申报、开题报告、中期交流、结题验收、科技论坛、成果申报等系统科研程序训练，形成从基础到前沿、从基本操作到探索未知的递进式实践育人过程，大力提高学生科研素养和创新能力。

构建"三跨交叉"的创业课程教学系统，即跨学科、跨专业、跨年级的经济管理知识普及教育。开设"经济管理基础"课程、"电子商务"课程，组织校外创业实践活动，发动校内专职教师、学生社团、企业兼职导师、社会产业力量，构建创业训练、创业竞赛、项目孵化"三位一体"的创业教育体系。培养创业教学团队，一、二年级开设创业课程，二、三年级申报创业项目，三、四年级参加创业大赛，在项目训练和培育的基础上支持和提供学生参加国家级、省部级创业竞赛的机会，锻炼创业实践能力。4.卓越农林人才课外培养计划。一年级专业启蒙教育包括校友归来谈选择（专业最初的选择和最终的坚持），了解农学院文化长廊、走进专业学霸的世界——学术之星的成长之路，"我的专业我做主"系列

大赛（校园绿色知识认知大赛等），学术讲座。二年级专业认知教育包括中国现代农林的发展（拓宽专业视野，加强专业认知度），走进现代农林示范园区（加深对现代农林今天和未来的了解），我眼中的现代化农林（国外归来话感受），"如何构思如何写"（应用文写作技巧，掌握工作总结、调查报告、申报材料的写作技巧），实践归来话感受（专业体验：暑期社会实践），科技写作，学术讲座。三年级专业实践教育包括专业技能大赛（昆虫标本制作和手绘大赛、作物形态特征手绘和作物管理技能大赛），教学和生产实习归来话感受，训练撰写研究综述，学术讲座。四年级专业职场教育包括职场新手上路的那些事，公司领导看员工——我眼中的职场优秀，来自基层一线的声音——教会职场新手如何待人接物、行政管理、销售管理、技术服务。将学科讲座与交流贯穿学生四年大学生活，全方位推进专业创新型和创业型人才的培养。

3. 特色

石河子大学农学专业培养方案制定呈现出五个特点，一是将人才培养方案目标细化到培养的各个环节，制定培 B 目标实现矩阵，实现培养目标的可描述，可区分，可测量，可评价；二是邀请教学名师、行业主管部门领导、企业家共同制定培养方案，新开了市场营销学、现代企业管理、电子商务、互联网＋现代农林等企业管理和市场营销类课程，全面培养学生的研发、生产、销售、管理能力；三是基于创新型与创业型"复合型"人才培养模式，构建了"通识教育＋学科基础＋专业核心＋方向模块＋学科前沿"课程体系；四是强化实践教学，实践教学比例基本达到30%，通过开设专业系列研究法课程进行小学期创新训练，建立了"基础性、综合设计性、研究创新性"三层次递进式实验教学体系和"生产体验—知识反馈—技能训练—创新设计"全程阶梯递进实习教学体系；五是进行创新创业培养的二、三、四年级学生邀请不同类型的校外和校内导师，开设教授、专家讲坛，开阔学生视野，设置课外学分，激励学生进行创新创业训练，学生可通过开展创新创业项目训练、参加比赛、发表论文等获取课外学分，达到创新创业培养的终极目标。

第四节　调整适应现代农林发展的学科

随着现代农林的不断发展，农林人才培养的规格和质量需要逐步提高，课程体系是人才培养模式中最核心的因素。建立一套科学的农学专业课程体系，是提高人才培养质量的有效手段，是满足现代农林发展需要的有效途径。

一、现代农林背景下高等农林院校农学专业课程体系的改革

1. 农学专业课程体系改革的必要性

（1）发展现代农林对农林人才培养提出了新的要求

现代农林是市场化、国际化程度比较高的开放型农林，是生产专业化、规模化程度很高的集约农林，是农产品质量安全水平和标准化程度相当高的绿色农林，是以发达农产品加工业为支撑的高附加值农林，是可持续发展的生态农林，是由政府实施科学管理和依法支持保护的基础产业。现代农林的基本特征反映出对农林人才素质和技能的新的要求，对农林人力资源的迫切需求。近年来，我国农学专业虽然在不断的发展，但在人才培养模式上与农林现代化的要求还不相适应，作为人才培养模式的主要内容的课程体系，承载了人才培养的主要任务，是农学专业人才培养模式改革的切入点。因此，农学专业课程体系的改革是现代农林发展的必然要求，具有深刻的社会背景和现实紧迫性。

（2）高等农林教育的不断发展要求课程体系改革加快步伐

为适应我国经济社会的发展需要，近年来，高等农林教育在不断地推动内涵式发展，推进涉农专业综合改革。教育部在《关于进一步深化本科教学改革全面提高教学质量的若干意见》中特别要求："深化教学内容改革，建立与经济社会发展相适应的课程体系。要坚持知识、能力和素质协调发展，继续深化人才培养模式、课程体系、教学内容和教学方法等方面的改革，实现从知识传授向更加重视能力和素质培养的转变。要根据经济社会发展和科技进步的需要，及时更新教学内容，将新知识、新理论和新技术充实到教学内容中，向学生提供符合时代需要的课程体系和教学内容。

2. 农学专业课程体系设置存在的主要问题

（1）课程体系的构建缺乏有效的评价机制

课程体系是人才培养模式的重要组成部分，是实现人才培养的关键因素。农科专业课程体系在构建的顶层设计中，往往以专业负责人为主导者，课程体系的基本框架主要是参照国内相关农科专业的课程架构。在课程体系的构建过程中，存在着与当地农林发展、农林产业结构、农林人力资源联系不紧密的情况，导致人才培养目标不明确、课程体系设置不科学的现象。课程体系的建立缺少专家论证这一关键环节。在课程体系实施过程中，也存在着缺少反馈和评判环节，发现问题时，往往是针对某一问题做出改变，而不是从整体上系统地进行变革。

（2）课程体系的设置偏重学科化

随着现代农林的不断发展和社会主义新农村建设的不断推进，对农林人才的数量和质量提出了新的要求。但从需求的人才类型看，更主要的不是"专门人才"而是"知识面宽、有一定专业知识、动手能力较强的应用型人才"。但是，由于长期受前苏联模式的影响，我国高等农林教育主要以学科基本框架的要求进行课程设置，致力于学生系统地掌握本专业的知识结构，对学生的情感、态度、能力和价值观的培养始终处于弱势。从国内各农林高校农学专业课程设置来看，课程体系不但在总体结构上体现出明显的学科化特征，即课程体系一般遵照公共基础课程、专业基础课程、专业课程的学科架构方式进行组织，跨学科课程和综合化课程开设不多，而且在课程体系的具体要素构成上，也体现出明显的学科性与专业性色彩。

（3）实践课程体系缺乏特色

目前，从大多数农林高校农学专业课程体系来看，实践课程体系已经越来越受到重视，但仔细推敲，发现实践课程体系并没有体现出系统性和独立性。很多教学实验、生产实习都是理论课程的补充，实践课程在知识和能力的授予上不能做到由点到线，一线贯通，实践教学还明显地存在着单打独斗的现象。此外，实践课程体系缺乏特色，不能结合当地农林发展的基本情况和特点来有针对性地设计实践课体系，导致大部分院校的实践课程体系相似度高，特色不明显。

3. 农学专业课程体系改革的对策

课程体系是人才培养模式的重要组成部分，是决定人才培养质量的关键因素。农学专业课程体系的改革思路直接体现了现代农林以及高等教育现代化背景下的教育观念、教育目的和人才培养目标。农学专业课程体系改革，应从以下几方面入手，明确目标，找准切入点，科学设计，合理布局，增强实效。

（1）建立农学专业课程体系评价机制

课程体系在构建过程中应引入论证机制，改变以往由专业负责人主导设计的方式为学校教务部门统筹，专业负责人制定，相关领域专家论证的方式。课程体系的构建，应当在国家和地方教育部门政策的指导下，结合当地社会经济状况以及对农林人才的需求，充分参考企业、行业和协会对人才培养规格的要求，进行设计论证，确保顶层设计科学合理，保证课程体系的设计与人才培养目标相符合。在人才培养过程中，还应将教学效果作为评判课程体系优劣的基本标准，不断通过教学效果来调整和完善课程体系。同时，还应充分调研学生就业情况、用人单位及社会反馈情况，根据这些因素逐步调整和完善课程体系。总之，要确保课程体系的科学性和实效性，需要在课程体系应用的全过程中建立合理的评价机制，按照"论证－实施－评判－反馈－调整"这一评价机制不断完善课程体系。

（2）优化课程结构，整合教学内容，突出综合性课程

优化课程结构是课程体系总体布局的核心问题，课程结构的优化应当避免"唯比例论"的做法。以往在优化课程结构时，很多高校比较看重基础课与专业课之间的比例、理论课与实践课之间的比例、必修课与公共选修课之间的比例，往往将某一比例的提高看做是课程体系改革的成果，这就造成了为了改革而改革。课程体系的结构优化，应当以人才培养目标和社会发展对人才类别、功能、素质、技能的需求为依据，按照人才培养的规格以及人才需求分析来合理的调整课程体系结构，减少重复的不必要的课程，增加与社会需求紧密的课程，减少单学科课程，增加多学科交叉课程。整合教学内容是提高教学效率和人才培养质量的有效手段。教学内容的整合也要避免"唯学时论"的做法。教学内容的整合其实质是知识结构的重新配置。应当避免为了"增加或减少学时"而增加或减少学时的盲目做法。当前，随着科学技术的不断发展和进步，很多农林技术的应用除需要具备农学知识外，还要具备一定的生物、计算机信息技术、政策法律法规以及生产经营等外围知识，这就要求在课程体系设计中，应当适度地将一些单学科的课程教学内容进行整合，将农学、生物、计算机信息技术融合到某一综合性的课程当中，并在部分综述或概论课程中融入政策法规以及经营管理类的社会科学知识。综合性课程是未来高等教育发展的大势所趋，综合性课程最突出的体征就是知识

结构的连贯和整体性。增加综合性课程，可以在人才培养过程中强化学生对所学专业知识体系的掌握和应用，为学生将来从事科研、教学、生产、企业管理等工作打下坚实的基础。例如，部分高校农学专业将《作物栽培学》和《作物生产学》以及《农林信息技术》三门课综合为《作物栽培与管理》一门课程，将《分子生物学》和《植物细胞工程》两门课程综合为《现代农林技术》一门课程，将多门农学课程的实验教学内容综合为农学专业综合实验。综合性课程使横向上分散的知识点变为纵向上连贯的知识结构，使教学内容与生产实际、人才培养目标与社会需求的联系更为紧密。

（3）构建更加系统性的实践教学体系

实践教学体系是相对于理论教学体系而言的教学内容，是农学专业课程体系的重要组成部分。按照应用型农林人才的培养目标，实践教学体系在人才培养过程中发挥着重要的作用，它与理论教学体系相互联系、相互补充、互相促进，更重要的是它对培养学生的知识、素质、能力具有重要的作用。同时，实践教学体系又具备一定的独立性，这种独立性要求在人才培养方案和教学计划制订过程中，应紧紧围绕应用型人才培养目标，将实践教学科学合理地安排到实验、实习、实训、课程设计、毕业设计、社会实践等各个实践教学环节中，整体规划，合理布局，点线结合，横向上实践教学体系要具备系统的完整性，纵向上实践教学体系要具备系统的延伸性。

二、都市型高等农林院校农学类专业改革

都市型农林作为一种新型的农林，已在国内外各大城市兴起。都市型高等农林院校各专业的发展，特别是农学类专业的发展，对都市型农林的建设起到极大的推动和促进作用。农学类专业是农林高等院校的传统专业，因此，探索和研究与都市型农林相适应的农学类专业改革策略，是都市型高等农林院校的一项重要任务。

1.都市型高等农林院校农学类专业的特色定位

目前，我国农林院校多以"服务三农"定位，内容空泛，缺乏特色。"定位"就是指要具有不同于他人的特色。不同农林院校的服务对象应有所不同，倘若都相同，就无所谓特色，亦无所谓"定位"。目前，我国现有农林高等院校60多所，其中一部分高校可选择以都市农林为其服务目标，另一部分高校则可选择其优势学科为都市农林服务，发挥学科的优势作用，并有所侧重，逐渐形成自己的服务特色定位。高等农林院校在都市型农林建设中发挥着重要作用。首先，都市型农林的发展客观上要求高校提供科技人才和科研成果支持，并且这种支持是大量的、长期的，因此，不同层次的高校都会发挥一定的作用。其次，设立于大都市的农林高等院校，特别是都市直属农林院校，其首要任务就是为该地区农林服务，促进其农林的发展。再次，高等农林高校在都市农林发展过程中做出的相应调整和改革，将促进其自身教育、教学的发展和办学特色以及专业特色的形成。天津市地理位置优越，为华北地区的经济核心，其都市农林的基础很好。自上世纪90年代初，天津农学院就开始探讨如何为天津都市农林服务的问题，并得到中央有关部委领导的认可。经过多年的研究和探讨，为适应都市型农林发展的要求，我校确定了发展目标，即以服务沿海都市型现代农林和区域经济社会发展为己任，努力把学校建设成为高水平的农林大学。有了明确的目标后，我校还根据本地区都市型农林的发展，做出了适应都市农林的人才培养特色定位。根据我校做出的专业人才培养定位，农学类专业在各方面不断改进和提高，其中，"农学"专业被教育部批准为"国家级特色专业"。此外，国内其他都市型农林院校也进行了改革。例如，上海农学院在并入上海交大后做出了全面服务定位，仲恺农林技术学院进行了都市园艺特色定位等。由此可见，各农林高等院校只有实现专业特色定位，才能对都市型农林，甚至对整个现代化农林以及高等农林教育的发展，起到积极的促进作用。

2. 都市型高等农林院校农学类专业教学改革

都市型高等农林高校农学类专业，应根据都市型农林不同发展阶段对人才培养的不同需求，调整农学类专业知识结构，优化课程体系，建立和完善与都市型农林密切结合的教学模式。这主要体现在以下几个方面。

（1）树立现代教育观念

农学类专业教学改革与调整应改变传统的教育观念，根据都市型农林人才培养的要求，树立现代教育观念，培养全面发展的创新人才。首先，应坚持以就业为导向，实现产学结合，真正实现学以致用；其次，应培养学生的综合素质，除注重学习能力的培养外，还应注重学生的品德、能力和身心的培养，使其成为全面发展的人才；再次，应培养学生终身学习的能力，使学习成为学生成长与发展的自觉行动和内在要求。

（2）加强学科建设

众所周知，"农科"是农林高校的立校之本。目前，高校竞争日趋激烈，都市型农林院校应正确定位，发挥其农科优势。一方面，加强传统学科建设，比如农学、园艺、动科及水产等学科，在教学、科研以及人才培养方面，应适应都市型农林发展的要求。因此，学科建设应打破过去"大一统"的做法，使其更适合于都市农林型农林发展的需要，突出都市型农林的特色、发挥优势，在继承传统的基础上不断创新。另一方面，其他农学学科应集中整合优质高端教育资源，加快建设有重大影响的研究基地，提高知识创新以及高新技术研究与开发水平，并与传统学科形成互补，互相促进，共同发展。

（3）调整教学内容

适应都市型农林人才需求特点，全面调整教学内容。我院的农学类专业课程应根据天津市的生态条件和农林生产特点，在"特用作物栽培和育种"、"耐盐碱植物品种选育"、"绿化观赏植物选育"、"设施农林"、"蔬菜无公害生产"、"植物检验检疫"、"生物技术应用"、"园林规划"、"环境监测和改造"等方面实现突破形成特色 [4]。应按照都市型农林人才培养的要求，注重专业课程内容的调整与创新，专业课程做到精、新、实、特。此外，还应注重基础课和实践课的建设。

3. 都市型高等农林院校农学类专业教学方式方法改革

都市型高校农林院校农学类专业所设置的课程大都比较陈旧，不能满足培养优秀农林人才的需要，因此必须对教学方式方法进行改革。这主要体现在以下几点。

（1）规范教学管理，优化课堂结构

科学规范的教学管理是建立井然有序的教学制度，提高教学质量的保证。因此，应健全教学文件，修订教学大纲，使教学质量检查做到有据可依。积极开展教学改革与教学研讨活动，对课程的教学大纲、实验大纲、教学的重点、难点进行讨论，不断对多媒体教学课件进行完善，对实验教学的教材、内容和方法进行更新和改进。由于农学类专业课程大多数都比较枯燥，学生学习兴趣不易激发，且实践性较强，不易理解。因此，在教学过程中应灵活运用多种教学方法，如"启发式"、"探索式"、"观摩式"等。摒弃"注入式"而采用"启发式"的教学方法，目的是培养学生对农学类课程的兴趣，提高学生主动学习的能力；采用"探索式"的教学方法，利用部分学时让学生走上讲台，讲述其科研工作情况及该领域的科研动态，锻炼其科研思维能力和语言表达能力；部分课程采取"观摩式"教学方法，加强学生对理论知识的理解，使其对方法和原理掌握得更透彻。

（2）规范实验教学，培养动手能力

首先，搞好实验教材建设，应撰写出适合天津地区农林院校学生学习用的实验教材。多年来的教学实践证明，优秀教材在实验教学中对学生分析问题和实际操作能力的培养均起到了很好的作用。其次，通过科研促进教学，提高实验教学水平。将各学科方向的学术带头人和科研创新团队的负责人及有丰富科研经验的教师参加到实验教学中，通过自己的科研成果转化为实验教学内容、改进实验技术的方法，这样不仅能圆满地完成所承担的教学任务，还可以形成专兼结合、核心稳定、技术能力和水平较高的实验教师队伍。因此，我们建议本科生从低年级就开始参加科研工作，接受科研训练，开展创新实验，尽早完成毕业论文，这样可明显提高学生的综合素质和动手能力。再次，建立规范的实验评分标准与考核制度。考核内容，主要包括实验预习情况、动手操作能力、仪器使用情况、数据记录及实验报告撰写等方面。期末按照实验评分标准对学生进行考核，成绩不合格者不准参加相应理论考试。主要目的就是为了使学生能够充分了解每个实验的操作技术要点，掌握所学的理论知识。最后，建立专业实习基地。通过建立专业实习基地，可以为学生提供生产实习的场所，学生可进行各种农林实践，从而达到理论联系实际、学以致用的目的。

（3）改革考试方法，运用多种形式

改革以往考试采用期末一锤定音的制度，运用多种形式进行考核；同时，采用撰写论文、期中考试、期末题库抽题考试及操作技能测试等多种形式的考评方式，不局限传统的考试模式。这样可以打破学生以往考试死记硬背的习惯，更强调人才培养质量，不仅促进了学生对知识的积累和巩固，而且提高了其动手能力。为了提高考试成绩的可信度，可对历年考题进行整理和归纳，构建覆盖范围广、不断更新的试题库。

4. 都市型高等农林院校农学类专业人才培养模式

就天津而言，近年来随着天津农林产业结构战略性的调整，一半以上的农林专业技术人员难以适应沿海都市型现代农林发展所需的专业要求。农学类专业中，以粮、棉、油专业和畜牧兽医专业为主的专业技术人员存在知识滞后的状况，而农林生物技术、农林信息技术、园林园艺、动植物防疫检疫、农林经济管理等专业人员却明显不足。因此，针对这一现象，要建造创新的人才培养模式，改变都市型高等农林院校教育人才培养与现实脱节的状况，对农林创新人才的培养模式进行改革。首先，加强学生思想教育工作，牢固树立"服务三农"的思想。增强学生为实现农林现代化不断努力的历史使命感和责任感及学农、爱农、服务三农的信心。其次，改革培养方式，提高学生综合素质。利用各种条件，实现产学研结合，增加学生实习、实践的机会。与此同时，开设各类选修课及第二学位课程，充分发挥学生的个性，挖掘其潜能，使其成为素质全面的人才。再次，全面推进素质教育，提高教育质量，使农学类专业人才培养向着"厚基础、宽口径、强能力、高素质、多适应"的方向发展，培养出理想远大、德才兼备、全面发展的新型农林人才。

三、高等农林院校土壤学课程教学改革案例分析

土壤学作为农林高校农林资源与环境、农学、园艺、草学、林学、土地资源管理、生态学等专业的专业基础课，它既是一门具有一定系统理论的专业基础课，又是一门实践性较强的应用类课程。在目前高校扩招，学生人数大量增加且专业基础和专业课学时明显减少的情况下，在有限的学时内既要使学生掌握土壤学的基本知识和基本技能，又要使学生及时掌握学科的发展方向和应用技术，为学生在日益剧烈的人才竞争中打好基础，靠传统的教师讲台上讲、黑板上写，学生座位上听、记的"填鸭式"教学方法已很难奏效。为此，院校土壤学课程组在注意吸收现代土壤科学研究成果以及参考国内外土壤学教材的基础上，对教学内容和教学方法进行了大胆改革，在教学方法、教学手段上进行了探索，采用了多种形式的教学方法和教学手段。

1.根据社会需求和学科发展，优化教学内容

土壤学具有历史悠久、实践性强的特点以及长期与农林、资源和环境等多学科间的相互渗透，教学内容多而广。因此，要在有限的教学时数内完成其教学任务，教与学的难度均很大。

（1）坚持"三个面向"，不断修订完善教学大纲

近年来，课程组根据各专业的特点和三个"面向"的要求，对土壤学教学大纲进行了多次修订。修订后的教学大纲突出了土壤学的特点、重点和难点，避免

与其它学科的重复，强调土壤学的系统性、综合性和实用性。

①系统性：以土壤圈物质组成、结构和功能为线索，加以重点介绍。同时介绍它与地圈、生物圈、大气圈和水圈的物质迁移与能量交换及其对人类生存环境的影响，强调土壤学在资源环境科学中的战略地位和作用；

②综合性：除了讲授土壤圈物质组成、结构和功能外，还讲授它与其它圈层间的物质迁移与能量交换及其对人类生存环境的影响；

③实用性：将土壤学的基本知识与农林生产、资源开发和环境保护工作中面临的实际问题紧密结合（如目前国家正在开展的土壤污染调查和测土配方施肥）。

（2）根据专业特点组织教学内容

由于土壤学在不同专业中的地位、作用的差异，不同专业课程设置的不同，要求不同专业类型的教学内容上有所差异。

①农林资源与环境专业的教学内容

土壤学是农林资源与环境专业的重要专业基础课程，其前已修地学基础，后续课程还有土壤农化分析、土壤地理学、土壤调查与制图、土壤污染与防治、土壤微生物学、土地资源学等与土壤相关的课程。因此，该专业土壤学理论讲授在绪论中主要从资源的角度（我国人均土壤资源贫乏、土壤资源退化严重）引发学生对土壤学的兴趣，后续各章重点讲授土壤的矿物组成和有机组成、理化性质及水、肥、气、热四大肥力因素和土壤质量。各部分的内容都比其它专业讲得广而深，要求也更高。

②农学、园艺、草学、林学等农学类专业的教学内容

土壤学是农学、园艺、草学、林学等农学类专业的专业基础课程。由于这些专业未开设地学基础，因此，在土壤学课程中应增加地学基础的相关内容。主要从地质地貌（主要造岩矿物、岩石、地质作用及地貌类型）、土壤组成及其主要理化性质、土壤形成及南方主要类型土壤、土壤退化及治理等四大模块进行教学，重点为第二部分。

③土地资源管理与生态学专业的教学内容

土壤学是土地资源管理与生态学专业的专业基础课，其前已修地学基础。主要从土壤的物质组成、理化性质、土壤的形成、分类与分布特征、南方主要土壤类型、土壤污染及其治理、土壤退化机理与评价等方面着手进行教学。

2.优化教学方法与教学手段

（1）教学方法多样化

针对高校扩招后学生规模大，学生思维活跃、好动及土壤学实践性强、内容多学时少的特点，课程组采用了多种教学方法：第一，比较教学：这种方式主要在实验课、实习中采用，以检查学生对实验、实习的预习情况、学生对课堂讲授理论内容的理解情况以及学生对前后各相关知识点是否融会贯通；第二，自学：课后布置自学内容纲要，这种方式主要针对现在学时少的状况而提出，将一些简单、容易理解，教学大纲中要求自学的章节（如土壤生物、土壤退化）的提纲给学生提出，要求学生课后按提纲自学，并在适当时间进行自学交流讨论；第三，讨论式教学：为了提高学生查阅资料、分析问题和写作能力，每讲完一部分相对完整、独立的内容后，由教师归纳出若干个相关题目，让学生查阅相关资料，选择自己感兴趣的题目，写一篇课程论文，然后教师组织同学讨论或教师进行讲评；第四，专题讲座：每讲完一部分相对完整、独立的内容后，聘请知名专家进行专题讲座；第五，试验设计：课程结束之后，要求学生就当前农林生产中出现的与土壤水、肥、气、热相关的某一问题设计出一个试验方案，以锻炼学生解决实际问题和科学研究的能力。

（2）教学手段多样化

在传统教学手段的基础上增加了课堂多媒体教学和网络教学手段。在教学经费有限的条件下，土壤学课程组教师自己动手，根据不同专业教学内容的差异制作出了适用于不同专业类型的《土壤学》cAI课件，并根据学科最新进展随时进行修改。另外，课程组还在校园网上开通了土壤学课程网页，针对多媒体教学中存在的学生只顾抄笔记而忽于听、想的现象，课程组将所有教学资料都放到土壤学网页上，要求学生上课主要精力要集中于听和想而不能只顾抄笔记。学生学习过程中有任何问题都可以在网上与教师交流。

3.强化实践教学

实践性教学目的是让学生通过实践而获得感性认识，进而加深和巩固对课堂理论知识的认识和掌握。土壤学是一门与生产实践结合非常紧密，实践性很强的学科，教学中必须严格实践教学环节。实践教学主要通过两方面来实现，一是实验室实验；二是野外实习。实验和实习过程是相互渗透相辅相成的，都是土壤学教学过程中不可替代的重要环节。实验课是验证理论的一种手段，是联系理论的一种方法，是培养学生动手能力的一种过程，因此，强化实验是非常必要的。野外实习也是重要的一环，把学生带到野外，让学生认识大自然，了解大自然。不仅可以针对专业手把手地教学生野外怎样去识土、用土和改土，而且，也教给他们与土壤有关的地形、水文、岩石、植被等方面的内容。由于扩招后学生人数增多给实践教学带来了很大的难度，但学生要自主就业又要求必须强化实践教学，为此，实践教学中必须注意：

（1）根据社会需求强化实验教学

在土壤学实验教学中，课程组结合当前农林生产实际，减少了以前开设的一些验证性实验，如土壤离子交换现象的观察、土壤结构体的观察等，而增加了一些与农林生产实际紧密结合的实验，如结合设

施农林开设了土壤呼吸强度的测定、针对作物优质高产的土壤限制因子开设了土壤障碍因素的测定等。根据国家测土配方施肥对土壤分析化验人员的大量需求，实验教学中强化了土壤有机质、速效氮、速效磷、速效钾、全氮和酸碱性的测定。

（2）结合专业需求开展实践教学

由于不同专业对土壤学知识的应用存在一定差异，因此，实践教学必须充分考虑专业需求。如土地资源管理专业对野外土壤的识别，特别是成土因素对土壤性质的影响要求就比较高，就应加强野外教学实习；园艺专业在菜园、果园进行采土样，茶学专业就在茶园采土，然后在实验室分析土壤理化性质，并结合菜园、果园和茶园植株长势、缺素症状的调查。实验完后，要求学生根据实验内容和调查情况分析存在的问题，并提出改良利用意见。

（3建立、完善教学实践基地，保证实践教学

针对实验、实习经费的增长与学生规模扩大和市场价格上长不相协调的情况，以及土壤学实践性强的特点，课程组在学校的大力支持下，建立并完善了土壤学教学实习基地，为土壤学实践性教学打下良好的基础。目前已建成6个比较完善的土壤学教学实习基地：金凤寺土壤学教学实习基地，主要进行土壤剖面挖掘及观察和实地调查了解土壤与环境条件一致性实践教学；雨城区和名山土壤学教学实习基地，主要进行土壤资源的合理开发利用的教学实践；泥巴山和二郎山土壤学教学实习基地，主要进行土壤类型识别教学实践；成都平原土壤学教学实习基地主要解决高强度利用下的农林土壤的污染、高效利用和保护问题。

（4）形式多样地开展实践教学

由于扩招后学生人数大大增加，给实验教学场地带来了很大的难度。同时，专业基础课和专业课学时又减少，如果完全于实验课堂教学，很难达到强化实践教学的目的，应结合教师科研、研究生论文等开展形式多样的实践教学。学生的实践与教师的科研课题、研究生论文结合进行，从试验的设计、样品采集、观察分析到数据处理、归纳总结等都让同学们参与，利于培养学生的综合素质、提高他们分析和解决生产实际问题的能力。在教学中，土壤学课程组按照三个"面向"的要求，将学生的学习融入到教师的科研当中，既在一定程度上缓解了教师时间、精力有限的矛盾，又使学生尽早参加到科学研究的行列当中，使他们将课堂所学知识应用于实践，在一定程度上弥补了现在实践相对较少的不足。另一方面，让学生参与科研项目中大量的室内分析工作，既弥补了课堂实验教学中部分环节的缺失（如药品配制、合理的实验安排），又使学生的动手能力、实践技能和合作精神得到强化，从而可以提他们的就业竞争力。

第五节　加快培养新型农民和农村实用人才

建设社会主义新农村，是党中央审时度势、从全面建设小康社会的全局出发作出的重大战略决策，是落实科学发展观的重大历史任务。要顺利完成这一重大的战略任务，关键是大力培育新型农民，全面提高农民的综合素质，使农民成为有文化、懂技术、会经营的新人。

一、培育新型农民是建设新农村的关键

中国是一个农林大国，农民问题始终是中国革命和建设的根本问题，也是中国现代化进程的首要问题。在新的历史时期，党中央高瞻远瞩，把解决农村、农林、农民问题摆到重要议事日程，党的十六届五中全会提出了建设社会主义新农村的重大历史任务。建设社会主义新农村是一项重大而艰巨的历史任务，需要社会各个方面的参与和支持。农民、政府和社会力量都是建设新农村的主体，发挥着不同的作用。但必须明确，农民是社会主义新农村建设的主力军，在社会主义新农村建设中处于核心主体地位。因此，新农村建设的核心问题是新农民的培育

和造就。提高农民素质，培养新型农民，是社会主义新农村建设的百年大计。

1. 培育新型农民是解决"三农"问题的重中之重

自中央提出建设社会主义新农村以来，全国各地涌现了许多新农村建设的示范模式。这些模式对于推动新农村建设具有十分重要的意义。但是，目前的新农村建设关注较多的是物质层面，如基础设施、村庄改造等，如何在物质发展的同时全面提高农民素质，培育适应市场经济和社会主义新农村发展要求的新型农民，是推进新农村建设的一项核心任务。这个任务解决不好，新农村建设将成为无源之水、无本之木，失去可持续发展的依托。

（1）培育新型农民是发挥农民在新农村建设中主体地位的迫切需要

农民是社会主义新农村建设的主力军，在社会主义新农村建设中处于核心主体地位。首先表现为我国农民文化教育程度不高。我国是个农林大国，农村人口有 8 亿多，占全国人口的 70%，农林人口 7 亿多，占产业总人口的 50.1%。广大农民不仅创造了农村的物质文明、精神文明，而且也创造着农村的政治文明和社会文明。农民是农林生产的主力军，农林生产又是国民经济的基础和社会稳定的保证。邓小平同志早在 1962 年关于《怎样恢复农林生产》的讲话中就谈到这一点："农林本身的问题，现在看来，主要还得从生产关系上解决。这就是调动农民的积极性。"胡锦涛同志讲过，广大农民群众是推动生产力发展最活跃、最积极的因素。充分发挥广大农民群众的主体作用，是建设社会主义新农村成败的关键。

劳动者是生产力要素中首要的能动的因素，从发达国家现代农林发展经验来看，没有高素质的农民就不可能有发达的农林。"三农"问题的核心是农民问题，农民问题的核心是素质问题，在建设新农村的过程中，农民素质高，其作用就能得到充分发挥，建设农村就有了源源不竭的动力；反之，农民素质低，建设新农村就失去了最根本支撑。

从现实情况来看，我国农民的整体素质普遍较低，难以适应新的时代要求。国家"十五"科技攻关项目《中国人力资本的分布差异研究》表明，农林牧渔从业人员平均受教育年限仅为 6.7 年，是 16 个行业中最低的。根据最新的农村居民家庭劳动力状况显示，4.9 亿农村劳动力中，高中及以上文化程度的只占 13.8%，大专及以上文化程度仅占 1.1%，而初中文化程度的占 52.2%，小学以下的占 34.1%(其中文盲、半文盲占 6.9%)，且接受过系统农林职业技术教育的不足

5%。2006年中国农村住户调查年鉴显示，在外出务工劳动力中，文盲占1.7%，小学文化程度占14.8%，初中文化程度占67.3%，高中文化程度占10.7%。可见，无论是在家务农或者外出打工的劳动力均以初中文化程度为主，整体素质偏低，仍属于体力型和传统经验型农民，不具备现代化生产对劳动者的初级技术要求，远低于国际农林劳动人口接近或达到高中的总体水平。此外，目前部分农民思想比较保守，观念陈旧落后，严重地影响了农村经济发展和社会稳定。一是小农意识浓厚，市场观念淡薄，安于现状，缺乏进取精神和新意识；二是法制意识淡漠，道德水平不高，家族、地域观念根深蒂固，封建迷信拥有一定市场。因此，培育新型农民为建设新农村的当务之急。

（2）培育新型农民是农民增收、农林增效的重要途径

目前，我国农林生产基础设施和物质技术装备条件落后，劳动力素质较低。随着我国市场经济体制的逐步完善，农产品的市场竞争会越来越激烈，除了价格方面的竞争外，质量、花色品种、品牌及售后服务等方面的竞争也会加剧，特别是农产品进口关税的大幅度削减以及许多非关税保护措施的取消，我国农林将面临更加激烈的国际化竞争，这些都对我国农民的能力素质提出了更高的要求。因此，培育新型农民，是把农林发展真正转移到依靠科技进步、提高劳动者素质上来的必由之路。经过系统培训后的农民，才有可能成为特色产业发展的科技骨干，成为外出打工的产业工人。培育新型农民，提高农民劳动技能和创业能力，是促进传统农林向现代农林转变，从根本上解决"三农"问题的内在需求，是加快转移农村富余劳动力、推进工业化和城镇化，将农村人口压力转化为人力资源优势的重要途径，是拓展农民就业增收门路，从而有效增加农民收入的有效途径。

（3）培育新农民是实现农村现代化的前提条件

建设社会主义新农村既是关系到和谐社会建设成败和国家前途的一项基本国策，也是我国现代化进程中的重大历史任务和时代的要求。如果说用现代化工业装备农林是农林和农村现代化的技术基础，那么，培育新农民则是农林和农村现代化的关键与核心。农民既是农林生产的主体，也是农林科技转化的重要载体，农民的科技文化素质的高低直接决定着农林生产力的发展水平，决定着农林现代化的实现程度，最终决定着我国现代化目标的实现。

社会主义新农村建设是一个长期而又艰巨的工程，是一个建设和创造的过程。按照生产发展、生活宽裕、乡风文明、村容整洁、管理民主的要求，新农村建设

不仅是一个经济问题，而且是一个涉及到政治、文化、环境等方面的建设问题。如此一个全面、持久的建设和发展过程，政府和社会力量的支持固然重要，但从根本上来讲，要提高农民的综合素质，增强农民自身的可持续发展能力。在新农村建设中，特别是在新农村建设初期，由于农村经济基础薄弱，公共积累不多，农民收入增长缓慢的现实，政府可以加大对农村公共产品的投入，其重点用于为农民修路、通水、通电、修建水利设施和文化设施等项目，为新农村建设铺垫基础性的工作，为新农村建设提供一些硬件的支持。但是，从长远来看，政府不可能包办新农村建设的一切，即便是建设了好的基础设施，也存在一个维护更新的问题，而新农村软环境和软实力的东西不是靠政府能够解决的，比如新农村所要求的"乡风文明、村容整洁、管理民主"，这就需要农民自身素质的提高。

2. 新型农民的内涵和特征

党的十六届五中全会通过的《建议》明确指出：社会主义新农民应当是"有文化、懂技术、会经营"的新型农民。在理论上如何界定新型农民？对此问题学者存在不同认识，归纳起来主要有以下观点：其一，新型农民是新型的农村知识分子，即具有乡村自治志向和技能的新型人才；其二，新型农民即具有新观念、新素质、新能力、新品质的现代劳动者；其三，新型农民就是所谓的农村"能人"，即是有文化、懂技术、讲文明、会经营的新一代农民，是技术经营管理骨干示范力量，是建设社会主义新农村的中坚力量，是我国农林专业化生产和产业化经营的高素质的劳动者和科技教育带头人。与传统农民相比，新型农民不仅仅是"直接从事农林生产的劳动者"，而是综合各种要素的新生产者，是农村先进生产力和先进文化的代表，是集经营管理、生产示范、技术服务为一体的农村规模化、专业化和产业化经营的新一代农场主或农林企业家，是市场经济中最有生机与活力的市场主体。新型农民不仅是有思想、有文化、懂技术、会经营、讲文明、守法制的新一代社会主义农村建设者，还应该是具有新观念、新素质、新能力的现代劳动者。新型农民应具有以下特征：

（1）新型农民应是具有与市场经济和现代农林发展相适应的新观念

新型农民应是集自我意识、市场意识、环保意识、生态意识、民主意识、法制意识为一体以农林为主业的劳动者。新型农民与传统农民相区别的一个重要方面是在观念上、思维方式上有所不同，新型农民应在独立自我主体意识的前提下抛弃旧的思想和意识，树立新的思想和观念。新型农民应积极主动参与到建设社会主义新农村的过程中，为新农村建设方案的具体实施出谋划策、参与决策；新型农民应具有市场意识、经营意识和风险意识；新型农民能够有序参与民主实践，理性地表达利益诉求；新型农民应以开发生态产业、发展生态经济为重点，促进农村经济与生态的和谐良性循环发展。

（2）新型农民应是具备一定的科学、文化、管理素质的农民

研究表明："劳动生产率与劳动者文化程度呈高度正比例关系，与文盲相比，小学毕业生可提高生产率43%，初中毕业生可提高生产率108%，大学毕业生可提高生产率300%。"大量事实表明，农民科技文化素质的高低与收入水平呈正相关关系。据北京市1997年第一次农林普查的数据显示，19%的郊区农民劳动力小学文化水平的年收入3220元，初中文化的劳动力年收入3375元，高中、中专文化的劳动力年收入3607元，大专以上文化的劳动力年收入达到4233元。发达国家农林劳动人口具有较高文化教育素质。在法国，7%以上的农民具有大学文凭，60%的青年农民具有中专水平；在德国，7%的农民具有大学文凭，53%的农民受过2～3.5年的职业培训；日本农民中，大学毕业的占5.9%，高中毕业的占74.8%。农林大国加拿大，除了土地肥沃、面积广阔等得天独厚的自然条件外，农民受教育程度高，基本上都具有大专以上学历，这也是加拿大农林科技含量高、农产品竞争力强的原因之一。

因此在新农村建设过程中，加强对农民的文化教育，使之成为具有一定科技文化水平、具有较高文化素质的知识型农民是我们工作的重中之重。科学技术是第一生产力，只有依靠科技创新，加快科技成果转化，才能实现农林增长方式的转变。在农林科技创新的前提下，农民只有提高自身的科技素质，才能接受和应用先进的农林科技成果，使其真正转化为生产力。因此，具有对农林科技引进、吸收、创新能力的新型农民是社会主义新农村建设的必需之才。农林的发展不应仅局限于农林内部，在市场经济条件下农林的发展应与工业、第三产业紧密结合。这就要求农民不仅仅是单纯的农林生产者，还应该是经营者、管理者，懂得市场经济运作规律，及时捕捉瞬息万变的市场信息，预测农林市场走势并根据市场需求的变动来及时安排生产。

（3）新型农民应该掌握与现代农林生产和生活相关的新技术

养成科学的生产和生活方式。"懂技术"是知识经济时代对新型农民的必然要求，它要求农民具有较高的技术素质。实现生产的专业化、集约化与社会化是

现代农林的根本要求。先进的机械设备、科学的种植方法和现代经济管理手段是现代农林的主要特征，这些特征要求新型农民必须掌握。

新型农民不仅要能够熟悉党和国家有关农林的方针政策，能够用相应的方针、政策、法规维护自身利益，使自身利益与国家利益有机结合，而且要具有良好的思想品德与正确的道德观念，能够树立先进思想观念和良好的道德风尚，提倡科学的生活方式。

3. 培育新型农民的对策性思考

没有新农民，就没有新农村，新农村建设呼唤新农民，新农村建设以新农民为标识和归宿。培养有文化、懂技术、会经营的新型农民，提高农民的整体素质，是把农村巨大人口压力转化为人力资源优势的根本途径，也是持续推动社会主义新农村建设的力量源泉。

（1）帮助农民树立新的观念意识和科学的生活理念

思想观念的变革是行为变革的先导，新型农民肩负着建设资源节约型、环境友好型、文明健康型的社会主义新农村的任务，新型农民必须具备一定的思想道德文化修养以及科学的发展理念、健康生活观念。现在电视广播等传媒都已在农村普及，要充分利用传媒的大众宣传优势，向农民灌输健康的发展观和科学的生活理念，同时要注意减少传媒的负面作用，抵制农村现存的封建迷信、大办丧事、打架酗酒、重男轻女等不良风气。培养农民科学种田意识，倡导农民大力发展绿色食品、无公害食品和有机食品，增加农产品的科技含量和健康因素，提高农民经济效益，让农民走上可持续发展的增收致富之路。

（2）加强农村教育，提高农林人口素质，培养农林技术人才

造就一代新型农民，要从战略和全局的高度，把农村教育摆到整个教育发展的优先地位，把农村教育作为整个农村社会事业发展的优先领域。一是加强农村的基础教育。着力普及和巩固农村九年义务教育，认真解决农村青壮年文盲和青少年失学现象；建立健全农村义务教育经费保障机制，进一步改善农村办学条件，加大城镇教师支持农村教育的力度，促进城乡义务教育均衡发展。二是积极发展农村农林教育。广泛开展多层次、多渠道、多形式的科技培训和科技推广，切实提高广大农民掌握和应用农林科技的能力，形成农民增收致富的长效机制。要进一步按照"培养新农民、建设新农村"的要求，充分发挥广播、电视、网络等远程教育培训手段的优势，以培养新型农民为重点，大力开展农民科技培训，提高

农民务农技能和科技文化水平，以培养适应城镇化、工业化需要的产业工人为重点，开展农村劳动力转移培训，提高农民转移就业能力。三是应当继续加大对农村地区信息化建设的力度，为农民素质提高创造有利条件。目前，在农村地区大多数农民还是依靠农户间的交流和示范来获取信息，再者就是靠农林技术人员的当面传授。随着农村经济的发展和农民生活水平的提高，农民获取技术和信息的手段大大改善。家有电话机、有线广播、电视机、收音机、电脑，能上网的农户的比例都有了不同程度的提高。尽管农村信息化水平有了很大提高，但仍处于初级阶段，还需要做大量工作。

（3）建立长期有效的技能培训机制，提高农民科技素质

当前农民的技能培训既要从谋划农村长远发展、农民群众长期受益的角度出发，又要制定解决当前农民就业、增加农民收入的短期技能培训计划，使培训工作做到长短结合，有计划、有步骤、有目标地开展。发展农村职业技能培训，应结合农林结构调整、发展特色农林和农村剩余劳动力的需要，开展针对性强、务实有效、通俗易懂的农林科技培训，提高农民的科技文化素质和职业技能，培养适应新农村要求的新型农民。创新培育形式和内容，按照成人学习的特点，把课堂教学、现场培训等多种教学形式结合起来，采取农民业余学校、夜校、培训班、文化补习班、周末班、讲座等灵活多样的形式讲授先进实用的种植、养殖、营销、管理等方面的知识，充分利用农闲时间为农民"充电"。这样既增强了各种培训的有效性和吸引力，也不断完善培育网络，逐步形成以市级培育基地为龙头，镇级农技站为中心，村级夜校为基础，学校企业为补充的培育网络。在培训工作中引入市场机制和淘汰机制，建立目标责任制，按照市场机制以招标方式确定培训机构，农民可以跨区域自主选择培训机构，对培训合格率低的培训机构，取消其参与农民培训的资格，建立严格的检查验收制度，引入社会中介机构负责项目监督考核。

（4）发展农民专业合作社，提高农民组织化程度

农民专业合作社是农林现代化的助推器，让生产同类产品的农户联合起来，自主经营、自我服务，帮助解决生产、加工、销售等环节遇到的困难，从事专业化生产和经营，真正把农民专业合作社建成农民自己的生产经营组织，克服传统农民分散性缺陷。通过发展农民专业合作社，有利于解决我国农林现代化进程中遇到的深层次矛盾，促进农林生产经营的专业化、规模化、市场化、标准化，解

决家庭小规模分散经营和千变万化的大市场之间的矛盾，提高农民经营性素质，保证广大农民在新农村建设中主体作用的充分发挥。

（5）加强农村公共文化建设，丰富农民群众精神文化生活

目前，农民基层文化生活比较单调，也比较匮乏，网络在农村还是奢侈品，各种文艺活动基本上停止了，有些除了看电视，主要是打麻将甚至赌牌，这使得社会风气复杂化。所以，必须加强农村公共文化的建设，以填补农民的公共生活空间。首先，加强乡村文化设施建设。以乡村为重点，以农户为对象，加强乡村文化设施和文化活动场所建设。充分发挥农村中小学在开展农村文化活动方面的作用，把中小学校建成宣传、文化、信息中心。把腾出的闲置校舍，改造为村文化活动室，做到一室多用，明确由一名村干部具体负责。其次，开展多种形式的群众文化活动。坚持业余自愿、形式多样、健康有益原则，充分利用农闲、节日组织文艺演出、劳动技能比赛等活动。用丰富多彩的各种群众文化活动倡导农民学文化、学技能，普及先进实用的农林科技知识和卫生保健常识，引导农民群众崇尚科学，破除迷信，移风易俗，抵制腐朽文化，提高思想道德水平和科学文化素质，形成文明健康的生活方式和社会风尚。

二、高等农林院校培育新型农民模式

2015 年 2 月 1 日，中共中央国务院《关于加大改革创新力度加快农林现代化建设的若干意见》印发，这是中央一号文件连续 12 年聚焦"三农"问题，显示了党中央和国务院对农村、农林和农民问题持续而高度的重视。高等院校承担着人才培养、科学研究、社会服务和文化传承的职能，为区域经济的农林、农村、农民服务是地方高校的神圣的职责和历史使命，长期以来农村人才"下不去、留不住、用不上"的现状成为制约"三农"问题的"瓶颈"，因此培养一批"本土化、高端性、创业型"新型职业农民，构筑"三农"人才高地，已经成为高等院校服务"三农"新的着力点。

1. 提高自身对培育职业农民重要性的认识

各级政府及高等院校要认识到培育新型农民是一项具有公益性的长期任务、系统工程。因此，高等院校要在政府的领导和监督下成立新型职业农民教育培训领导小组和相应的组织协调机构，并尽快制定出台并实施"新型农民培育规划计划"，确立实施目标、实施办法和考核标准，全面推进新型农民培育工作。

2. 营造新型职业农民培育的良好舆论氛围

高等院校要加大宣传力度，努力提高农民对农林教育的认识，使他们认识到培育新型职业农民就是培育"三农"事业的未来。这是一件使农民由身份称谓转变为职业称谓的历史性工作，是一件推动职业农民在广大农村引领农林现代化的工作，功在当代、利在千秋。高等院校要牢牢把握"三农"发展的新形势新机遇，全面推进新型职业农民培育工作，稳定和壮大现代农林生产经营者队伍，加快推进农林现代化进程。

3. 明确职业农民培训教育对象

高等院校应围绕现代农林产业基地建设，培养适合当地生产特色的职业农民。例如，围绕发展农村服务业，培养农机手、沼气工、农机维修手、农村经纪人、农产品加工等从业人员；围绕发展区域经济和地方特色产业，采取综合配套措施，培养创业农民，还可优先选择农村种养殖大户、优秀业主、村干部、打工返乡人员等具备职业农民潜质且急需从生产型向创业型转变的农民作为重点培训对象。

4. 建立健全职业农民教育培训机制

围绕着农村产业体系的发展所需的"创业型"人才目标，不断创新职业农民素质提升培训模式，培养方案面向现代农林发展实际和学员的创业需求。教学过程面向生产过程，学生亦农亦学，在学中干，在干中悟。实施"学历＋技能＋创业"的人才培养模式。把学历教育与实用教育结合、长期教育与短期教育结合、实时教育与急需教育结合、技术教育和创业教育结合，推动农民职业化发展，建立健全新型职业农民教育培训制度体系。

5. 加强职业农民培训教材的开发

高等院校要借助优秀的师资团队，加强新型职业农民培训的教材开发与编写。按照实用高效、通俗易懂的原则，编写一批农民看得懂、学得快、用的上、内容精的"乡土教材"，逐步建立通用性和专业性相结合、高中低多层次相结合的教材库。拍摄制作农民培训课程电子课件、光盘、微课等；开发建设农民培训网站，搭建网上培训平台；通过微博、微信、短信等电子媒体丰富农民培训的手段和途径，提升培训的效果。

新农村建设需要有文化、会技术、懂经营的新型职业农民群体，而高等农林院校发挥自身优势，为现代农林提供了强有力的智力支撑和人才保障。高等农林院校将在新型职业农民培养过程中，继续深入改革人才培养模式，探讨深入对接职业农民的保障机制，为新农村建设保驾护航。

三、高等农林院校对农村适用性人才的培养

我国正处在传统社会向现代社会的转型时期，经济和社会结构发生了较大的变化，农村对人才的需求结构也出现了新的变化。目前，我国农村急需的是大量兼具专业知识和动手能力强的应用型人才。而我国高等农林院校传统的人才培养模式及扩招后出现的办学定位模糊、专业设置扎堆与趋同、教学质量下降等已使我国高等农林院校难以适应农村发展的现实需要。尽管每年我国高等农林院校有大量的毕业生涌入社会，但真正符合农村社会需求的却并不多，造成不同类型、不同层次的应用型人才出现巨大缺口。因此，高等农林院校如何与我国三农工作，特别是新农村建设要求相适应，培养大量兼具专业知识和动手能力强的应用型人才，既是我国高等农林院校从精英教育向大众教育发展的必然要求，也是我国新农村建设的必然要求。

1. 高等农林本科院校培养应用型人才的标准

应用型人才主要是进行技术创新和技术二次开发的人才。相对技能型（如高职高专）人才而言，本科应用型人才具有更宽厚的知识，更强的知识和技术应用能力、社会适应能力，更高的专业素养和综合素质。相对学科型（如研究型大学）人才而言，具有更快的上手能力，更强的实践动手能力。其人才的主体规格为：基础实，知识宽，能力强，素质高，有较强的创新意识和专业能力。后劲足、上手快即基础知识比高职高专学生深厚、实践能力比传统本科生强，是本科应用型人才最本质的特征。农林院校本科应用型人才具体有以下几个方面的基本特征：第一，较强的动手及解决问题的能力，即技术应用能力。应用型人才突出的是具备对技术、工艺的应用能力。技术应用能力有别于学术原创能力，也有别于工程应用能力，是在生产第一线或工作现场从事技术指导和管理工作，能将应用理论转化为具体技能并实际操作、解决问题。他们具有形成技术应用能力所必须的理论基础和专业知识，同时具有较强的综合运用各种知识和解决现场实际问题的能力；第二，较强的二次创新能力。有较强的技术创新意识，能对所应用目的技术、工艺进行学习、吸收和再创新。即不是简单重复前人的技术动作，而是能实现创新应用，具有对应用知识进行技术创新和技术二次开发的能力；第三，较强的知识学习与更新能力。有终身学习的理念，有扎实的基础理论、较宽的知识面、良

好的学习方法、较强的自主学习能力和新知识的吸纳及更新能力；第四，较强的沟通、交往能力和写作能力。能自如地联系各个方面，清晰地、一致并准确地发掘和传递信息；在与他人交流时，能通过口头或书面语言有效地表达自己的想法且有效地倾听对方的想法，和谐地互相接受对方的观点和想法，达到双方想要的沟通目的；第五，较高的道德素质。具有良好的道德情操、大局意识、创新精神、合作精神及农科最需要的实践精神、吃苦精神、尊重群众的首创精神，守法、诚信、负责；第六，较强的基本技能。具备外语、计算机应用、机动车驾驶三种基本技能，并掌握与所学专业相关或相近的一到两门技能；第七，有较强的社会适应能力。不管到了什么环境都能较快地融入新环境，在新的环境中愉快地生活和工作，与新同事打成一片，工作上得心应手，处世和工作深受欢迎和好评。

2. 高等农林本科院校在应用型人才培养方面存在的主要弊端

（1）办学定位模糊

在经历办学规模的快速扩张后，目前部分高等农林院校出现了自身分类不清、定位不明、盲目跟风的现象。与农林、农村和农民要求渐行渐远，在服务三农有心无力，与农村经济社会发展的实际需要有相当大的差距。一些农林院校不顾自身的办学条件，盲目追求学术型研究型综合性大学。在人才培养目标上重视理论型人才，轻视实践应用型人才培养；在教学内容上重视科学教育，轻视技术教育；在教学方法上强调全面、系统的理论教育，相对忽视实践操作能力培养；在科学研究上重视理论研究，忽视应用技术研究。从而，造成了农林院校所培养的学生偏离社会需要，一方面我国农科学术型人才相对过剩，出现就业难；另一方面应用型人才严重不足，企业和农村的亟需人才严重匮乏。

（2）课程教学内容重教材、轻实践

许多学校本科生的教学形式呆板，教材内容是从教材到教材，不能及时跟踪迅猛发展的科学技术，一些反映科技发展的新课程、新知识、新技术很难学到，对专业的实践不以为然，尤其是强调建设研究型大学的高校，在强势的科研氛围中，教师都无暇接触专业实践，学生毕业后动手能力、应变能力倍感缺乏，就业中易处于高不成、低不就的尴尬境地。

（3）教师的理论基础扎实，实践能力欠缺

20世纪80年代以来，我国高等教育发展迅速，特别是在我国第二批高校从精英教育向大众化教育的重大转变过程中，许多农林高校也在学校建设、专业设置和办学规模等方面迅速扩张。这种快速发展的结果是：虽然设立专业越来越多、办学规模越来越大，但许多专业课教师是高校毕业后即从事教学工作，缺乏行业工作经历或业务背景，在短时间内难以承担实践教学环节的教学工作。其他教师也由于高校传统基层组织的体制性障碍造成学科割裂，难以实现教师集体的紧密合作和学科间交融。大多数教师按所选教材组织内容授课，不善于研究所授内容在专业培养目标中的作用，更少研究所教内容与学生就业后的工作相结合，教学因循守旧；一些教师在科研和学术上急功近利、把重点放在发表论文，与实践越来越脱节。导致一些教师理论课讲得非常好，而一旦面临实际问题，就束手无策。

（4）大学生重理论轻实践，眼高手低

主要表现在注重死记硬背，考试考高分，拿奖学金；忽视实践，造成动手能力差。还有一部分大学生受传统观念的影响，认为考上了大学，身份就变得高人一等，即使是农村来的学生也认为跳出了农门，农村艰苦的工作就不是自己的选择了，对涉农专业不感兴趣，不愿意参加专业实践。

3. 改革高等农林本科院校培养应用型人才的途径

（1）科学定位，明确应用型人才的培养目标

农林本科院校有着鲜明的专业特色和区域服务职能，有着较明确的三农服务方向和为本区域培养农林应用型人才并与重点院校、高职高专错位发展、分工合作的办学目标。因而高等农林本科院校的办学定位，必须符合以上服务方向和办学目标，也就是必须从满足区域性人才需要和本区域经济社会发展的要求出发，对自身的办学条件、文化积淀、办学特色、学校声誉作出正确的评估，在认清自身优势的基础上，确立与区域经济和社会发展要求相适应的教学型办学定位及各专业应用型人才培养方案。

（2）课程安排上突出实践环节

一要重视实验室和校办企业（或基地）训练。充分利用实验室和校办企业的便利条件，努力培养每个学生的动手能力而不只是走形式、做样子。半个世纪前就被推崇的半工半读的学习方式对培养本科应用型人才也许具有重要参考价值。二要开展社会实习或实践。为了使学生真正成为未来应用型人才，学校要创造条件使各类学科都开设各式各样的现场实习课程。如给三年级以上的在校生提供每年两次到校外企业实习的机会，甚至为部分学生提供到国外进行实习、进修机会。学校应建立校外实习基地或教学企业，建立起校企互助的课程体系和教学方法，

实行产学研一体化，聘请企业的业务骨干担当相应院、系课程教学顾问，以提高实用性教育能力，缩减学生从学校学习到企业工作的过度期，使高校培养出来的学生更能适应社会的需求，提高高校毕业生融入社会能力。

（3）建立一支双师型教师队伍

有什么样的教师就会有什么样的学生。培养本科应用型人才需要大量的双师型教师，其专业实践经历和能力显得格外重要。因此，高等院校应该推出各种措施，让新教师脱产、半脱产或在岗到校内外一些实际工作岗位上锻炼。校内师资的培训可以通过定期选派教师到校内外实习基地锻炼，到校办企业、合作办学企业轮岗等形式进行。作为应用型本科院校，教师的培训应把产业服务作为一个社会实践的层面，将产业开发的成果应用到生产领域、流通领域和各种管理领域中去。让教师参与到产业服务中去，既锻炼了教师，也可以扩大学校在产业服务中的影响。在自己培养双师型教师的同时，学校还应采用引进的方式壮大双师型教师队伍。聘请在某个领域有实践经验的企业家、专家、学者作为学校的兼职教授或客座教授；还可直接调入有丰富实践经验、在相关领域有成就、并有较高学识素养的社会精英加入教师队伍。

(4) 重视教材

改革与创新要解决在校学的许多知识用不上，而工作中要用的却没有学的问题。及时跟踪迅猛发展的科学技术，使教材改革与创新立足于完善知识系统，体现最新发展成果；加强多学科交叉，多角度分析；教材要适应多样化的教学需求，正确把握教学内容和课程体系的改革方向；在选择教材内容时要注意体现素质教育和创新能力与实践能力的培养，为学生知识、能力、素质协调发展创造条件。高校教材的编写、出版要体现出一定的学术水准，要有名副其实的学科带头人、专家、学者参与，并由他们一丝不苟地来审订，确保出书质量。要在调查研究的基础上，通过专家论证与推荐，优化选题，遴选编者，加大投入。

4. 在培养应用型人才中需处理好的几个重大关系

(1) 专业设置与社会需求的关系

农林本科院校专业的设置必须适应社会的需要。高校应首先认真开展调查研究，掌握企业与农村亟需的应用型人才类型、人才供求的现状、动态与趋势，并根据需求前瞻性地设置专业。二要坚持有所为有所不为，人无我有、人有我优、人优我特的原则。革除目前千校一面的小而全倾向，在专业设置、科研课题的选择、学生就业方向等方面，紧紧结合地方经济发展特点、产业特色，扬长避短，培养满足不同时期、适合当地经济和三农发展的应用型人才，既满足需要、又办出特色。三要善于认真吸纳校外专家、企业及各方面人士的意见，适时合理调整专业。还可以根据企业或单位的要求单独设置专业，订单培养或联合培养人才，彻底解决人才培养对象、目标与社会需求脱节的问题。

(2) 实践与理论的关系

应用型人才培养应强调以知识为基础，以能力为重点，知识、能力、素质协调发展。具体培养目标应强调学生综合素质和专业核心能力的培养。在专业方向、课程设置、教学内容、教学方法等方面都应以知识的应用为重点。在重视动手能力实践性培养的同时，又重视理论基础的教育。鼓励学生修双学位、双专业及跨专业、跨学科的选修，拓宽知识面。

(3) 教学与科研的关系

高等农林本科院校基本上是教学型、应用型大学，搞好教学是第一要务。但鉴于农林高等院校有着鲜明的区域特性，还承担着为推动地方经济建设和社会进步的光荣使命，因而学校在教学的基础上还要抓好科学研究，也就是要找准区域经济和三农及当地企业发展中的热点难点问题和关键项目，主动承担相关课题和项目的研究。这样，既可以提高学校师生与当地经济发展的参与度，又能推动学科建设及教学水平的提高。

（4）专业教育与多技能培训的关系

为确保学生的毕业就业对接，学校可考虑以就业为导向，实行本专业教育为主、相关培训为辅的一本多证制的多技能培训制度。对社会需求大的外语、计算机应用、机动车驾驶三项基本技能培训作为选修课纳入教学计划，同时根据市场调研，着力开发其他职业技能培训项目，如物流、营销、翻译、高级秘书、报关、导游、律师等，并开展考证工作的指导和服务，让学生手中有证，拓宽就业门路。

（5）知识、技能培养与思想道德素质教育的关系

学校在注重知识、技能培养的同时，要加强学生的思想道德素质教育。要改革传统的课堂教条式德育教育模式，将社会主义核心价值观融入应用型人才培养全过程。要在灵活开展社会主义核心价值观及爱国、爱农、爱岗、敬业的课堂辅导外，在校园高品位文化环境的营造中，通过教师高尚的品德、风尚、德行来教育和影响学生，使学生通过更多的具体实践，感悟和提升自身的道德修养，在此

基础上增强民族自豪感和社会责任感，真正使学生的知识、能力与素质协调发展，成为满足人类活动各方面需求的负责任的我国是个农林大国。目前城市化率只有43.5%，绝大部分人口（有7亿多人）居住、生活在农村；城市面积仅占全国土地总面积的6%，绝大部分可利用土地在农村并被利用于农、林、牧、副、渔业。而我国广大的农村却只创造了占全国35%左右的国民收入，生产水平低、发展潜力大，亟需大量的高等农林院校应用型人才来农村大显身手。换句话说，农林高等院校毕业生就业与创业空间广阔。

第五章 农林高校大学生社会实践与服务新农村建设的途径

第一节 新农村建设视野下的农林高校大学生社会实践

自从 1982 年北京大学开展大学生社会实践以来，经过 25 年的发展，我国大学生社会实践取得了丰硕的成果。王兆国同志在全国大中专学生志愿者暑期"三下乡"社会实践活动开展 10 周年座谈会上明确指出"社会实践活动已经成为当代青年学生受教育、长才干、做贡献的有效载体，成为推动农村经济社会发展的积极力量，成为加强和改进大学生思想政治工作的重要途径。"[1] 党的十六届五中全会提出了建设社会主义新农村的伟大历史任务。在建设社会主义新农村大背景下，农林高校大学生社会实践如何适应这一历史条件和发展需要成为广大思想政治工作者面前的一个现实重大课题。

一、高等农林大学生社会实践对新农村建设的现实意义

1. 有利于增强高等农林学生建设新农村的历史使命感和责任感

《中共中央国务院关于进一步加强和改进大学生思想政治教育的意见》明确指出，社会实践是大学生思想政治教育的重要环节，对于促进大学生了解社会、了解国情，增长才干、奉献社会，锻炼毅力、培养品格，增强社会责任感具有不可替代的作用。农林高校大学生通过在农村开展社会调查，

科技支农、支教、支医，文化下乡，法制服务等社会实践活动，提高对新农村建设的认识，增强服务新农村建设的历史使命感和责任感。

2. 有利于为新农村建设培养全面发展的合格人才

农林院校社会实践不仅能够检验和深化学生的理论学习的情况，同时能够培养学生的实践能力和创新精神，能够使学生的身体素质和心理素质得到全面发展，实现了人从单纯的知识的人到全面发展的人的教育理念。农林高校大学生是新农村建设生力军，他们的全面发展为新农村建设提供了良好的智力保障和人才资源。

3. 有利于提高高等农林院校服务新农村建设进行科学研究和创新的能力

国家社会经济的发展，取决于科技进步和人民素质的提高。农林院校不仅担负着培养人才的重任，而且担负着进行科学研究发展科技的使命，是新思想新技术的主要发源地和企业进步的重要依托，是孕育高级技术人才的摇篮，自然成为企业和地方的重要依靠对象和合作伙伴。农林院校的社会实践通过技术咨询服务、合作研究开发、技术培训交流、科技成果转化等形式，促进农村经济发展，从而提高经济效益。所以，农林高校社会实践是提高高校科学研究和创新能力的重要途径。

4. 有利于促进农林院校服务新农村功能的发挥

现代农林高等教育应该主动的承担起服务地方经济发展和社会进步的重要使命。特别是在我国落实科学发展观，建设社会主义新农村，构建和谐社会的历史背景下，农林院校的这个职能显得尤为重要。社会实践活动是农林院校服务社会的重要载体。农林院校社会实践使得农林院校的学术科研和人才培养与社会的发展需要紧密结合，更好服务经济和社会发展。同时，农林院校开展社会实践将一些先进的生产技术、生产工具和优良品种及时的送到了生产第一线，为当地人民群众的生活和生产发展提供了强有力的推动作用。

二、高等农林学生社会实践的背景分析

1. 现代化建设伟大成就创造了外部条件

改革开放 30 年来，我国的现代化建设取得了辉煌的成就为高等农林大学生社会实践创造了良好条件。我国综合国力不断增强，经济保持了年均 9.7% 的快速增长，最近又连续四年增长 10% 以上，2006 年国内生产总值居世界第四位，人均国内生产总值从改革开放开始时的 226 美元，达到现在的超过 2000 美元。

我国用占世界不到 10% 的耕地成功解决了占世界近 22% 人口的吃饭问题。对外贸易总额由改革开放初期的 206 亿美元到 2006 年达到 1.76 万亿美元，居世界第三位，外汇储备一万多亿美元，居世界第一位。我国社会稳定，民族团结，人民生活日益改善，国际地位显著提升。

2. 新农村建设发展要求赋予了新的任务

建设社会主义新农村是当前党和国家做出的一项重大决策和部署，是全国人民必须为之而奋斗的一项长期历史任务。在这个伟大的历史进程中，农林高校则无旁贷，农林高校大学生社会实践更应该充分发挥起促进地方经济发展和社会进步功能，服务新农村建设。所以，农林高校要把服务新农村建设放到做好大学生社会实践工作的首要位置来抓。

3. 社会实践发展历程积累了丰富经验

从 1982 年北京大学开展"百村调查"到每年 100 多万大中专院校学生志愿参加社会实践，我国大学生社会实践无论是从参加人数还是从活动开展得规模上都发生了深刻的变化。这在漫长的实践历程中，充分认识到社会实践活动已经成为当代青年学生受教育、长才干、做贡献的有效载体，成为推动农村经济社会发展的积极力量，成为加强和改进大学生思想政治工作的重要途径。同时，在开展社会实践的运行机制、保障机制、激励机制、指导机制等方面积累了丰富的经验。这些都为在新农村建设背景下开展大学生社会实践奠定了良好的基础。

三、高等农林学生社会实践的发展

1. 以科学发展观统领农林高校大学生社会实践工作全局

中共十七大明确将科学发展观写入党章，作为我国建设有中国特色社会主义伟大事业的指导思想。科学发展观是从新世纪新阶段党和国家事业发展全局出发提出的重大战略思想，是推动经济社会发展、加快推进社会主义现代化必须长期坚持的重要指导思想。科学发展观的第一要义是发展，核心是以人为本，基本要求是全面协调可持续发展。这就要求农林高校以科学发展观统领学校的发展，以推动学校各项事业的全面发展和实现学生的全面发展.这就要求农林高校把教育发展和地方经济发展结合起来，把大学生社会实践和新农村建设结合起来，在服务地方经济发展和社会进步中寻求各种支持和发展资源。

2. 以新农村建设为导向开展农林高校大学生社会实践

教育部周济部长在全国高校服务社会主义新农村建设座谈会上指出，新农村建设是一个广阔天地，农林高等学校具有人才、知识、技术优势，完全可以大有作为。要弘扬主旋律，加强思想政治教育，加大政策扶持力度，引导和鼓励大学生投身于新农村建设的火热实践。[2] 新农村建设是建设有中国特色社会主义伟大事业中的一项重大历史任务。所以，农林高校大学生社会实践必须以新农村建设为导向，开展涉及新农村建设中所需要的重要社会实践活动，扎实推进新农村建设。

3. 完善机制解决高等农林大学生社会实践的实际问题

尽管25年来，高等农林院校社会实践取得了丰硕的成果，积累了丰富的经验。但是仍然面临很多实际困难，比如，认识不到位，学校不够重视，社会不太认可，经费不足，组织管理不规范，基地建设困难重重，评价机制不够健全等。这些问题严重制约着农林高校大学生社会实践健康、持续发展。这就需要农林高校要从理论上和实践上，对大学生社会实践工作进行深入研究，设计新的工作框架体系。首要任务是解决以上制约农林高校大学生社会实践发展的问题。

4. 以求真务实的态度增强高等农林大学生社会实践实效性

农林高校要充分发挥学校的科教资源优势和人才技术优势，加强和地方政府、科研机构、社会组织、企事业单位合作，为地方经济发展和社会进步服务，为重大科研课题研究服务，为社会公益事业发展服务，为企业的技术创新和提高经济效益服务。在合作中，争取资源锻炼学生，推进农林高校大学生社会实践发展。

5. 建立高等农林大学生社会实践工作长效机制

紧跟时代步伐，体现时代特征。农林高校大学生社会实践的具有很强的教育功能，主要体现在加强大学生思想政治教育。随着社会的不断变迁，思想政治教育的内容和形式都在发生着变化，这就要求思想政治教育工作也应该不断的适应时代要求和大学生的实际情况。那么，农林高校大学生社会实践理应紧跟时代步伐，体现时代特征。

把握内在规律，提高工作水平。世间万物的运转都有其内在规律。农林院校大学生社会实践也有很多规律可循。这就要求农林院校在开展大学生社会实践时，遵循这些规律、原则和章法，少走弯路。在批判中继承发展，在实践中探索和总结，努力提高农林院校大学生社会实践的工作水平。

创新工作机制，促进全面发展。创新是动力、创新是源泉，只有创新才能发展。建立良性发展的工作机制是促进高等农林大学生社会实践发展的关键。提高认识，建立稳定的工作队伍，设立专项资金，完善工作保障制度，统筹协调和专业学习的关系，构建科学的评价体系，使得农林院校大学生社会实践工作从管理、实施和评价形成一个完整的工作体系，促使工作的各个方面都得到发展。

第二节　高等农林大学生服务新农村建设路径

大学生社会实践活动是大学生健康成长、全面成才的重要载体，其具体含义是指大学生在校期间有目的、有计划、有组织地走上社会、深入实际，识国情、受教育、学知识、长才干、做贡献的一系列物质与精神活动过程的总称。2012年教育部等部门联合颁发的《关于进一步加强高校实践育人工作的若干意见》明确要求，高校要系统开展社会实践活动，要把组织开展社会实践活动与组织课堂教学摆在同等重要的位置。各农林类高校积极响应并取得了一定成绩，但是，随着社会、经济的发展，东西方文化的交融，生活环境的日新月异，社会文化日趋复杂化、多元化。同时，高等教育进入普及化阶段，农林院校也进入了快速扩展时期，学科增设、专业增加、人数增多已成为三大显著特征。在这样的背景下，大学生社会实践面临着新的问题和新的挑战。

一、多元文化背景下高等农林学生社会实践现状分析

1. 收获与失去并存

多元文化背景下，当代社会生活充满了竞争和压力，部分大学生认为实现价值要靠能力、靠拼搏，在此环境中成长起来的大学生具有很强的竞争意识。在参与社会实践的过程中，他们能够积极主动思考问题、寻找合适的解决途径、融入团队并在其中扮演一定角色，为其自身判断能力、计划能力、组织能力、选择能力的加强，综合素质的提升，社会适应能力的提高打下了良好的基础。但是，在收获的同时，大学生也容易被急功近利的思想所控制，过于看重社会实践对其带来的好处而忽视了社会实践本来的目的，把其当作一项任务性、季节性工作来对待，使社会实践流于形式，实效性和长效性相对来说较差。

2. 机遇与挑战并存

多元文化背景下，随着新兴媒体的发展和壮大，微博、博客、微电影等新的记录、交流的形式也应运而生，伴随着高科技、快通讯而生活的大学生具备较高的运用能力，能够较好的进行相关技术操作。这对于社会实践来说是一个机遇，意味着其可以通过更加先进、更加生动的方式来进行，对其类型的扩充起到了很好的推动作用。但是，在社会实践类型的选择上，高等农林大学生面临着新的挑战，过去以调查为主、以赚钱为目的的社会实践类型成效及含金量大大降低，多元文化背景下更青睐的是帮扶特殊群体类社会实践和专业性、科技性、创新性较强的自然科学类社会实践，这就要求农林类高校大学生平衡考虑的同时要突出侧重点。

3. 创新与传统并存

多元文化背景下，文化也在不断地与时俱进，传统文化、西方文化、科学文化已经在大学文化中形成碰撞。在这样的情况下，农林类高校大学生社会实践也要适应时代潮流、发展改革、推陈出新。如部分学校已创新社会实践老师、学生的考评推优机制、社会实践激励机制，社会实践目标机制和领导负责机制等。但是，在社会实践的创新过程中，部分高等农林院校持观望态度，拒绝做排头兵和冲锋枪，有的甚至守着原来的社会实践运行机制，排斥改革、抵触创新，这就导致社会实践创新动力不足、后劲不强，创新之风不能兴起。由此可知，创新不能光喊不行动，只要是农林类高校大学生所喜闻乐见的创新，农林类高校就要坚定的形成决策并贯彻落实下去。

二、多元文化背景下高等农林院校大学生社会实践对策

1. 结合信念教育从思想上引领大学生开展社会实践

在现代汉语词典中，信念是"认为正确而坚信不疑的观念"。多元文化背景下，部分大学生责任意识不强、理想信念意识薄弱、精神空虚，导致其失去理想、失去方向、失去动力，不能很好的明白为什么要开展社会实践、怎样来开展社会实践。而农林类高校要使其在社会实践中建立对祖国、对人民的责任感和使命感，使其较好的开展社会实践这就离不开信念教育。通过信念教育在一定程度上使大学生坚定为祖国、为人民奉献的信念并将其带入到社会实践中，其开展社会实践就会目标明确、动力十足，社会实践效果就会较明显，社会实践的精髓就能传承

下去。毛泽东同志曾说过:"农村是一个广阔的天地,在那里是可以大有作为的。"农林类高校大学生要借助农村这个平台,充分发挥自身优势,带着为民服务、改善农村落后面貌、从基层做起的信念来深入农村开展社会实践活动。在信念的支持下,在责任感的鞭策下,高等农林院校大学生会意识到社会实践的重要性和必要性,其会自发地参与到社会实践中来,因此社会实践的参与面得以扩大。

2. 通过"三自教育"从行动上支持大学生开展社会实践

中共中央、国务院《关于进一步加强和改进大学生思想政治教育的意见》指出,加强和改进大学生思想政治教育的基本原则是:"基础教育与自我教育相结合。既要充分发挥学校教师、党团组织的教育引导作用,又要充分调动大学生的积极性与主动性,引导大学生自我教育、自我管理、自我服务。"多元文化背景下,大学生个性鲜明,自我设计愿望强烈,渴望自己的观点被接受、被认可,农林类高校、二级学院可以充分利用大学生的这种心理,使其自己通过开拓社会实践活动基地(如:龙头企业、山区贫困学校、红色革命纪念地等)、与实践单位进行沟通、设计计划书来进行自我教育、自我管理、自我服务。在这个过程中,大学生通过实地考察充分了解了实践单位并与实践单位负责人进行了沟通和交流,然后形成了一份合理的、科学的实践计划并做好了相关紧急预案,其积极性得以充分调动,也明白了什么是社会实践、为什么要开展社会实践、怎样来开展社会实践。同时,大学生的组织管理能力、选择辨析能力等综合素质得以提升,促进了其全面发展成才,实现了由学校到社会的良好过渡。

3. 加大指导力度从效果上激励大学生开展社会实践

多元文化背景下大学生辨析能力、抗逆能力不强,他们渴望受到外界对他们的认同,重视他人对自己的评价,这就导致其容易受到外界事物的影响和打击,而往往面对这些打击他们不知道如何处理。农林类高校为大学生配备社会实践指导老师后应使指导老师加大对社会实践的指导力度,指导老师要密切关注负责学生,加强引导,不仅仅辅助、督促实践个人或团队开展社会实践活动、指导团队成员进行项目计划书、项目结题报告的撰写,同时,在活动开展偏离预期轨道时应给予协调,在团队成员遇到心理或情感问题时应给予帮助。在引导过程中,老师应注意当代大学生情感比较丰富,但情绪波动较大的特点,放弃传统的说教式,选择更具亲和力的方式,以朋友的身份来引导实践团队或个人。同时,对于积极性不高的个人或团队,可以通过话语鼓励、专用项目资金激励等形式来进行调动和引导。

　　综上所述，大学生社会实践能有效地将理论与实践结合起来，提高大学生实际分析、解决问题的能力，向其传授在课堂上学不到的知识，促进其全面成长成才，是一种不可多得的特殊教育手段。但是要达到预期社会实践的教育效果，就必须正视现阶段社会实践所面临的问题，只有通过有效的途径、正确的方法来解决问题，多元文化背景下高等农林院校大学生社会实践的面貌才会焕然一新、前景才会一片光明。

第六章 国外高等农林教育服务新农村建设模式的案例分析

第一节 博洛尼亚进程中的欧洲高等农林教育改革及其启示

自从 1787 年第一所农林学校在德国创办以来，欧洲农林高等教育已有 200 多年历史。中国的农林高等教育诞生于 1910 年代，也有 100 年历史。

一、博洛尼亚进程

1. 博洛尼亚进程的要点

欧洲高等教育系统正在经历深刻的变革，改革的重要推动力是博洛尼亚进程（BolognaProcess）和里斯本战略（LisbonStrategy）。前者之目的是使欧洲高等教育系统更具有竞争力和吸引力，而后者之宗旨是改革欧洲大陆仍然支离破碎的高等教育系统，使之成为一个更强大和更综合的知识经济型教育系统。1998 年法、德、意、英四国教育部长聚集法国索邦大学，签署《索邦宣言》（SorbonneDeclaration），提出构建一个更兼容和竞争力的欧洲高等教育系统，同时又保持丰富多样的教学风格与高等教育文化，建立欧洲高等教育区（EHEA）。一年后，欧洲 29 国教育部长在博洛尼亚协商，签署《博洛尼亚宣言》（BolognaDeclaration），并达成六项行动目标：第一，建立易读、可比的学位系统，通过实行"文凭补充说明"（DS），促进欧洲公民就业，提升欧洲高等教育系统的国际竞争力；第二，采用以本科和研究生为主的两阶段大学学制；第三，建立欧洲学分转换与累积体系（ECTS），促进最广泛的学生流动；第四，打破壁垒．促进自由流动的有效实现；第五，通过开发可比的质量保证标准和方法，促进欧洲合作；第六，在课程开发、机构间合作、培训与研究等方面，提升高等教育的欧洲维度（Europeandimensions）。

　　《博洛尼亚宣言》发布以来，参与国教育部长每两年召开一次会议，专题研究博洛尼亚进程，不断推出新举措，发表公报：第一，2001 年布拉格公报，强调博洛尼亚进程三要素，即发展终身学习，促进高等学校和学生参与，提高欧洲高等教育区的吸引力；第二，2003 年柏林公报，提出建立学校、国家和欧洲三级质量保证制度，在 2005 级毕业生中实行免费文凭补充说明，将博士研究生学制纳入博洛尼亚进程；第三，2005 年柏根公报，强化社会维度并消除互动壁垒，优化欧洲高等教育质量保证标准和指南，制定符合欧洲高等教育地区的国家证书资格框架；第四，2007 年伦敦公报，创立欧洲质量保证注册局（EQAR），要求报告消除教师和学生互动壁垒的国家行动，制定和优化有关强化社会维度的国家战略；第五，2009 年鲁汶公报，要求各国制定切实的目标，扩大总体参与度，提出到 2020 年欧洲高等教育地区有至少 20% 的毕业生有海外学习或培训经历，将终身学习和提高就业竞争力作为高等教育的重要使命。

　　2. 博洛尼亚进程的影响

　　十年来，博洛尼亚进程取得了实质性的进展，主要体现在以下几方面：

　　（1）构建了"博洛尼亚三循环结构"。多数国家建立了学士、硕士和博士三级学位结构，明确了学位授予资格，有关学士学位资格。24 国要求 3 学年 180学分。13 国要求 4 年 240 学分，有关硕士学位资格，26 国要求 2 年 120 学分，有些国家要求 1.5 年 90 学分或 1 年 60 学分；总体上看，两阶段学制有 3 种模式：18 个国家采用 180+120 学分（3+2 学年），俄罗斯等 6 个国家采用 240+120 学分（4+2 年），西班牙等 4 个国家采用 240+60/90 学分（4+1/1.5 年）。

　　（2）起用了"博洛尼亚工具"。该"工具"是指欧洲学分转换与累积体系（ECTS）、文凭补充说明（DS）和国家证书资格框架（NQF）；24 国的多数高校采用了 ECTS 工具，25 国所有学生实行了 DS 工具，2005 年欧洲高等教育区证书资格框架（FQ-EHEA）正式起用，NQF 也有所推进，但进展缓慢。

（3）建立了质量保证机构和标准。22 国建立了国家质量保证机构，2004 年成立了欧洲高等教育质量联合会（ENQA），2008 年启用了欧洲高等教育质量保证注册局（EQAR），认定了 10 个国家的 17 个非政府、非高校质量保证机构。

（4）提出了社会维度的概念。明确了贫困、残疾等非代表性社会群体的定义，出台了保障非代表性社会群体享有高等教育权利的措施，监测了高等教育中的非代表性社会群体。

（5）教育规模显著扩大。20 国在校大学生数增加 20% 以上，亚美尼亚、立陶宛等国家的学生数翻了一番；马其顿、捷克、意大利等国家的高等教育机构数目增长率达 100%。

二、欧洲高等农林教育面临的挑战

1. 高等教育面临的挑战

世纪之交，欧洲高等教育区面临前所未有的挑战。主要体现在：

（1）学制整合统一与特色多样的矛盾

欧洲各国国情复杂，高等教育权力收放不一，学制多元化明显。如德国的五年制 vordiplom（等同学士学位）+Diplom（等同硕士学位）学位制度，按博洛尼亚协议必须废除。

（2）大学自治与外部影响的矛盾

学术自由与大学自治一直是欧洲大学精神的核心，随着博洛尼亚进程，政府对高等教育的作用弱化，各种政治、经济、社会因素将对高等学校产生深远影响。

（3）课程设置与就业市场的矛盾

据弗莱堡大学的毕业生调查，农林专业毕业生职业领域不仅包括传统的农林、木材工业、科研和教育部门，还涉及咨询服务、IT 行业、开发合作及其他更远的行业，就业结构发生了根本变化，传统农林课程已经不能适应新岗位的要求。

（4）丰富教育资源与生源减少的矛盾

根据 WIKPEDIA 网络百科全书所列《农林大学和学院》，欧洲有 116 个农林院系，农林院系较多的国家有芬兰（12 个院系，下同）、英国（11）、德国（9）、意大利（8）、土耳其（8）和俄罗斯（8）等，然而，欧洲青年学生学习农林兴趣下降，生源萎缩。在学制、体制、专业与课程设置和教育资源等方面的挑战，呼唤高等教育改革。

2. 高等农林教育面临的挑战

欧洲是森林资源十分丰富的区域，但资源分布不均衡（表1）。虽然农林对GDP的贡献率只有1%，但提供大约四千万个就业机会，约占欧洲总人口的5.5%。虽然农林在古罗马时期就已存在，但农林教育史却只有200多年。农林一直是欧洲大学有吸引力的学科专业。然而，世纪之交的高等农林教育却面临危机和挑战。

（1）森林资源管理的内涵已拓展

传统森林资源管理已向自然资源管理拓展，上世纪后半叶，自然资源管理经历了传统、过渡和人与生态系统关系三个发展阶段（表2）②。由于生态系统价值和利用的多样性、复杂性和动态性，农林工作者需要新的方式来理解和调整他们的专业角色和职责，林学专业的课程设置必须作相应变化。

（2）可持续新概念的冲击

《布伦特兰报告》定义的后现代社会的可持续新概念，已经深入到社会和文化领域，传统林学课程强调经济、生态和技术，现代林学不得不引入社会和文化方面的课程。

（3）技术平台在提升

信息技术和生物技术的突飞猛进，不断地渗透到其他学科专业，GIS、GPS和RS"3S"技术在森林调查与测量等方面应用广泛，分子育种等生物技术在林木品种更新方面发挥越来越重要的作用。因此，研究生层次的林学类课程不得不引入信息与生物技术课程。

三、欧洲高等农林教育改革趋势

1. 加强农林专业与课程改革

（1）不断拓宽学科专业面

随着传统森林资源管理向自然资源管理的拓展，管理不只为生态系统或为人类，而是为其复杂、多样、可持续发展的自然与社会相协调的关系，农林工作者需要新的方式来理解和调整他们的专业角色和职责,农林专业范畴也越来越广泛，如维也纳自然资源和应用生物学大学，设农林科学、木材与纤维技术、环境与生物资源管理学士，以及山地农林、山地危险工程、农林科学、野生动物生态与管理、木材技术与管理、环境与生物资源管理硕士；哥廷根大学森林科学与森林生态学院，设置森林科学与森林生态、分子生态系统科学学士，以及热带与国际农林、森林经理与利用、森林保护、木材生物与木材硕士。

（2）积极进行课程改革

在理念层面，课程改革有新思维。弗莱堡大学在环境治理国际硕士课程体系改革中，采用了"适当性、多元化、适应性、理论论证和实验过程"五条课程设计标准，确立了"认识——理解——管理"三重结构的课程设置策略（表3）③。在实践层面，课程改革有新经验。慕尼黑工业大学重构了四个不同层次的人才培养方案，新方案具有以下特点：通过优化专业实用性、教学服务、校园设施等措施，体现专业吸引力；通过分析毕业生就业市场调查和新课程开发，体现就业竞争力；通过吸引国际学生和客座教师，体现国际化；通过不同学科的课程资源配置，体现多学科交叉；通过长远发展观的树立，体现可持续原理。培养方案重构取得了良好效果，可持续资源管理理学硕士在校生规模逐步扩大，2001年以来招收了60个不同国家的300名学生④。此外，德累斯顿科技大学的课程改革也有积极效果，教师反映积极，基础课教授有机会教授硕士阶段高级课程，教师有机会招收有工作经历的硕士。

（3）举办暑期学校

暑期学校既是欧洲一些大学的教育传统，也是博洛尼亚进程的新要求。举办暑期学校是发展终身学习，提高欧洲高等教育地区吸引力的有效途径。慕尼黑工业大学为学生、校友和研究人员举办了三种类型的暑期学校：第一，从1980年代开始，与耶鲁大学合作，在康涅狄格举办了为期两周的"印第安暑期学校"；第二，面向世界各国的研究人员，在德国巴伐利亚州举办了为期两周的"农林和木材工业可持续发展暑期学校"；第三，面向可持续资源管理国际硕士班毕业生，在德国巴伐利亚州举办了"可持续供应链的开发与管理暑期学校"。2005年，弗莱堡大学在森林与环境科学学院举办了为期两周的"农林、市场和社会"国际暑期学校，20名参与学生来自巴西、智利、中国等12个国家。

2.重视就业竞争力培养和就业调查

（1）强化就业竞争力

根据博洛尼亚进程要求，将终身学习和提高就业竞争力作为高等教育的重要使命。所谓就业竞争力是指在目前和未来变化环境下，个人获得和保持有效工作的能力，就业竞争力的构成要素很多，如社会技能、自我进取心、学习能力、沟通能力、耐力、开放性、个人发展责任、团队技能和冲突技巧等。慕尼黑工业大学重视"农林科学与资源管理"学士的就业竞争力培养，校方认为在课程模块的主题选定之前，未来校友就已经发现了潜在的事业，学习目标和必备竞争力的确定，要通过咨询专家和校友，以及通过职业研究来实现。具体做法是安排八周时间和特定的项目，让学生有机会学会独立工作、团队合作和项目规划。瓦格宁根大学在森林与自然保护区学士和硕士课程建设中，非常看重能力的培养。如学士核心技能有森林与自然研究技能，有效沟通和团队合作技能、反思终身学习技能、应用知识技能、认知森林、生态和社会技能等，又如硕士核心技能有基础与应用研究、制定政策、提出忠告、设计、执行与协调等技能。

（2）重视毕业生就业调查

欧洲高等学校高度重视毕业生调查，如瓦格宁根大学，1973 年开始就业市场调查，参与调查的有大学、政府决策者、校友会、雇主等。最近一次调查结果显示，2008 年与 1992 年相比，农林与自然保护专业学生数占全校学生总数提高了 1%。在弗莱堡大学，1995—2003 年农林专业毕业生中，91% 工作，7% 无工作，2% 从无工作；在岗毕业生中 56% 为固定工作，25% 临时工作，19% 自主创业；65% 的毕业生对工作满意，毕业后 12–15 个月内 90% 的学生找到第一份工作。德累斯顿科技大学的林学及相关专业 2005 年毕业生获得第一份工作的时间是 4.5 个月，农林科学专业毕业生 90% 工作，60% 从事所谓"绿色工作"，30% 在公共管理部门。赫尔辛基大学的森林经济系 2000–2006 年毕业生从事职业为森林工业 33%、森林工业咨询 12%、大学职员 10%、其他行业 45%；毕业生找到第一份工作的平均时间是 2.4 个月，90% 的毕业生从事与所学专业相关的工作。马德里科技大学农林专业毕业生找到第一份工作的平均时间约 4 个月，96% 工作，89% 从事与所学专业相关的工作，主要涉及农林相关丁作（46%）和森林产品开发工作（3.6%）。从上述调查结果来看，农林专业毕业生的就业市场发生了显著变化。各农林高校在调查方法上引入了一些新的方法，如对于工作满意程度，引入了工作描述指数（JDI）和综合工作描述指数（JIG），使调查结果更科学、更具可比性。

3. 建立质量保证机构和标准

欧洲农林教育工作者认为，大学必须满足社会需求，吸引优秀学生，造就卓越校友，面向世界学子。高等教育要达到这些品质必须提供优质课程，延聘合格教师，建立社会根基，强化质量控制，实现预期培养效果。欧洲采用许多举措来建立质量保证体系，博洛尼亚进程实施以来，欧洲22国建立了国家质量保证机构，2004年成立了欧洲高等教育质量联合会（ENQA），2008年启用了欧洲高等教育质量保证注册局（EQAR），认定了10个国家的17个非政府、非高校质量保证机构。欧洲普遍接受的质量保证模式是四阶段模式：独立的质量保证组织、内部自查组件、外部专家访问和公布报告。

在国家层面，英国建立了质量保证局（QAA），负责质量保证系统，并规范了深程坪价与监测过程。在学科专业领域，欧洲农林及相关学科大学校际联盟（ICA）启动了一个质量项目，即"生命科学和农村环境国际硕士学位课程的质量保证和认证"。欧洲高等教育区还制定了农林及相关学科专业质量保证过程的基本标准和支撑指标的草拟框架。该框架包含7个一级指标和27个二级指标（表4）。每个二级指标都提供了一般考察指标和特殊考察指标。如二级指标"2.1所有执业者需求"的一般考察指标为"所有利益方的需求是否都包含"，特殊考察指标为"特指国际学生及其雇主"。

4. 促进农林教育国际合作

（1）建立学士—硕士两级学位体系

博洛尼亚宣言的行动目标之一，就是采用以本科和研究生为主的两阶段大学学制。目前大多数国家建立了学士、硕士和博士学位结构，明确了学位授予资格。有关学士学位资格，24国要求3学年180学分，13国要求4年240学分，有关硕士学位资格，26国要求2年120学分，有些国家要求1.5年90学分或1年60学分。总体上看，两阶段学制有3种模式：18个国家采用180+120学分（3+2学年）；俄罗斯等6个国家采用240+120学分（4+2年）；西班牙等4个国家采用240+60/90学分（4+1/1.5年）。这种学制的统一有利于高校之间的交流与合作。适应这种变化部分农林院校废除原来学制，如德累斯顿科技大学，废除了传统农林专业五年制vordiplom+Diplom学位制度，确立了学士和硕士两阶段学制。

（2）建立多样化农林教育网络

自上世纪90年代以来，处于危机中的世界农林教育机构，加强了区域和全球合作，建立了多样化农林教育网络，如欧洲农林教育协作网（SILVA，1989）、非洲混农农林教育协作网（ANAFE，1993）、东南亚混农农林教育协作网（SEANAFE，1999）、中非农林与环境培训机构协作网（RIFFEAC，2001）。这些教育网络共同主题是：通过学生和教师交流开展区域合作，通过专业调和促进学生交流，通过课程开发适应新出现的农林主题，通过网络开通远程教育。

（3）开展多维度的国际合作

欧洲农林教育国际合作具有良好基础，开发了许多旨在提高国际吸引力和竞争力的国际合作项目。"伊拉斯莫斯世界"（ErasmusMundus）欧洲农林科学硕士，是欧盟高等教育国际合作项目，该项目要求由三个不同欧盟国家的至少三所大学提供课程支撑。"SUTROFOR"是其中的一个项目，联盟大学包括哥本哈根大学、班戈大学、德累斯顿技术大学、巴黎生命—食品与环境科学技术研究院（蒙彼利埃）和帕多瓦大学。其培养方案要点是：第一年为完整、宽广的可持续热带农林基础课程，在三所大学任何一所大学学习；第二年为自由选择五个方向之一，可在任何一所大学学习；联合的暑期课程在一个热带国家上课，实习和学位论文在热带地区进行。"SUFONAMA"是其中的另一个项目，具有类似的课程设置。注册上述两个项目的学生，学成后可获得两所大学的双学位（表5）。

四、欧洲高等农林教育

1. 农林高等教育的挑战与机遇

欧洲农林高等教育面临的挑战是严峻的，对于高等农林院系来说甚至是危机。过去十年全球农林专业在校大学生减少了30%，牛津农林研究所的停办（并入了植物科学系），是这次危机的标志。然而，博洛尼亚进程又给欧洲高校的改革、重组和发展带来新的机遇，欧洲农林高等教育适时应变，又获得新的活力。这些经验和教训值得我国农林高等教育界思考和借鉴。

2. 农林高等教育的招生与就业

针对世纪之交招生与就业面临的问题，欧洲的农林高等教育界紧扣就业市场和社会需求，通过学科专业调整、强化质量保证、加强国际合作、发展终身学习等措施，切实提高农林高等教育的吸引力和学生就业竞争力。我国农林院校中农林类专业的招生与就业也曾经不同程度地面临类似的问题，在生源竞争中森林资源类专业处于不利地位，生源质量总体下滑；另一方面，最需要农林人才的基层单位和重点林区，难以引进农林大学生，人才供求存在结构性矛盾，农林人才的规格类型与用人单位的期望值还有距离。欧洲农林高等教育的改革与创新，也为我国农林高等教育教学改革与人才培养工作提供了良好范例。

3. 教育质量保证

欧洲高等教育区、国家和高校三级质量保证框架体系是欧洲农林高等教育质量的基石，其主要做法和运行机制对于完善我国的教育评估、专业认证制度具有重要参考价值。

4. 国际合作

多国、多高校的人才培养合作，举办双学位的国际农林硕士，给欧洲农林高等教育带来新的活力，生源吸引力增强，就业质量提升，校际师生互动加速，符合农林及农林教育的国际化趋势，这也为我国农林高等教育对外开放、国际合作带来机会。

第二节　美国赠地学院办学特色对我国高等农林教育的启示

美国社区学院在发展过程中，形成了比较鲜明的办学特色，正是由于具备这些特色，美国社区学院越来越被社会、学生和家长认可，并且对美国高等教育大众化、高等教育与地方经济社会相结合起到积极的推动作用。我国的高等农林技术学院与美国的社区学院层次结构相同，有许多情况相类似，应当积极学习和借鉴美国社区学院的办学特色和经验，结合自身实际情况，不断创新办学思路，办出特色，才能加快学院的改革与发展。

一、美国社区学院办学特色

美国社区学院在发展过程中，形成了比较明显的办学特色，正是具备这些特色，美国社区学院越来越被社会、学生和家长认可，并且对美国高等教育大众化、高等教育与地方经济社会相结合起到积极的推动作用。美国社区学院的办学特色主要是：

1. 服务社区

服务社区是美国社区学院的办学宗旨，也是其办学特色之一。服务社区就是社区学院立足社区、面向社区，教学、服务和其他各方面工作都明确以社区为中心，并以多样化的服务来满足社区发展的需要。为了这一目标，学院采取了多项措施来推动：一是与当地社区联系密切。其学院董事会或校务委员会成员都从当地知名人士中推选。他们直接领导并管理学校，能及时反映当地居民的愿望和需要；社区学院设的系科和专业聘请当地有关成员担任顾问，他们能及时反映社区的需要和利益所在；社区学院还为当地居民提供各种设施，组织各种活动。二是社区学院农林教育的专业、课程设置以社区的近期、长期需要及当地工商业的需要和就业趋势为依据，充分利用社区资源和各种条件，使教学内容与当地社区情况尽可能结合起来，为社区发展服务。三是为社区培养各种有用之才，社区学院农林教育的生源主要是本社区的青年学生，学院促使、鼓励学生毕业后留在当地社区工作和生活，建设自己的家乡；同时，它还为社区成人提供教育和服务，为当地各种年龄的居民提供教育机会，既满足各类在职人员更新知识、提高水平的需要，也能满足转岗、失业人员学习新技术以寻找新的就业机会的需求。

2. 注重实训

为社区培养准专业的技术人员是美国社区学院人才培养的目的定位。因此，让学生能运用所学的方法和所受的训练来解决人们生产和生活中的各种实际问题，成为美国社区学院教育教学活动的出发点和归宿。因此，学院十分重视学生的实训，创造各种条件为学生锻炼和提高动手操作能力提供方便。一是在教学安排上，强调以实际应用为方向，特别注重实践课程和活动，一般院校实践课高达全部学时的 40% ~ 60%，学生还必须利用假期在社区的相应部门实习。二是在师资队伍方面，社区学院针对农林教育中注重实践能力培养的特点，聘请社区内外有实际工作经验的各类专业技术和管理人员为兼职教师。美国社区学院的农林教育的教师为专职和兼职两种，并且兼职教师在数量上多于专职教师，一般都是占总数的 60% 左右。专职教师一般有博士或硕士学位，主要从事基础理论与其他基础性较强课程的教学，而兼职教师由社区的高级知识分子如学者、教授、企业家、某一领域的专家以及生产一线的工程技术人员、管理人员和经验丰富的各类专业人才组成。所以，美国社区学院农林教育常常是企业家讲企业管理，律师讲法律，会计师讲财务与管理。他们讲授的课程实践性、应用性强，并且带来了大量社区人才需求信息，增强了办学的针对性。三是注重实验室建设。社区学院开设多学科的专业实验室，让学生实习训练。各实验室每天从早晨 8 时到晚上 10 时全天向学生开放。一些学校的牙医助理专业有各种手术室和病房供学生实习；园艺专业有较大的温房和实验农场，学生培植花卉、种植果树和农作物，并出售自己的产品；烹调专业有的开设餐厅，以较便宜的价格为市民服务。正因为如此，学院培养出的学生动手能力强，适应工作快，就业率普遍较高。

3. 灵活多样

美国社区学院教育的灵活性主要体现在两方面：一方面，教学计划是灵活的。社区学院根据入学学生的文化水平、入学后所选择的专业方向等具体情况，开设了内容十分丰富的必修课和选修课计划，设计了多种课程表，以供不同的学生选择。学生可以在 1～3 年不等的时间里完成个人教育计划，只要修满学分就可毕业，毕业之后，可以升学，也可以就业，十分自由方便。另一方面，教学方式是灵活的。为了适应各类学生的需要，社区学院在教学方式上不断创新和改革，充分利用各种教育技术和教育媒介。正规教学和短期讲习班以及集中训练班等教学方式同时并用，采用临床讲授、个别教学、按程度分小班上课、利用社区资源进行教学和半工半读等各种措施，以满足各类学生的需要。而社区学院教育的多样性主要体现在其教育的多功能性上，其主要表现在：第一，从教育目的及课程设置上看，它具有学历教育的功能，即初级学院性质的转学教育，为具有高中毕业文化水平而有志于到传统大学深造者开设学分制课程（与传统大学一、二年级所学课程一致），一般两年读满学分，获得准学士学位，然后转到传统大学三年级继续学习。第二，具有农林教育的功能。职业性课程一般以培养技术应用、熟练操作和经济管理方面的中级专门人才为目标。专业设置完全根据地方经济和社会发展的需要，一般由工商企业界人士组成或参加的顾问委员会提出建议而审定。由于专业课程多为社区所需要，学生毕业后就业率一般比较高。第三，具有成人教育、继续教育的功能。如向高中辍学的成年人提供高中程度的补习教育或基础教育，向社区内的居民、在职人员提供各种非正规的（无学位或无学分的）、短期的职业训练课程等等。第四，面向社区的文化教育服务功能。把学院作为成人教育的活动中心，为社区的政治、经济、文化发展提供各种教育服务。这种服务的主要内容包括：开设不计学分的短期培训班、召开讲习会、研究讨论会等；在校园内外开办计学分的开放课程；帮助企业进行职业培训。

4. 学费低廉

由于州政府和当地政府是社区学院的主要投资者，所以学生需交纳的费用较低。20 世纪 80 年代初，学生年学费全国平均不足 450 美元，仅为哈佛大学年学费 8900 美元的 5%，低于一般工作人员的月收入，目前社区学院农林教育的生均培养成本也不足其他大学的 1／3，社区学院收费相对低廉，平均年消费 1500

美元。由于学费低廉，吸引了大批社区青年人就近上学，44%的美国大学生选择在社区读书，63%的学生边工边读，60%的学生是女生，平均年龄31岁。美国绝大多数居民都能在离家25英里之内选择一所社区学院接受高等教育。这样，使大批因经济条件限制而上不起大学的人能够接受高等教育。这对美国高等教育大众化发展起到积极的推动作用。

5. 地方办学

由于美国社区学院是立足地方、面向地方和服务地方的高等教育，所以，其发展社区学院的基本战略是坚持地方办学。地方办学就是以地方经费为主要来源，由地方政府管理，主要招收本地学生，为本地发展培养人才，为本地提供综合服务。州政府成为社区学院的主要办学主体。地方的两级政府即州、县（市）政府主要承担社区学院的财政开支。20世纪80年代，美国社区学院的财政来源比例是：学费收入占14.4%；联邦政府补贴占7.3%；州政府支出占49.7%；县市支出占19.2%；募捐、赞助等占9.4%。坚持地方办学的战略，不仅保障了社区学院的经费来源，而且也为社区学院服务地方经济社会发展提供坚实的机制保障。

二、美国社区学院办学特色对我国高等农林院校发展的有益启示

我国的高等农林院校与美国的社区学院有许多相类似的方面，而且，当前我国高等农林院校发展所面临的问题也与当年美国社区学院发展所面临的问题基本相同。因此，我国应当借鉴美国社区学院办学特色与经验，促进我国高等农林院校持续健康发展。

1. 更新观念，准确定位，找准高等农林院校发展的空间

美国社区学院之所以能持续稳步发展，主要得益于找准了自己的办学定位，它们把服务社区、为社区培养技术应用型人才作为培养目标定位。在我国，农林教育不是普通高等教育的专科层次，而是高等教育结构中与普通教育并行发展的高等农林教育，其人才培养目标是：面向生产、管理、服务第一线，培养具有较高的专业理论、较强的技术实践能力和实际操作能力与管理能力，能够运用高新技术创造性地解决生产、建设、管理、服务中的技术问题的高级应用人才。因此，高等农林院校应当按照这一定位，在培养技术应用型人才上下功夫，不断地为社会培养更多更好的技术应用型人才。只有这样，才能获得发展的原动力，扩大自我发展的空间。

2. 建立和健全高等农林院校的投入与管理新机制，明确地方政府对发展农林教育的义务与责任

美国社区学院之所以能够持续稳步发展，最重要的原因是坚持地方政府办学的原则。地方政府是社区学院的办学主体，不仅保障学院经费的稳定投入，而且参与学院的决策与管理，这就使学院发展有了可靠的保障。我国地方政府目前对发展农林教育积极性不高，投入很少，更没有参与学院的决策与管理，这是我国高等农林院校难以持续健康发展的最大障碍。因此，应当建立和健全高等农林院校的投入与管理新机制，明确地方政府对发展农林教育的义务与责任。地方政府是高等农林院校的办学主体，不仅必须保障学院经费的稳定投入，而且要参与学院的决策与管理；行业组织、企业和事业单位也要依法履行发展农林教育的责任。

3. 采取灵活多样的办学方式，发挥自身优势与特色，走"短、平、快"的办学路子，增加吸引力，以提高社会的认同度

美国社区学院能吸引学生和家长，并得到社会普遍认同的重要原因是其灵活多样的办学方式和独具一格的办学特色。由于其办学方式灵活多样，能满足不同求学需要的人群接受高等教育和新技术的愿望，由于提供多种文化教育服务功能，社区学院在获得社会普遍认同的同时，也为自身发展拓宽了广阔的空间。当前，我国高等农林院校办学方式单一陈旧，学籍管理、学习时间长且不灵活，缺乏自己的特色，加上毕业生就业率比较低，工作与待遇不理想，所以，对学生和家长没有太多的吸引力。这是造成高等农林院校招生困难、报到率低的重要原因。因此，高等农林院校要根据实际情况，针对不同人群的不同特点和需求，在教学方式、学习时间安排和学籍管理等方面，采取灵活多样的方式，发挥自身优势与特色，走"短、平、快"的办学路子，加大对地方经济社会发展的服务力度，以提高社会的认同度。

4. 加大实践教学力度，建设一支双师型教师队伍

美国社区学院之所以能培养出得到社会认可的人才队伍，一方面是在教学过程中加大实践教学力度，注重学生动手操作能力的训练，使学生具备较强的实际操作技能；另一方面是因为具有农林教育科学优良、专兼结合的师资队伍。这些对我国高职教学和师资队伍的建设很有启发意义。我国高等农林院校的教师大多是普通高校的毕业生，尽管他们有比较扎实的理论知识，但在实践经验和实际工作能力方面则比较薄弱，很难培养出实用型人才。因此，我们在对学生加强实践

训练的同时，也必须加强对高等农林院校专职教师实践技能的培训工作，并且从社会上聘用一些具有丰富实践经验的优秀兼职教师到校任教，形成一支专兼结合、一专多能、结构合理的"双师型"农林教育师资队伍，以适应人才培养和专业变化的新要求，只有这样，才能为国家培养出优秀、实用的人才。

5. 加强校地联系和校企合作，提高高等农林院校服务当地经济社会发展的能力和效率

美国社区学院是在立足地方、面向地方和服务地方的基础上得到不断发展的，没有社区、企业、地方这些平台，社区学院就难以施展其能力和影响，也没有发展的源动力。而反观我国高等农林院校服务地方经济社会发展能力不强，效果不显著，很难得到地方政府和企业的支持与合作。因此，高等农林院校要主动加强校地联系和校企合作，最大限度地满足地方经济和社会发展的需求，在主动服务中寻求更多的支持与合作，同时，这也为自身的长远发展提供了坚实的社会保障。

参考文献

[1].《中国财政年鉴》编辑委员会.中国财政年鉴2005[M].北京：中国财政杂志社编辑部，2005：54.

[2].赖炳根，周谊.德国农林教育现状及启示[J].现代农工业科学.2008，（3）：15（03）.

[3].宋国恺，杨茹.国外农民的职业培训[M].中国社会出版社，2010：126.

[4].杨茹，宋国恺.国外农民的职业培训[M].中国社会出版社，2010：117.

[5].赖炳根.中的农村职业技术教育比较的思考[J].教育体制与政策，200903-0011-02.

[6].职业培训[M].中国社会出版社，2010：125.

[7].刘正坦.德国的农林农林教育[J].现代农林，2001，（8）：34.

[8].FederalMinistryofEducationandResearch[R].BasicandStructuralData2005.2006.64；66；74；101；148.

[9] 王娇娜，曹晔.韩国现代农林农林教育体系及对我国的启示[J].职教论坛，2013（25）.

[10] 蓝欣.日本职业技术教育体系研究与启示[J].天津职业技术师范学院学报，2004（3）.

[11] 邓志军，李艳兰.韩国农林农林教育的特色[J].职教论坛，2007（23）.

[12] 王华升李国杰王燕黄晓娟，美国威斯康星思想对中国高等教育服务新农村建设的启示《世界农林》2010年第11期

[13] 张国强，论高等教育功能的失调与调适华中师范大学2008年

[14] 瞿振元，对新阶段我国高等教育发展的几点认识《中国教育报》2008年2月18日第6版

[15] 王汉忠，高等农林本科教育实践教学体系改革的实践与思考《山东农林教育》2007年第1期

[16] 谭娟晖，农林院校创业教育课程设置的初步设想《科技信息》2010年第20期

[17] 王峥谭丽春田奎孔婷婷李家珠，大学生创业教育理论与实践探索——以苏州农林职业技术学院为例《科技信息》2009年第34期

[18] 国家教育委员会、农林部、农林部关于进一步深化高等农林院校教学改革的意见（1994年4月23日）

[19] 石中英，教育哲学导论，北京·北京师范大学出版社。2002.6[9] 王坤庆，教育哲学，武汉·华中师范大学出版社2006.1

[20] 张喜梅、吕雅文，大学生创业导论，北京·高等教育出版社，2005.7

[21] 教育部关于印发《全面推进依法治校实施纲要》的通知（教政法 [2012]9 号）[Z].2012-11-22.

[22] 刘龙洲，廖志鹏.论现代大学制度下我国高校内部管理体系的构架 [J].高教研究，2011（3）.

[23] 马树超，范唯.高职教育：为区域协调发展奠定基础的十年 [J].中国高等教育，2012(18).

[24] 中共中央，国务院.国家中长期教育改革和发展规划纲要（2010—2020 年）[Z].2010-07-29.

[25] 张力.完善中国特色现代大学制度的政策涵义 [J].高教领导参考，2011（12）.

[26] 余鑫.广西高职院校高质量师资队伍建设的问题与思考 [J].广西教育，2011，（1）.

[27] 陈晓琳等.学分制下农科专业实践教学改革探析 [J].实验技术与管理，2011，（5）.

[28] 苏付保等.高职农林技术专业工学结合人才培养研究 [J].广西教育，2011，（1）.

[29] 刘洪玉，李晓明.高校大学生"村官"培养机制创新研究 [J].中华女子学院学报，2011(3):119 — 123.

[30] 苏益南，李炳龙，朱永跃.高校大学生"村官"预培养机制研究 [J].苏州大学学报：哲学社会科学版，2011(2):168 — 172.

[31] 闫雯，李云飞.探索农林院校培养大学生村官的有效途径 [J].农林考古，2011(3):318 — 320.

[32] 邱冠文，蔡秀娟.构建农林院校服务大学生村官计划机制的研究 [J].南方农村，2011(2):85 — 88.

[33] 杨华云.李源潮：大学生村官计划上升到国家人才战略 [EB/OL].(2008 — 03 — 07) [2012 — 01 — 01].

[34] 陈祥梅.从现有大学生村官工作现状看高校培养环节的重要性 [J].长沙铁道学院学报：社会科学版，2012(1):257 — 258.

[35] 李红霞.大学生"村官"在校教育的改进与优化 [J].重庆与世界，2011(7):50 — 52.

[36] 张国梁，朱泓.大学生创新能力的培养途径与机制 [J].中国大学教学，2003（6）：11-12.

[37] 李兵宽，李国涛.加强当代大学生创新能力的培养 [J].中国青年研究，2003（10）：80-82.

[38] 饶碧玉，彭尔瑞，龚爱民.试论高等农林院校工科人才培养 [J].云南教育研究，1999(2)：18-20.

[39] 柯炳生.新时期高等农林院校面临的机遇、挑战与对策 [J].中国高等教育，2009（7）：4-6, 18.

[40] 容昶，赵向阳，蔡惠萍.实验教学与创新能力培养探析 [J].实验室研究与探索，
2004，23（1）：12-14，22.

[41] 张志翔.树木学（北方本）[M].北京：中国农林出版社，2008.

[42] 李登武，康永祥.树木学教学改革初探 [J].中国农林教育，2003，（5）：54-55.

[43] 唐冶锋.树木学教学浅谈 [J].中等农林教育，1999，（4）：24-25.

[44] 任宪威.树木学（北方本）[M].北京：中国农林出版社，1997，（1）.

[45] 古土.建设社会主义新农村之一中国共产党建设社会主义新农村的探索历程 [J].中国
党政干部论坛，2006（04）.

[46]1984 年中央一号文件.新华网 .2008-10-10.

[47] 党的十五届三中全会公报 [EB/OL].上海互动新闻网，2008-10-7.

[48] 中华人民共和国国民经济和社会发展第十二个五年规划纲要，中央政府门户网
站 .2011-3-16.

[49] 胡锦涛十八大报告（全文）.中国网 .2012-11-20.

[50] 新华社.中共中央关于制定国民经济和社会发展第十一个五年规划的建议.新华
网 .2005-10-18.

[51] 中华人民共和国教育部发展规划司.中国教育统计年鉴 [M].北京：人民教育出版社，
2014：21.

[52] 王福臣，翟媛媛.关于大学生思想政治教育与心理健康教育整合的思考 [J].淄博师专
学报，2013，（1）.

[53] 刘志芬.关于心理健康教育课程评价的思考 [J]：职业圈，2007，（10）.

[54] 陈志鸿.以人为本——高校思想政治教育的核心理念 [J].北京理工大学学报：社会科
学版，2008，（1）.

[55] 张耀灿，陈万柏.思想政治教育学原理 [M].北京：高等教育出版社，2001：42.